北京高校高精尖学科"文化遗产与文化传播"建设项目资助

—— 民间文化新探书系 ——

北京师范人学非物质文化遗产研究与发展中心◎主编

民俗主义视角下的
北京胡同游

以什刹海地区的田野研究为个案

代改珍◎著

商务印书馆
创于1897 The Commercial Press

总　序

　　民间文化，又被称为"民俗""民俗文化""民间传统"，其中绝大部分在今天也被称作"非物质文化遗产"，是人民大众所创造、传承并享用的文化，是人类文化整体的基础和重要组成部分，适应人们现实生活的需求而形成，并随着这些需求的变化而不断变化，是富有强大生机和特殊艺术魅力的民众生活艺术。可以说，在人类创造的所有文化中，没有比民间文化更贴近民众的日常生活和心灵世界的了。

　　20多年前，为推动民间文化研究，钟敬文先生曾带领北京师范大学中国民间文化研究所的同人，主编过一套"中国民间文化探索丛书"。这套丛书主要由研究所的成员所撰写，并由北京师范大学出版社出版，自1999—2000年的两年间共出版了包括钟敬文的《中国民间文学讲演集》、许钰的《口承故事论》在内的七部专著。[1] 2002年钟先生去世后，该丛书继续有所扩展，迄今列入其中出版的还有陈岗龙的《蟒古思故事论》（2003）和万建中的《民间文学的文本观照与理论视野》（2019）。尽管每部著作所探讨的问题各不相同，所采用的方法也有所差异，但总体而

---

[1]　这七部著作分别是出版于1999年的钟敬文著《中国民间文学讲演集》，许钰著《口承故事论》，杨利慧著《女娲溯源：女娲信仰起源地的再推测》，赵世瑜著《眼光向下的革命：中国现代民俗学思想史论（1918—1937）》，董晓萍、〔美〕欧达伟（R. David Arkush）著《乡村戏曲表演与中国现代民众》，以及2000年出版的萧放著《〈荆楚岁时记〉研究：兼论传统中国民众生活中的时间观念》，另外，1999年在商务印书馆出版的〔德〕艾伯华著、王燕生和周祖生翻译的《中国民间故事类型》一书也系该丛书之一种。

言，该丛书反映了 20 世纪中后期以来中国民俗学界热切关心的理论问题以及较普遍采用的方法，特别是对"文本"和"历史"的关注和反思构成了丛书的核心，后来加入的两部著作则体现出语境、主体以及动态过程等新视角的影响。可以说，该丛书呈现了两个世纪之交的中国民俗学的前沿研究状貌，在民间文学和民俗学领域产生了重要影响。

2019 年 5 月，北京师范大学文学院牵头承担了建设北京高校高精尖学科"文化遗产与文化传播"的任务。该项目的宗旨是依托北师大深厚的人文学科底蕴，统合校内外相关研究和教学力量，建设一个以中国优秀传统文化为基础、以非物质文化遗产（以下一般简称为"非遗"）和区域文化为主体、以文旅融合和文化传播为特色的优势学科和新兴前沿交叉学科。同年 12 月，作为该项目的重要成果，北师大非物质文化遗产研究与发展中心成立，在继承和发挥北师大以往的民俗学学科优势的基础上，为强化非遗研究、人才培养和产教融合，搭建了一个新的国际化的交流合作平台。在高精尖学科建设经费的支持下，北师大非遗中心和文学院民间文学研究所主编并出版了"非物质文化遗产学术精粹"丛书，首次较为全面地梳理、总结并展示了中国学界自 21 世纪以来在非遗理论与保护实践、口头传统、表演艺术、有关自然界和宇宙的知识和实践、传统手工艺以及社会仪式和节庆等方面的主要研究成就。此次推出的"民间文化新探书系"，是该高精尖学科建设的又一项重要成果。所以叫作"民间文化新探书系"，一方面是要借此向以钟老为首的北师大以及民俗学界的前辈致敬；另一方面，也想以此展现国际国内民俗学界的一些新面貌。

简要地说，本书系有着如下的目标和特点：

第一，聚焦 21 世纪以来民间文学、民俗学以及相关学科领域取得的新成果。上个世纪后半叶以来，随着社会的迅猛发展和巨大变化，新的民俗现象不断涌现，对民间文学和民俗学学科提出了诸多挑战，许多敏锐的民俗学同人对此不断予以积极回应，特别是新世纪以来，有关当代大众流行文化、文化商品化、遗产旅游、互联网、数字技术以及新兴自媒体等对民俗的交互影响的探讨日益增多。另外，21 世纪初，联合国教科文组织为应对全球化、现代化和工业化对传统文化的冲击，以及世界各国对其多元文化遗产作为历史丰富性与人类文明多样性的见证而日益高涨的保护需求，制定颁布了《保护非物质文化遗产公约》(2003)，使"非遗"在世界范围内引起广泛关注。中国政府也迅速出台了一系列相应的法规政策，强调"非遗"保护对于传承和创新中国优秀传统文化、增强民族文化自信、促进文旅融合与国际交流等所具有的重大意义。与保护实践的快速发展相呼应，对非遗的研究和调查也成为民俗学等相关领域的热点话题。本书系将着力反映学界围绕这些新现象而展开探究的成果，以彰显民俗学与时俱进的研究取向，和民俗学者紧跟时代的脚步、关心并探察民众当下需求的"热心"和"热眼"，更充分突显民俗学作为"现在学"而非"过去学"的学科特点。

第二，展现经典民俗研究的新视角。民间文化大多有着较长时段的生命史，在人们的生活中世代相传，因此，不断以新视角探讨传统民俗和民间文学的特点和流变规律，既是民俗学界长期以来探索的重要内容，也是本书系所强调的一个重点。

第三，注重扎实的本土田野研究与开阔的国际视野。本丛书的作者不局限于北师大，而是扩展至国内外民俗学及相关领域的学者。在研究方法和理论取向上，本书系既强调立足中国本土的问题意识和扎实、深入的田野研究，也注重开阔的国际学术视野和与国际前沿接轨的探索成果，以增进民俗学对当代社会以及人文社会科学的贡献，深化国内与国际民俗学界的学术交流。

第四，呈现更加丰富多样的研究内容和形式。与"中国民间文化探索丛书"有所不同，纳入本书系的著作不只限于研究专著，还包括田野研究报告、国外理论译介以及相关重要人物和历史事件的口述史等。由于高精尖学科建设的特点和需求，有关非物质文化遗产、民间文学以及北京"非遗"的田野调查和研究成果，尤其受到重视。

希望本书系能进一步展现民间文化的当代魅力和活泼生机，推动民俗学朝向当下的转向，从而为丰富和活跃当前国际国内的民俗学研究、促进学科发展，发挥积极的作用。

杨利慧

2022 年 7 月 16 日于北京师范大学

序　言

代改珍博士的《民俗主义视角下的北京胡同游：以什刹海地区的田野研究为个案》即将付梓，我作为她的导师，为她欣喜，并乐意写下自己的读后感与读者分享。

从书名可以看出，这是民俗学和旅游学的交叉研究。一般而言，民俗学的田野调查点多为乡村，以往学界常常将旅游景点满足游客对异文化的想象而呈现的民俗视为"伪民俗"。但当民俗旅游成为现代社会的有机组成部分时，所谓的"伪民俗"悄然进入老百姓的日常生活世界。改珍博士显然没有陷入"伪民俗"的理论迷雾中，而是从"民俗主义"的维度出发，聚焦于什刹海的"胡同游"是如何兴起的，几十年来发生了怎样的变化，策划者、胡同居民、车夫、政府、中外游客等多方力量在胡同游的场域中是如何协同与博弈的，应该说胡同游生产的背后有着各种耐人寻味的故事。数年来，改珍博士对策划者、生产者、管理者、劳工、游客进行持续调查，通过政府的管理叙事、车夫的服务叙事、居民的生活叙事、游客的休验叙事，伴随时代风起云涌的脉搏，为我们讲述了山西车工、后海八爷、后海小八爷的个人生活史，奉献出一部有温度的"民俗志"。

民俗志的写作不是刻板式叙述田野点的人文地理空间和民俗事象的实践过程，而是带有问题意识的学术史对话，是对民俗事象诸要素间相互作用机理的解释或阐发。我历来主张民俗学的博士学位论文要学会"讲故事"，讲出自己在田野点的独特感受和体悟，以吸引读者的兴趣并生发共鸣。应该说，改珍博士这篇论文所"讲的故事"是比较生动的。她通过不同角色的他者叙事和自我叙事来还原胡同游文化生产的复杂过程；围绕胡同游，梳理各种利益和权力交织为一体的社会关系。因此，在作者笔下，各方对胡同游的态度，参与、对话、协商、反抗、整合的经历得以充分地书写，多元复杂的主体形象呼之欲出，具有鲜明的流动性、交互性、个体性。这种多声部不断变化的音调共同构成了什刹海胡同游的文化再生产。譬如，对于从山西来打工的三轮车车工，游客熟悉的"骆驼祥子"文化标识是乐于接受的文化符号，但并未得到以"后海八爷"为代表的车工认可。土生土长的什刹海人要从皇城根下的居民转变为人力三轮车车工，"爷们"到"车工"的身份转变或多或少带来心理压力。所以对他们而言，"骆驼祥子"并非给予荣光的文化符号。他们更愿意以"后海八爷"的品牌替换"骆驼祥子"的文化标签，公开宣称："我们不是骆驼祥子，我们是什刹海文化的传播者！"由此，民俗之"民"在现代社会的复杂性可见一斑。我曾经主张"民俗田野作业：让当地人说话"，民俗学者不能替代田野对象言说，要让他们光明正大地从"后台"走向"前台"，规避所谓学术规范导致的单边主义书写缺陷。

走出单边主义的民俗志书写需要强化反思意识。我欣喜地注意到改珍博士在这方面的努力。胡同游中的车工不再是游客的"凝视"对象，而是在进行基于平等意识的"交互凝视"。比如作者笔下的三爷不只是一个车工，而是一个认真、娴熟、善意、成功的什刹海文化传统承载者、讲述者和表演者，他既作为居民又作为从业者，以双重身份参与到胡同文化的再生产当中，因其对文化语境的深入理解和讲述技巧的把握，不断地在这个旅游场域中进行个性化的胡同叙事。同时，他对那些讲解不认真甚至错漏百出，或者一味迎合游客的猎奇心而胡乱讲解的车工非常反感，竭力维护胡同历史话语的正当性和合理性。由此，我们看到胡同游绝非想象中的文化奇观，而是一种众声喧哗的生产态势。在那里，每天都有故事上演，每个故事都与众不同。

以上，是我的读后所感。书里面有更多精彩的故事，有待读者去阅读、品味，我只是一个导读者。

是为序。

万建中

2023 年 1 月 12 日于京师园

目　录

绪　论

1. 研究缘起

北京鼓楼西南，有三片相连的水域，夏季纳凉划船，冬季溜冰赏灯，是北京城内颇具人气的传统游赏地。在水域的周围，分布着大量的胡同、四合院、王府、名人旧居、大杂院、商铺、寺庙宫观，聚居着十多万北京民众、租住在此的外来打工者，以及一些保密系数较高的特殊人物，此外还有一些国家机关。作为北京旧城的代表，这个地方常常出现在各类媒体上，不断吸引着世界各地的人群。这就是"什刹海"，老北京民俗生活的记忆。

什刹海在北京建设发展史上地位独特。从元朝开始，什刹海就是元大都的漕运中心和商业中心，到明朝和清朝时期，一些达官显贵和文人雅士竞相来此游憩居住，清朝正黄旗在此驻扎。1983 年，北京市成立"西城区什刹海风景区整治指挥部"，开始了大规模的水系整治、景观提升工程。1986 年，成立"什刹海公园管理处"。1992 年 9 月，市政府正式命名什刹海周边地区为"什刹海历史文化旅游风景区"。1994 年 10 月，中国第一个"胡同游"项目在什刹海启动。1998 年，成立"什刹海风景区管理处"。2002 年，北京市将什刹海及其周边地区列为北京旧城 25 片历史文化保护区之一。2003 年，酒吧、餐饮、特色小商品购物等休闲产业开始迅速发展起来。2009 年，什刹海被正式确定为国家 AAAA 级旅游景区。根据什刹海风景区管理处的统计，2013 年什刹海共接待游客 528 万人次，其中境外游客 37 万人次。随后几年，游客一直持续增长，市场热度不减。2019 年中秋节期间，什刹海游客接待量位居北京各类景区首位。2021 年春节，什刹海风景区接待游客 20.2 万人次。2021 年五一假期，什刹海风景区接待游客 91.7 万人次，位居北京各类景区第三名。

　　在什刹海胡同游的兴起和发展过程中，政府、企业、车工、媒体、学者、居民的态度、行为和相互关系非常复杂，而且动态多变，个体性也很强，产生了很多有意思的现象，发生了很多有趣的故事。游客作为民俗文化再生产的重要主体，从尚未到达时，就受到各方的高度关注和模拟想象，进而参与到再生产过程中；而在实际的旅行中，他们的即时反应又构成了旅游表演的现场组成部分；在旅游过程中或者旅游结束后，他们通过博客、微博、微信、抖音等网络文本记录和传播他们的旅游体验，这些体验叙事①，又反过来影响到下一次民俗文化再生产。各生产主体在通过旅游重新审视当地民俗文化时，往往把它作为可以改造、销售的对象进行重新设计和应用，"符号化"成为最便捷的一条途径。什刹海胡同游作为老北京代表性的"民俗文化传统"，按照消费者的需求（很多时候也是想象的）以及生产者的个性被重新编码、阐释、表演后，便脱离了原来的语境，消解了民俗文化的整体有机性，成为一个民俗主义的过程。什刹海，从作为北京旧城保留最完整、遗存最丰富、景观最独特的传统生活区之一，到被政府定位为生活区与文保区，再到后来被定位为旅游区、生活区、文保区，这个转变过程彰显了政府的权力意愿，也呈现出社会文化变迁。北京这个国际大都市的民俗文化作为旅游资源，

---

① 叙事即表达。叙事学是一个庞大的学科体系，本研究暂未在学理层面上对该学术概念进行分析和探讨，而是取其"表达""表述""实施""展现"之意，分析民俗文化再生产的各个主体通过空间、符号、文字、口头、行为、图像等多重叙事，对文化进行的表演。主体在过程中所持的权力主张、实施的权力行为也被称为"权力叙事"。

快速地进入了全球化时代的消费社会，被多元主体不断地再生产。

本成果基于对什刹海胡同游长达十年的田野研究，对胡同游的肇始、发展以及在这一过程中不同主体之间的互动博弈进行深度的民族志书写。力求以此为切入点，探讨在城市旅游与遗产旅游兴起的背景下，包括政府、企业、车工、居民、游客在内的多元主体扮演了怎样的角色；如何开展基于角色的权力叙事；怎样在互动中对抗、协作，共同展演什刹海胡同游，实现都市民俗文化的再生产；通过对皮影戏、老北京冰嬉、冰蹴球等非物质文化遗产传承发展的田野研究，深描非遗文化在什刹海旅游以及国家政治、社会、文化语境中的民俗主义过程。

2. 研究对象与研究意义

本研究以主体的文化再生产为主线，梳理什刹海胡同游的兴起和发展过程，考察都市民俗文化再生产的语境、方式、特征及文化呈现。

在特定的语境下，多元复杂的主体表达自己对于胡同游的态度、施加权力行为，呈现出强烈的流动性、交互性、个体性，这种多声部不断变化的音调共同构成了在什刹海胡同里进行的文化展演，即多元主体的多重叙事。研究以长期的田野研究为基础，辅以文献、问卷调查、网络游记文本分析等，以胡同游中的主体叙事为线索，进行旅游化的传统文化再生产分析。其中，又以几个代表性人物为个案进行深度考察。一方面呈现异质性权力主体的群体特征；另一方面彰显主体内部的个性化，他们的态度、看法和权力行为，有时候与其所在的群体一致，有时候又表现出相当程度的相背性。这种不断变化的个体性、交互性和流动性，正是旅游多重叙事的魅力所在。此外，这种叙事又表现出明显的符号化特征，主体通过符号的解构、抽绎、再编、表演，对民俗文化实现了再生产，让它更具有市场吸引力、可消费空间和赢利能力，呈现出民俗主义的过程和状态。

反过来说，民俗文化本身也具有一定的规定性和能动性，传统之为传统，在于其自身所具有的权威性以及这种权威性在文化再生产中具有的典范性、指导性意义①，并不完全是被操作、被宰割的对象。尤其是什刹海作为大量居民日常生活空间的属性，使其具有非常强大的生命张力，公共的、"前台"的文化展演热火朝天，门内的、"后台"的生活方式传承有绪，什刹海民俗文化在变动和调适中向前发展。万建中教授认为民俗是一种意义明确的行为和言谈，是一种传承性的社会交往行为，是一种多向度的、群体性的理解、意义释放和情感宣泄活动②，民俗文化在交互行为中不断被建构。

本研究将旅游开发视为情境性再组织的过程。旅游发展中的多方协作是一个再组织过程，具有情境性、非正式性、任务性的特性。这一过程牵涉到作为国家行业管理的正式组织体系与旅游开发过程中情境性的再组织化的衔接问题，衔接的要点就是各主体的原有身份与角色在旅游开发中的顺利转化。本研究的定位不是对应于旅游开发的民族志书写的一般性尝试，而是一项融合政治、经济和社会生活创新的综合学术阐释，以旅游开发为切入口，探讨的是多元主体如何在这一过程中共建共享，实现民俗文化的再生产和对社会发展的促进，这是本研究重要的价值。

3."文化再生产"相关研究

本研究是以北京什刹海胡同游为个案，研究都市民俗文化在怎样的

---

① 〔英〕E. 霍布斯鲍姆、T. 兰格著，顾航、庞冠群译. 传统的发明 [M]. 南京：江苏人民出版社，2004:2−4.

② 万建中. 关于民俗生活魅力的随想 [J]. 山东社会科学，2010 (7):27−31.

语境中，被哪些主体、以哪些方式呈现，从而实现了再生产，这中间涉及多个领域的理论问题。在研究之初，笔者重点梳理以下几个方面的学术成果，以期汲取营养，更好地进行学术实践与对话。

发展与变迁是文化的固有特征之一，半个多世纪以来，民俗学界、文化人类学界、社会学界等对传统文化在当下社会中的变迁一直保持着高度关注。20世纪中叶以后，出现了皮埃尔·布迪厄（Pierre Bourdien）提出的"文化再生产"（cultural reproduction）、埃里克·霍布斯鲍姆（Eric Hobsbawm）等人提出的"传统的发明"（the invention of tradition）、约翰·麦克道尔（John McDowell）的"民俗化"（folklorization）、戴尔·海默斯（Dell Hymes）与理查德·鲍曼（Richard Bauman）的"传统化"（traditionalization）、纳尔逊·格雷本（Nelson Grabum）的"新传统主义"（new traditionalism）、吉野耕作的"新历史主义"（new historicism）以及"新神话主义"等理论和研究视角。与此同时，国内也有许多学者关注文化变迁的研究，高丙中、杨利慧等人曾用"文化重构""传统重构"等概念分析了一些文化变迁的现象。近几年，康丽等人通过一系列案例研究探索了"传统化"和"传统化实践"等分析理论和工具。杨利慧提出"神话主义"（2014）的视角，来观察和分析当代社会中对于神话的挪用和重构，是一种意义重大的朝向当下的理论建构。

（1）文化再生产

20世纪70年代初，皮埃尔·布迪厄提出"文化再生产"的概念，表明社会文化的动态过程。文化通过不断地"再生产"维持自身平衡，使社会得以延续。[①] 文化再生产的结果体现了占支配地位的利益集团的意愿，是他们使社会权威得以中性化、合法化的手段。文化再生产与社会

---

① 张瑞霞. 旅游演艺产品策划及评估方法研究 [D]. 大连：辽宁师范大学, 2011.

再生产一样，都是为了维持一种体制的持久存在。①

文化再生产理论指出，文化是一个处于不断再生产中动态的、不断发展变化的过程，是在社会再生产过程中出现的影响文化再生产的因素相互作用下再生产的，是一种不断地创造的过程。②文化"再生产"具有自己组织生成与其他组织建构的双重特性。自己组织主要表现为文化自身的传承、发展、创新乃至融合、消亡，在没有外在因素的影响下，它往往会处于一种相对平衡的"自然"状态。③文化再生产是动态变化的，表现在两方面：一是文化通过不断的再生产维持自身平衡，使社会得以延续；二是被再生产的是具有动态变化的文化体系，是在既定时空之内各种力量相互作用的结果。④与此同时，布迪厄对结构与行为之间的关系的辩证分析，在不否认社会、文化对人的巨大作用的同时，强调文化也是人的产物，是人在一定的社会条件下，创造性、适应性地予以改变的结果。这就为我们分析问题提供了辩证的思维。

另一方面，把文化再生产观点作为分析问题的方法论，有助于我们更清楚地认识文化变迁的过程。布迪厄曾指出，必须考虑三个有内在联系的要素："场"与"权力场"的关系、场内各种力量间的关系和行动者的习惯。⑤旅游促进传统文化变迁。如果把传统文化的旅游开发看作一个场，那么，观察这个场内的各种权力主体、权力关系及其实施权力的过程，就会更清晰地发现旅游场域中的文化变迁非常关键。光映炯、张晓萍指出民族文化以"舞台真实"的展演方式来传承文化符号，通过旅游

① 王立芳.艺人再造——吴桥杂技学童群体研究[D].厦门：厦门大学,2009.

② 李佳.乡土社会变局与乡村文化再生产[J].中国农村观察,2012(04):70-75+91+95.

③ 边晓红,段小虎,王军等."文化扶贫"与农村居民文化"自组织"能力建设[J].图书馆论坛,2016,36(2):1-6.

④ 王宁,刘丹萍,马凌.旅游社会学[M].天津：南开大学出版社,2008:280-281.

⑤ 宗晓莲.布迪厄文化再生产理论对文化变迁研究的意义——以旅游开发背景下的民族文化变迁研究为例[J].广西民族学院学报（哲学社会科学版）,2002,24(2):22-25.

开发催生"文化再生产"的形式进行传承与发展。① 赵玉燕认为在民族旅游开发的背景下，文化再生产呈现出制作媒介宣传物料、对民间故事进行再创作、打造展演舞台等再生产模式。②

人类学者翁乃群通过对云南丽江举办的纳西东巴文化艺术节的考察，分析了纳西文化与旅游业发展之间的关系，并以此为例论述了"全球化背景下的文化再生产"问题。③ 吴晓萍通过对泸沽湖的旅游开发与摩梭文化的互动关系的考察，发现在摩梭文化旅游接待村里，文化传统的演变显得非常引人注目：传统和现代、地方化和全球化的冲突与整合导致的族群形象的重塑和文化的再构建过程都在这里悄悄地但不间断地发生着。④ 岳坤同样考察了泸沽湖旅游与传统文化的现代生存问题，分析了旅游业对该族群（摩梭人）社会生活的文化冲击，并借此阐述了对文化的动态性和传统的延续力之间的关系问题的观点。⑤ 宗晓莲以充实的田野调查为基础，以布迪厄的文化再生产理论为分析框架，对丽江纳西文化近年来的变迁情况进行了深入的分析。她把每种文化事象看作一个"场域"，认为政府、当地民众、旅游市场、外来文化共同作用于社会文化事象，并最终在文化这一有机体系的复合作用下，形成了纳西文化的变迁倾向。⑥ 王林基于文化再生产理论和前后台理论，构建民族村寨旅游场域

① 光应炯,张晓萍.基于旅游人类学视角的民族节日传承——以西双版纳傣族"泼水节"为例[J].中南民族大学学报（人文社会科学版）,2010 (1):45-49.

② 赵玉燕.旅游吸引物符号建构的人类学解析——以"神秘湘西""神秘文化"为例[J].广西民族研究,2011 (2):184-189.

③ 翁乃群.被"原生态"文化的人类学思考[A].走进原生态文化——人类学高级论坛2010卷[C],2010 (3).

④ 吴晓萍.民族旅游开发与民族文化的再构建——摩梭文化旅游解说的思考[M].贵阳：贵州民族出版社,2003.

⑤ 岳坤.旅游与传统文化的现代生存——以泸沽湖畔落水下村为例[J].民俗研究,2003 (4):114-128.

⑥ 宗晓莲.旅游开发与文化变迁——以云南省丽江县纳西族文化为例[M].北京：中国旅游出版社,2006.

下文化变迁和文化重构的体系。① 谭晓静通过海南黄道婆文化失忆的外在表现进行分析，认为政府、文化精英、新闻媒介和社区民众是核心的重构体系力量，推动黄道婆文化的再生产和共生互补。② 杨玉秀研究柯里马帮文化记忆如何借助现代旅游语境来实现传统记忆的再现与再创造，进而实现历史文化资源的价值重构和经济的重新赋值。③

在非物质文化中的文化再生产方面，武振宇以山西岚县面塑为例，探讨民俗艺术的文化传承与再生产，以传承人、政府、学者、媒体等主体为视角，探讨岚县面塑在现代社会的再生产。④ 关博和王智慧探讨蒙古族渔猎非物质文化的再生产。⑤ 路芳认为在非物质文化遗产的旅游开发过程中，进行"文化再生产"可以促进当地民众的"文化自觉"。⑥ 孙九霞和许永霞通过分析丽江纳西刺绣，来探讨文化资本化视角下"非遗"的表述与重构。文章指出，旅游发展背景下，民族文化作为"遗产"，被政府、文化持有者、外来者等不同主体表述和开发利用，外来经营者成为文化代言人，文化持有者在沉默中让位，对于地方政府而言，文化成为一种"政治需要"。⑦

在文化再生产个案研究方面，龚露从文化再生产角度分析苗族芦笙场的地面纹饰，它经历了从无到有、从铜鼓纹到地面纹饰艺术的发展过

---

① 王林.民族村寨旅游场域中的文化再生产与重构研究——以贵州省西江千户苗寨为例 [J].贵州师范大学学报（社会科学版），2013 (5):72–78.

② 谭晓静.文化失忆与记忆重构 [D].武汉：中南民族大学,2011.

③ 杨玉秀.民族村寨旅游开发中历史记忆的现代建构 [D].昆明：云南大学,2016.

④ 武振宇.传承与衍变：民俗艺术的文化传承与再生产——以山西岚县面塑为例 [J].吕梁学院学报，2020, 10(3):45–50.

⑤ 关博,王智慧.非物质文化的再生产：蒙古族渔猎文化的传承与反思——以查干湖冬捕渔猎祭祀文化为例 [J].体育与科学，2019, 40(3):61–73.

⑥ 路芳.非物质文化遗产在旅游中的再生产 [J].西南民族大学学报（人文社会科学版），2015, 36(1):18–23.

⑦ 孙九霞,许永霞.文化资本化视角下"非遗"的表述与重构——以丽江纳西刺绣为例 [J].2018,44(3):21–27.

程，这种文化再生产丰富了民族文化内涵，增强了民族文化认同感，有利于民族文化的传承。①

在乡村旅游开发中，旅游开发活动使得乡村文化再现活力，"文化再生产"不断强化。郭凌、王志章阐述了乡村旅游背景下的文化空间生产动力机制，认为乡村文化空间的主体力量是旅游发展路径的主要决策者，而乡村文化空间生产的主要动因有：乡愁情结、文化资本的斗争和旅游要素的整合。②张志亮在对旅游场域中山西大寨的红色文化资本形态进行阐述的基础上，提出经济结构转型、政治权利干预、文化资本代际传递以及资本转换四种大寨文化再生产方式。③刘战慧认为文化内涵挖掘、文化自信提升、文化产业融合、文化产业集群是实现乡村旅游的文化再生产的四大路径。④朱运海立足于人地关系地域系统，从自然层、生计层、制度层和意识形态层四个方面对乡村旅游文化再生产过程进行诠释⑤，并以襄阳五山茶坛和堰河茶文化旅游进行探讨。

高丙中认为，"文化重构"是指一个社会群体对文化观念的调适和对文化因素的重新建构，是地方性文化普遍化的机制。他通过土族的例子分析了民族文化重构的类型和过程，指出"许多发生在现当代的文化变迁可以作为文化重构的过程来看待"⑥。杨利慧教授反思了"全球化、反全球化与中国民间传统的重构"，并以大型国产动画片《哪吒传奇》为例

---

① 龚露. 从文化再生产角度分析苗族芦笙场的地面纹饰 [J]. 民族论坛, 2020 (2):28-32.

② 郭凌，王志章. 乡村旅游开发与文化空间生产——基于对三圣乡红砂村的个案研究 [J]. 社会科学家, 2014 (4):83-86.

③ 张志亮. 旅游开发背景下大寨的文化资本及其再生产 [J]. 旅游学刊, 2009,24(12):36-41.

④ 刘战慧. 乡村旅游地乡村文化再生产的内在机理与路径选择综述与评论 [J]. 江苏商论, 2017 (3):54-57.

⑤ 朱运海. 基于空间生产理论的乡村旅游文化再生产研究——以襄阳五山茶坛和堰河茶文化旅游为例 [J]. 国土与自然资源研究, 2018 (6):61-65.

⑥ 高丙中. 居住在文化空间里 [M]. 广州：中山大学出版社, 1999:73-93.

进行具体分析①，发现在全球化与反全球化语境中，民间传统被视为在外来压力下重建民族自我认同的最为重要的文化资源之一。王颖超以一种白酒"道光廿五"为例，分析和探讨了传统再生产与品牌文化的打造②；马海燕以洛阳老字号"真不同"为个案③，分析了传统文化的利用与再造过程；罗丹以旅游视角下的广州波罗诞庙会为个案④，探讨了传统如何被选择和重构的问题，这些都是在现代化的语境下传统如何被选择、再造、重构的重要研究成果。

此外，李岚从文化再生产的参与社会结构和个体行动主体的视角，构建"利害算计"的国家意识形态与民众和精英文化再生产、市场经济因素的内在动力机制。⑤

（2）"传统化"与"传统化实践"

"传统"这一概念在当今快速现代化、全球化、信息化的语境中，越来越具有不可抵挡的魔力，吸引着怀有浪漫主义理想或者民族主义情怀的各类人群。同样，"传统"也是民俗学中一直广受重视的极为重要的概念。

表演理论的代表人物理查德·鲍曼在一次讲演中谈到，当代民俗学对于"传统"的关注焦点主要包括：传统的社会组织、传统与创造性之间的关系、传统如何确立和维系一个社会的权威性、与传统遗产主张相

---

① 杨利慧. 全球化、反全球化与中国民间传统的重构——以大型国产动画片《哪吒传奇》为例 [J]. 北京师范大学学报（社会科学版），2009 (1):80-86.

② 王颖超. 传统再生产与品牌文化的打造——以一种白酒"道光廿五"为例 [D]. 北京：北京师范大学，2008.

③ 马海燕. 传统文化的利用与再造——以洛阳老字号"真不同"为个案 [D]. 北京：北京师范大学，2009.

④ 罗丹. 被选择的传统：旅游视角下的广州波罗诞庙会 [D]. 北京：北京师范大学，2009.

⑤ 李岚. 信仰的再创造——人类学视野中的傩 [M]. 昆明：云南人民出版社，2008,9.

关的知识产权制度等。[①] 而对传统与创造性之间张力关系的关注，使得研究者把注意力投向了特定表演发生于其间的具体语境。某种对象可能是传统的，这不是为了接受传统的权威，而是为了进行有策略性的争辩。[②] 鲍曼在这次讲演中谈到了"传统化"的概念。"传统化"是由戴尔·海默斯于 1975 年第一次系统地提出来的，随后又不断有学者对此概念进行界定、运用与反思。理查德·鲍曼很好地诠释了"传统化"的概念，并进一步提出了"传统化实践"的概念。所谓"传统化"，可以理解为"是用过去的古旧元素与信息建构新兴释义与主权的一个错综复杂的过程"。[③] 在这一过程中，将"传统"价值符号赋予新兴事物使之传统化，或宣称特定文化现象具有传统属性的行为都可以被界定为"传统化实践"。[④] 鲍曼提出，传统化实践既针对一个社会内部的成员，又针对外部的他者，即向他者宣扬自己的社会。也就是说，它既在社会内部，也在国际或文化间表达自己的主张。[⑤]

"传统化"和"传统化实践"这样一组概念将人们从对真实与否的日渐虚无的争辩中解脱出来，转移到对于文化如何通过创造而延续的背景、过程的观察中，逐渐成为研究现代社会和文化的利器。康丽系统地梳理了这组概念的发展过程和基本内涵，认为"传统化实践"更多的还是现

---

① 〔美〕理查德·鲍曼著；杨利慧，安德明译.民俗界定与研究中的"传统"观 [J].民族艺术，2006 (2):20-25.

② 康丽.从传统到传统化实践——对北京现代化村落中民俗文化存续现状的思考 [J].民俗研究，2009 (2): 162-172.

③ Eriksen, Anne. Our Lady of Perpetual Help: Invented Tradition and Devotional Success[J]. Journal of Folklore Research, 2005,42(3):295-321.

④ 康丽.传统化与传统化实践——对中国当代民间文学研究的思考 [J].民族文学研究，2010 (4):73-77.

⑤ 闫月珍.跨语际沟通：遮蔽与发明——海外汉学界对中国文学传统的建构 [J].中国比较文学，2016.

代化进程中结合传统而重塑的文化认同。① 张荣对北京南锣鼓巷的传统化实践进行了系统研究，认为传统与创造性相关，是对"现在"的一种论述。它不只指向过去，也是对未来的创造。它以现在为基础，通过阐释、挪用等方式被不断地重构。②

应当反思的是，很长一段时间里，民俗学对于旅游的研究集中于民俗旅游资源的梳理、挖掘以及对民俗旅游现象的"浅描"，出版了大量"民俗与旅游"类的书籍和论文。近年来，刘铁梁教授多次呼吁，民俗学研究旅游的方式和重点应该转变，应从目前对于以民俗文化为旅游对象的民俗旅游的关注，转向将旅游本身作为一种民俗现象、对民俗文化进行整体的研究。杨利慧教授主持的关于旅游开发语境中地方口头传统的变迁的系列课题研究，可以视为民俗学界对旅游研究走向"深描"的重要工程。

正是在这一理念的关照下，北京师范大学民俗学学科点出现了大量的学位论文，从整体层面上对民俗旅游予以关注。李秀以"舞台分层"的理论分析了民俗旅游的展示模式和景观系统。③ 代改珍以开封清明上河园为个案分析了旅游与传统文化的再生产，通过再现和剖析再生产的过程，发现各个主体的权力关系和文化自身的张力。④ 徐赣丽在《民俗旅游村研究——对广西桂林龙脊地区瑶壮三村的调查研究》中主要描述和分析了龙脊地区的瑶壮民俗旅游村的传统民俗文化，及其在旅游开发背景下发生变迁的形态、特点、方向和程度，揭示了旅游开发与民俗旅游村建设的互动关系。⑤

---

① 康丽. 从传统到传统化实践——对北京现代化村落中民俗文化存续现状的思考 [J]. 民俗研究，2009 (2):162-172.
② 张荣. 北京南锣鼓巷传统化实践的田野研究 [D]. 北京：北京师范大学，2011.
③ 李秀. 论民俗旅游的展示模式及舞台分层的景观系统 [D]. 北京：北京师范大学，2005.
④ 代改珍. 旅游与传统文化的再生产——以开封清明上河园为个案 [D]. 北京：北京师范大学，2006.
⑤ 徐赣丽. 民俗旅游村研究——对广西桂林龙脊地区瑶壮三村的调查研究 [D]. 北京：北京师范大学，2006.

4. "民俗主义"相关研究

"民俗主义"（folklorism，也译为"民俗学主义"）一词起源于 20 世纪初。20 世纪 60 年代，汉斯·莫泽（Hans Moser）对民俗主义概念的使用引起了民俗学界的注意，并影响到了欧洲尤其是东欧一些国家，在七八十年代成为热门话题，并于 1990 年正式传入日本，在日本形成了一股研究热潮，进行了一些理论探索和本土化的研究实践。[①]

莫泽区分出民俗主义常见的三种形式："民俗文化在该文化共同体之外进行表演；另一社会群体对民俗文化的模仿；对类似民俗文化的有意发明和创造。"[②] 著名民俗学家本迪克丝在其为一部 1997 年出版的民俗学百科全书撰写的"民俗主义"词条中，指出民俗主义即脱离了原来语境的民俗。[③] 美国民俗学家琳达·戴格 (Linda Dégh) 认为民俗的循环过程中的民俗的研究、应用和民俗作为娱乐资源回归民众三个方面重新受到保护和重建，而且还存在着创造者、学者、外行、使用者、小贩和消费者等的共生关系。[④] 苏联学者维克多·古瑟夫（Viktor Gusev）认为，民俗主义是"民俗的适应、再生产和变迁的过程"。[⑤] "无数脱离了原先的母体、时空文脉和意义、功能的民俗或其碎片，在全新的社会状况下和新的文化脉络中通过被消费、展示、演出、利用等方式被重组、再编混搭和自

---

① 西村真志叶.民俗学主义——日本民俗学的理论探索与实践 [J].民间文化论坛，2007 (1):58-66.

② 杨利慧."民俗主义"概念的涵义、应用及其对当代中国民俗学建设的意义 [J],民间文化论坛，2007 (1):50-54.

③ 杨利慧."民俗主义"概念的涵义、应用及其对当代中国民俗学建设的意义 [J].民间文化论坛，2007 (1):50-54.

④ 杨利慧."民俗主义"概念的涵义、应用及其对当代中国民俗学建设的意义 [J].民间文化论坛，2007 (1):50-54.

⑤ 〔美〕古提斯·史密什著.宋颖译.民俗主义再检省 [M].民间文化论坛，2017 (3).

由组合，并且具备了功能、目的以及价值。"①

在中国学界，日本留学生西村真志叶和北京师范大学的岳永逸博士较早对民俗主义进行了介绍和探讨②，他们认为民俗主义概念给学术研究界带来了一种认识论上的转变。杨利慧系统地梳理了欧美以及日本学术界对于"民俗主义"的认识和界定，认为民俗主义指的是民俗脱离了原初语境而被移植和再利用的现象。③杨利慧认为，民俗主义是非常值得民俗学学科关注的民俗文化在现代社会语境中的变迁现象，对民俗主义的关注和研究能够促使民俗学从主要关注过去的"遗留物"的惯习走向更加开放、更加包容、更加积极地与其他人文社会科学对话的新阶段。宋颖④、王霄冰⑤等人翻译或者梳理了西方的民俗理论，认为当前社会生活中普遍存在的民俗主义现象可以成为中国民俗学者讨论的话题和研究的对象。此后，又有多位学者尝试着对民俗主义的内涵、方式及理论意义进行探索，并进一步将民俗主义视角运用于庙宇信仰的重建研究、商业文化品牌的打造、节日习俗的复兴、民俗节庆的塑造、影像作品等领域，积极进行本土化的学术研究实践。

森田真也探讨了民俗主义在观光业发展中的应用，"在观光的现场，某些今天还存在的东西获得了新的意味，作为观光资源而被利用；某些从未存在过的东西，又被创造为'传统'或'民俗'；有些消失已久的东西又得以复兴"⑥。对于观光者而言，它不过是观光这种语境可预见的构

---

① 周星.民俗主义、学科反思与民俗学的实践性 [J].民俗研究，2016 (3):5-14.

② 〔日〕西村真志叶，岳永逸.民俗学主义的兴起、普及以及影响 [J].民间文化论坛，2004 (6):70-75.

③ 杨利慧."民俗主义"概念的涵义、应用及其对当代中国民俗学建设的意义 [J].民间文化论坛，2007 (1):50-54.

④ 〔美〕古提斯·史密什.宋颖译.民俗主义再检省 [J].民间文化论坛，2017 (3):87-97.

⑤ 王霄冰.中国民俗学——从民俗主义出发去往何方？[J].民俗研究，2016 (3):15-26.

⑥ 〔日〕森田真也著.〔日〕西村真志叶译.民俗学主义与观光——民俗学中的观光研究 [J].民间文化论坛，2007 (1):67-71.

成要素；对于接待者而言，它却可以成为真正生活文化的一部分、真正的"传统"。西村真志叶在田野研究中以燕家台人的口述为线索，考察了张仙港（一座庙宇）如何经过民俗主义从燕家台（北京门头沟区的一个村落）人的共同财产逐渐成为他者开发旅游的观光资源的过程，发现了出现于民俗事象在多重主体的互动中传承和渐变之前的一种"间隙"，她提出：如果我们超越简单意义上的价值评价标准，把利用，甚至把"假"视为今天的地方文化具有的属性，那么我们就能够在民俗学主义指明的方向看到地方社会及其文化在当前语境下的繁杂、混淆、充满活力的现代性姿态。① 周星认为乡村旅游中的民俗主义现象，恰好就是乡村文化复兴的契机和路径。② 杨曼③、王咏④、孙明璐⑤、刘爱华⑥等人分别探讨了在传统节日习俗、民族节庆饮食文化、创意产业中民俗文化的渗透和过程。

　　徐赣丽以上海田子坊为例，研究当代都市消费空间中的民俗主义，认为那些旅游消费空间里生产的专为游客消费的民俗，有可能会变成地方民俗的一部分。民俗主义是把民俗转为消费主义逻辑下的民俗利用。⑦ 徐赣丽等学者进一步针对现代民俗学理论建构、城市生活方式、都市空间、民俗变迁等多方面展开深度对话，并以跨学科的视角、理念和方法对都市民俗学进行构想和倡导，丰富了都市民俗学的内涵和外延，进一步推动了现代民俗学学科的建设和发展。⑧

———————

① 〔日〕西村真志叶 . 那座庙宇是谁的？——作为观光资源的地方文化与民俗学主义 [J]."美学与文化生态建设"国际论文集 [C], 2009:181-198.

② 周星 . 乡村旅游与民俗主义 [J]. 旅游学刊, 2019, 34(6):4-6.

③ 杨曼 . 民俗主义视角下的绍兴大禹祭祀文化 [D]. 上海：华东师范大学, 2011.

④ 王咏 . 从"玉龙雪山彝家火把节"思考民俗主义 [J]. 民族艺术研究, 2009 (4):89-92.

⑤ 孙明璐 . 舌尖上的象征：当代饮食书写与民俗主义 [D]. 济南：山东大学, 2016.

⑥ 刘爱华 . 创意与"变脸"：创意产业中民俗主义现象阐释 [J]. 民俗研究, 2012 (6):88-96.

⑦ 王杰文 ."民俗主义"及其差异化的实践 [J]. 民俗研究, 2014 (2):15-28.

⑧ 刘言, 徐赣丽 . 跨界·对话·创新：建构都市民俗学 [J]. 民间文化论坛, 2020 (2):124-128.

周星、王霄冰主编的《现代民俗学的视野与方向：民俗主义·本真性·公共民俗学·日常生活》①分为民俗主义与德国民俗学、民俗主义在日本、民俗主义在中国以及民俗主义与本真性四个部分，盘点了"民俗主义"这一重要的学术概念在世界民俗学领域的发展和应用。书中收录了"民俗主义"这一学术概念和研究视角在中国的几项重要研究，包括刘爱华、艾亚玮的《创意与"变脸"：创意产业中民俗主义现象阐释》、周星的《"农家乐"与民俗主义》、胡慧的《民俗主义视野下的信阳民歌研究》、杨曼的《民俗文化视角下的绍兴大禹祭祀文化》等，体现了"民俗主义"视角在中国民俗学研究中的发展和深入。周星在《民俗主义在当代中国》一文中分析了民俗学经由民俗主义研究视角所取得的成绩：探索民俗学的基本学理及学科建设问题、进一步探讨民俗学的传统性课题、研究曾经被民俗学视为边缘的一些课题、拓展以往几乎不被视为民俗学研究对象的课题领域。他进一步指出，中国民俗学的民俗主义视角尚有极大的发展空间，并有可能成为促进中国民俗学升级换代、转型成为现代民俗学的一块颇有力度且恰到好处的"敲门砖"②。

以上谈到的文化再生产、民俗主义、传统的重构、传统化与传统化实践等诸多理论视角或方法，是来自不同学科背景的学者在不同的年代提出来的，存在一些差别，但整体上反映了学术界对于文化尤其是传统文化发展变迁的开放态度，并力图搭建系统的文化研究方法和分析框架，从语境、主体、过程、个体、细节、整合、现代性等多个角度发现并阐释其中的含义和规律。

---

① 周星，王霄冰主编.现代民俗学的视野与方向：民俗主义·本真性·公共民俗学·日常生活[K].北京：商务印书馆，2018.

② 周星，王霄冰主编.现代民俗学的视野与方向：民俗主义·本真性·公共民俗学·日常生活[K].北京：商务印书馆，2018.

5. 旅游人类学的"凝视"研究

　　旅游凝视研究缘起于凝视研究。拉康在 1978 年的《精神分析的四个基本观念》中，将凝视定义为自我和他之间的镜像关系。[①] 在凝视理论研究中，法国哲学家、社会思想家米歇尔·福柯（Michel Foucault）提出医学凝视理论。在此基础上，1990 年约翰·厄里（John Urry）出版了《旅游者的目光：现代社会的休闲和旅游》[②]，书中指出在旅游者目光的凝视之下，一切景观都被赋予了符号的意义。陈才提出"凝视"概念："作为一种观看方式，凝视是一种目光投射，是凝视动作的实施主体施加于承受客体之上的一种无形的、抽象的作用力；在现代社会，凝视又是有形的、具体的和普遍的，凝视象征着一种权力关系，是一种软暴力；凝视凭借知识与话语的建构而发生，反之，知识与话语因为凝视而巩固和强化。"[③] 刘丹萍认为"游客凝视"不仅指"观看"这一动作，而是将游客的旅游需求、动机和行为融合并抽象化的结果，体现了游客对地方的一种作用力。[④]

　　旅游凝视类型与性质研究。厄里在前期"游客凝视"的基础上，进一步提出"全球凝视"（globalising gaze）和"消费地方"（consuming place）概念。毛茨（Maoz）基于游客凝视理论，提出"东道主凝视"（the local gaze），并进一步提出"双向凝视"（mutual gaze），[⑤] 即当地人的反向

---

① 廖炳惠. 关键词 200——文学与批评研究的通用词汇编 [M]. 南京：江苏教育出版社，2006.

② John Urry. The Tourist Gaze: Leisure and Travel in Contemporary Societies[M]. London: Sage, 1990, 129.

③ 陈才. 意象凝视认同——对旅游博客中有关大连旅游体验的质性研究 [D]. 大连：东北财经大学，2009.

④ 刘丹萍. 旅游凝视——中国本土研究 [M]. 天津：南开大学出版社，2008.

⑤ Maoz D. The Mutual Gaze[J].Annals of Tourism Research, 2006, 33(1):221-239.

凝视也影响着游客的行为意向。[①] 汪晓风探讨了当地人通过反向凝视生产消费场景来刺激游客的消费行为。[②] 王华和徐仕彦认为游客间的道德凝视生产了新的规训技术和规训制度。[③] 牟法科（Moufakkir）提出"主人凝视"（the host gaze），认为不同的文化背景、地理环境以不同的方式调节着主人对于游客行为的凝视。[④] 马康奈（MacCannell）提出"第二种凝视"(the second gaze)，认为旅游期望是旅游前的游客心理欲求，连接着旅游目的地符号与实地凝视体验。[⑤] 吴茂英认为"旅游凝视"涉及多利益主体参与互动，包括"游客凝视""当地人凝视""专家凝视""游客间凝视""隐性凝视"，以及各"凝视"力量之间因权力悬殊和变化而产生的互相凝视。[⑥] 雅吉（Yagi）围绕旅游博客内容来研究游客间的互相凝视。[⑦] 周宪提出现代旅游独特的"流动凝视"。[⑧] 孙九霞提出"旅游循环凝视"概念，提倡以更长远的眼光、多维的视角将旅游凝视阐释为一个多次、长期的循环过程（即"旅游循环凝视"），其作用结果将更为积极。[⑨] 特赖布（Tribe）呼吁重视"学者凝视"的作用，认为行业学者、专家以及政府公共部门通过符号运作与形象铸造，不断产生新的凝视符号与体验，

---

① TASCI A D A. A triple lens measurement of host-guest perceptions for sustainable gaze in tourism[J]. Journal of Sustainable Tourism, 2017, 25(6):711.

② 汪晓风."看"与"吃"：一座老挝古城里中国游客的消费 [D]. 上海：华东师范大学，2017.

③ 王华，徐仕彦.游客间的"道德式"凝视及其规训意义——基于网络博文的内容分析 [J]. 旅游学刊，2016, 31(5):45−54.

④ Moufakkir O.The role of cultural distance in mediating the host gaze[J].Tourist Studies, 2011, 11(1):73−89.

⑤ Maccannell D. Tourist agency.[J]. Tourist Studies, 2001, 1(1):23−37.

⑥ 吴茂英.旅游凝视：评述与展望 [J]. 旅游学刊，2012, 27(3):107−112.

⑦ Yagi C. How tourists see other tourists: Analysis of online travelogues [J]. The Journal of Tourism Studies, 2004, 12(2):22−31.

⑧ 周宪.现代性与视觉文化中的旅游凝视 [J]. 天津社会科学，2008 (1):111−118.

⑨ 孙九霞.旅游循环凝视与乡村文化修复 [J]. 旅游学刊，2019, 34(6):1−4.

从而满足游客凝视的求新、求异。[①] 朱煜杰认为旅游凝视具有流动性，表现在两个方面：一是流动的游客旅行中凝视的对象不同；二是旅游目的地政府、东道主、文化表演者等以凝视的途径来不断地升级改造旅游产品，以适应旅游市场发展的需要。[②] 游客凝视是一种综合性文化工程，[③] 游客凝视会导致族群文化的移植，使得完整性族群文化呈现片段化、神圣性族群文化运作娱乐化、多样性族群文化管理标准化，形成了新的族群认同，是族群文化再生产的动力。[④] 游客凝视的有形化展示会影响文化变迁：一是推动凝视对象的文化的保存、推广、创新；二是导致凝视对象产生文化遗失。[⑤] 旅游凝视穿越文化边界，以生成性动力建构着新的异文化。[⑥] 把多勋等认为，在民族地区文化变迁过程中，旅游者的凝视是重要的原动力，旅游者的凝视推动民族文化商品化和同化。[⑦] 旅游者凝视引起旅游地文化向"舞台化""表演化"方向发展。[⑧] 阳宁东和杨振之认为在旅游凝视力的作用下，旅游表演《高原红》所展示出的文化是一种在自我与他者互动中杂糅生成的第三性异质文化，表现为民族传统文化自我的现代性表述与主动建构。[⑨] 胡泽黎采用旅游凝视理论分析乡村旅游产品

① Airey D, Tribe J, Hsu C H C, et al. Developments in Tourism Research[M]. 2007.

② 朱煜杰. 旅游中的多重凝视：从静止到游动 [J]. 旅游学刊, 2012, 27(11):20-21.

③ 周志强. 从"游客凝视"到"游客化"——评《游客凝视》意识形态批评的理论贡献 [J]. 文化与文学, 2010 (1): 138-142.

④ 孙九霞. 族群文化的移植："旅游者凝视"视角下的解读 [J]. 思想战线, 2009, 35(4):37-42.

⑤ 于海峰, 章牧. 基于游客凝视理论的旅游扶贫研究 [J]. 旅游经济, 2013 (3):112-114.

⑥ 魏美仙. 他者凝视中的艺术生成——沐村旅游展演艺术建构的人类学考察 [J]. 广西民族大学学报（哲学社会科学版）, 2009, 31(1):43-47.

⑦ 把多勋, 王俊, 兰海. 旅游凝视与民族地区文化变迁 [J]. 江西财经大学学报, 2009 (2):112-116.

⑧ 张秀娟. "旅游凝视"视角下的民族文化建构研究——以广南县"世外桃源"风景区为例 [D]. 昆明：云南大学, 2012.

⑨ 阳宁东, 杨振之. 第三空间：旅游凝视下文化表演的意义重解——以九寨沟藏羌歌舞表演《高原红》为例 [J]. 四川师范大学学报（社会科学版）, 2014, 41(1):67-74.

和乡村文化保护，并提出相应的保护对策。① 代改珍通过对贵州铜仁江口县寨沙侗寨十年旅游发展历程的梳理，重点关注村寨旅游再生产中的主体及其权力叙事，阐释了多元的交互凝视特征，特别点明"流动性"系交互凝视的基本属性，发现了在政府、村民、游客、规划者、媒体等显性直接主体之外，还有政策、周边项目、发展环境等构成的"周边凝视"，对旅游再生产发生着间接但同样重要的影响。如何在旅游再生产中构建一个良性的主体权力共同体，将是促进旅游地健康可持续发展的关键问题。②

　　旅游凝视对旅游目的地的影响和目的地形象研究。莱特（Light）以德国、匈牙利、罗马尼亚为背景，研究游客凝视与旅游目的地形象关系。③ 曹莉丽分析在乡村旅游中乡村游客"凝视"产生的消极影响，并探讨在"游客凝视"影响下乡村旅游的可持续发展。④ 张潇伊和韩宜轩探讨旅游凝视下乡村旅游目的地形象，并提出乡村旅游形象建设建议。⑤ 申梦君和乌恩基于官方文本与网络游记的对比分析，研究在政府凝视和游客凝视视角下，官方部门及游客对婺源旅游形象感知的异同。⑥ 刘斌和杨钊从旅游凝视理论角度切入，以游客为观察主体，以南锣鼓巷为例分析旅游者凝视对历史文化街区的影响过程。其研究结果表明凝视关系中的游客一方拥有更大的权利，推动了南锣鼓巷"符号情境"的转变，标志

① 胡泽黎.基于旅游凝视理论的乡村文化保护研究 [J].广西大学学报（哲学社会科学版），2009, 31(4):241−242.
② 代改珍.民族村寨旅游再生产中的主体凝视——以贵州铜仁寨沙侗寨十年旅游发展为例 [J].西南民族大学学报（人文社会科学版），2019 (3):34−40.
③ Light D. Gazing on communism: Heritage tourism and post-communist identities in Germany, Hungary and Romania[J].Tourism Geographies, 2000, 2(2):157−176.
④ 曹莉丽.游客凝视视角下的乡村旅游研究 [J].绿色科技，2010 (9):127−129.
⑤ 张潇伊，韩宜轩.旅游凝视下乡村旅游目的地形象研究 [J].山东林业科技，2019 (1):25−29.
⑥ 申梦君，乌恩.旅游凝视视角下婺源旅游形象研究——基于官方文本与网络游记的对比分析 [J].中南林业科技大学学报（社会科学版），2019, 13(3):107−114.

符号的强化与筛选作用明显，产生了形象撕裂和主客间消极互动，另外，游客的消极评价在旅游凝视中主要体现为对"符号收集"的不满。[①] 孙九霞和王学基以《印象·刘三姐》为例，探讨旅游凝视视角下目的地形象的建构及变迁过程。[②]

厄里认为凝视是旅游体验的核心。陈才认为游客体验大连的基本方式之一是以视觉为核心的凝视，海滨风光、都市风情、大连人是游客凝视大连的三个主要层面。游客对大连海滨风光的凝视是一种浪漫的凝视；对都市风情的凝视是一种集体的凝视；对大连人的凝视主要通过司机、服务员、普通市民和亲朋好友。[③] 徐琦认为旅游凝视中的本真性主要表现在两方面，一是旅游者在旅游过程中对本真性的评判；二是旅游凝视有形化的结果，也就是照片与本真性的关系。不同旅游者凝视的旅游真实性表现为眼见为"实"、自我的感受和客观真实三类。被凝视对象的真实不一定等同于游客关注的真实。照片反映客观真实世界的功能有所减弱。[④] 刘云霞和尹寿兵从东道主的视角，以宏村为案例地，分析不同群体的家庭旅馆企业主凝视行为差异，揭示家庭旅馆小企业主的凝视行为对家庭旅馆空间建构的作用力。[⑤] 大众传媒对旅游资源进行着先行的"游客凝视"，影响、指导、改变着游客的凝视叙事。[⑥] 旅游者类型的差异影响

---

① 刘斌，杨钊.城市历史文化街区旅游化发展问题研究——基于北京南锣鼓巷的旅游者凝视视角 [J].干旱区资源与环境，2021, 35(3):190-195.

② 孙九霞，王学基.旅游凝视视角下的旅游目的地形象建构——以大型演艺产品《印象·刘三姐》为例 [J].贵州大学学报（社会科学版），2016, 34(1):47-57.

③ 陈才.意象凝视认同——对旅游博客中有关大连旅游体验的质性研究 [D].大连：东北财经大学，2009.

④ 徐琦.消费社会中的旅游凝视行为研究——基于摄影图片的访谈内容和分析 [D].大连：东北财经大学，2010.

⑤ 刘云霞，尹寿兵.基于东道主凝视的遗产地家庭旅馆空间建构研究 [J].黄山学院学报，2019, 21(6):26-31.

⑥ 罗融融.论我国大众传媒对"游客凝视"的建构——以后现代主义旅游观为视角 [J].走向社会科学，2013 (9): 88-93.

旅游凝视的内容。孟晓红研究旅游主客关系，提出了主客关系中一个新的维度——人的景观化，旅游者对东道主的凝视以及旅游者主体间的相互凝视是人的景观化的表现之一，旅游者通过对符号的解读、差异化的追寻以及审美化的建构，最终建构人的景观化过程。① 旅游凝视是消费社会中的情感消费，旅游凝视的层次模型分为浅层凝视和深层凝视。浅层凝视是肤浅的、以追求表层美和享乐主义为主要目的的凝视行为，旅游在这里只不过是收集固有符号意义的行为；深层凝视是以追求真实、意义和幻想为主要目的的凝视行为，旅游在这里试图超脱象征的束缚，从而成为发现真实、认识自我的过程。② 田玲分析主客双方凝视的态度、行为和认知，提炼影响主客双方凝视的影响因子，提出相关对策以实现和谐的主客关系，而旅游凝视本身就是旅游者的一种行为，切入到凝视本身去细化游客的凝视也是学者关注的一方面。③ 隋明秋探讨了游客凝视对工业遗产的文化作用力。④ 朱璇等认为旅游凝视是通过符号的收集和消费来建构的，社会话语和实践是凝视的来源，凝视者与被凝视者的关系是一种动态、系统的社会物质关系。⑤

旅游凝视对社会文化变迁的影响研究。根据厄里提出的"消费地方"观点，旅游凝视推动着旅游目的地社会被消费，场域空间内的人、场景、事物、活动都被游客当作舞台表演的一个元素、一个构景框架，最终，目的地社会为迎合游客凝视而做出时空维度上的变化，造成目的地社会

---

① 孟晓红. 人的景观化——一种旅游凝视的视角 [D]. 大连：东北财经大学，2017.
② 徐琦. 消费社会中的旅游凝视行为研究——基于摄影图片的访谈内容和分析 [D]. 大连：东北财经大学，2010.
③ 田玲. 古城镇旅游地家庭旅馆中的主客交往研究 [D]. 长沙：湖南师范大学，2012.
④ 隋明秋. 工业遗产地旅游者凝视行为研究 [D]. 沈阳：沈阳师范大学，2014.
⑤ 朱璇，蔡元，梁云能. 从神圣到世俗的欠发达地区乡村社区空间异化——国内背包客凝视下的亚丁村 [J]. 人文地理，2017, 32(02):53-58.

的重构。① 把多俊、王俊等论述了旅游凝视与民族地区文化变迁的关系。②
基于旅游凝视下民俗文化村的少数民族演员的族群认同，孙九霞认为，
旅游凝视下的文化展演在失去原本的文化土壤后完全商品化，少数民族
演员也在异化的展演岁月中逐渐抹去了与族群的联系，族群认同逐渐淡
化。③ 樊友猛、谢彦君认为，文化记忆、文化展示以及旅游凝视三者之
间互为支撑、相互作用，并建构了"文化记忆 – 展示 – 凝视"的模型。④
苏杭分析了旅游凝视理论下乡村文化的变迁及保护。⑤ 赵罗基于"旅游凝
视理论"，分析探讨了游客凝视与景观叙事、民族传统文化保护与传承之
间的关系，并提出了民族文化保护的相关措施。⑥ 张丹泓研究了旅游者凝
视下拉萨藏式客栈文化的变迁，探讨了凝视前拉萨藏式客栈文化的历史
记忆和凝视下拉萨藏式客栈文化的发展现状，并提出拉萨藏式客栈文化
的重构策略。⑦

　　旅游凝视者行为研究。桑森垚和王世梅基于旅游凝视理论，利用网
络民族志的研究方法，探索了中国志愿旅行者在旅行体验中的意义建
构。⑧ 徐敨研究了游客间凝视的积极影响。⑨ 张文婷认为，"旅游凝视"

① 董亮亮. 游客凝视视角下的莲文化景观再生产研究——以石城大畲村为例 [D]. 南昌：江西农
　　业大学，2018.
② 把多勋，王俊，兰海. 旅游凝视与民族地区文化变迁 [J]. 江西财经大学学报，2009(02):112–
　　116.
③ 孙九霞. 族群文化的移植："旅游者凝视"视角下的解读 [J]. 思想战线，2009, 35(4):37–42.
④ 樊友猛，谢彦君. 记忆、展示与凝视：乡村文化遗产保护与旅游发展协同研究 [J]. 旅游科学，
　　2015(1):11–24.
⑤ 苏杭. 旅游凝视理论下乡村文化的变迁及保护 [J]. 黑龙江生态工程职业学院学报，2018,
　　31(6):25–26, 43.
⑥ 赵罗. 基于旅游凝视理论的民族地区景观叙事与民族文化保护研究 [J], 资源开发与保护，
　　2018 (7):81–84.
⑦ 张丹泓. 旅游者凝视下拉萨藏式客栈文化变迁研究 [D]. 大理：大理大学，2019.
⑧ 桑森垚，王世梅. 中国志愿旅行者体验研究——基于旅游凝视理论的视角 [J]. 旅游研究，2018,
　　10(6):41–51.
⑨ 徐敨. 游客间凝视对旅游文明行为的影响研究 [D]. 厦门：厦门大学，2017.

过程的实质是旅游者与本地居民、经营者等在旅游地进行的主体性的博弈与商榷①，主体的权力叙事影响主体间的交互行为，使"凝视"变成一个不断变动重启的持续建构系统。

6. "表演"相关理论在旅游研究中的应用

(1) "表演"相关理论梳理

表演理论兴起于 20 世纪 60 年代末 70 年代初，代表性人物有理查德·鲍曼、戴尔·海默斯、罗杰·亚伯拉罕、丹·本－阿莫斯等，该理论随后在世界范围内诸多学科领域都产生了影响，如戏剧表演理论、社会学表演理论、民俗学表演理论、人类学表演理论等。② 1975 年，鲍曼认为，从根本上说，表演作为一种口头语言交流的模式，存在于（表演者）对观众承担着展示（display）自己交际能力（communicative competence）的责任。③ 1990 年，鲍曼与查尔斯·L. 布瑞格斯（Charles L. Briggs）提出了"文本化、去情境化与再情境化"等概念来解决"表演理论"的固有缺陷。④ 表演理论视域下，表演被视为交流性展示的一种模式。表演者承担向观众展示自己交流技巧的责任，而观众参与其中进行观察，进而品评，由此相互协作，展开交流，研究的焦点就在于"交流是如何实现的"。⑤ 以表演为中心，表演理论是一个具有互动性和限定性的演艺形式，

① 张文婷. 旅游凝视下湘西德夯苗寨的意义生产 [D]. 吉首：吉首大学, 2017.

② 胡一伟. 符号学与表演理论 [J]. 符号与传媒, 2017 (4):170-182.

③ Bauman Richard.Verbal Art As Performance[J], American Anthropologist, 1975, 77(2):290-311.

④ Bauman Richard, Charles L.Briggs. Poetics and Performance as Critical Perspectives on Language and Social Life[J]. Annual Review of Anthropology, 1990 (19):59-88.

⑤ 理查德·鲍曼著. 杨利慧, 安德明译. 作为表演的口头艺术 [M]. 桂林：广西师范大学出版社, 2008.

由诸多要素构成，包括表演情境、表演者和观看者之间的交流等内容。[①]

　　自 1973 年，马康奈以表演的隐喻对旅游现象进行研究以来，旅游学界对表演的研究逐渐受到关注。[②] 20 世纪 90 年代起，西方主流旅游研究中呈现出"表演转向"，而国内学者对这一转向关注甚少，甚至对"表演"的理解还停留在通俗层面上。在旅游表演转向的影响下，表演性成为旅游体验研究的新视角，旅游表演性转向的理论基础主要有：表演性理论、具身性理论、拟剧论和非表征理论等。[③]李淼和谢彦君对西方旅游研究中表演转向的理论基础及发展历程进行了梳理，提炼出西方旅游表演转向的核心特点，并总结旅游体验研究的表演转向、面向过程、面向关系、研究方法，指出西方旅游表演转向对未来旅游体验研究的启示。[④]西方旅游表演转向中的激进模式研究主要表现在：聚焦旅游者的具身表演、旅游表演的舞台——地方与空间、旅游表演涉及的其他人与非人因素、"场"[⑤]。从表演的视角审视旅游空间，旅游表演会受到某一空间或地方性质和特点的影响，但它并不局限在空间或地方的范围内，而是置身于一个更宽泛的背景中。[⑥]旅游者出游，其将家乡文化中传播的对目的地的先前了解、期待、想象和神话等因素会对旅游表演产生重要影响。[⑦]

---

① 李雯.表演理论视角下的山西柳林水船秧歌 [J].文物鉴定与鉴赏 , 2020 (9):153-155.

② 董培海，蔡红燕，李庆雷.迪恩·麦肯奈尔旅游社会学思想解读——兼评《旅游者：休闲阶层新论》[J].旅游学刊 , 2014, 29(11):115-124.

③ 方昌敢.少数民族节庆旅游表演性研究——以广西三江侗族多耶节为例 [D].广州：华南理工大学 , 2019.

④ 李淼，谢彦君.何为"表演"？——西方旅游表演转向理论溯源、内涵解析及启示[J].旅游学刊 , 2020, 35 (2): 121-133.

⑤ 李淼，谢彦君.何为"表演"？——西方旅游表演转向理论溯源、内涵解析及启示[J].旅游学刊 , 2020, 35 (2): 121-133.

⑥ Light D. Performing Transylvania: Tourism, fantasy and play in a liminal place[J]. Tourist Studies, 2009, 9(3): 240-258.

⑦ Light D. Performing Transylvania: Tourism, fantasy and play in a liminal place[J]. Tourist Studies, 2009, 9(3): 240-258.

庞廷（Ponting）和麦克唐纳（Mcdonald）通过对冲浪旅游地印度尼西亚达拉湾柏拉图碧海仙居潜水度假村（Green Niravan）进行长时间的研究，认为旅游空间的生产消费涉及持续的协商与再协商，它不仅仅是通过话语要素和文化所赋予的想象完成的，而且是通过旅游者、旅游业专业人士和目的地社区的鲜活体验和共同表演完成的。他们还探讨了旅游者表演如何与其他因素共同参与并影响着旅游空间和地方的生产与消费。[①]

旅游表演对旅游具身体验的关注。厄里指出旅游的具身性体验，强调旅游的身体行为。[②]旅游中的身体既是表演的主体，也是被表演的客体。作为表演的主体，其通过具有主观能动性的身体对各种行为进行新的创造，进而衍生出新的社会机构及文化习俗；作为表演的客体，身体则是被作用的对象，受到来自社会结构、传统观念及风俗习惯的规训。[③]朱江勇和覃庆辉梳理了人类表演学理论在旅游研究中的运用与主要成果，并在此基础上，探讨人类表演学理论在旅游研究中进一步发展的可能。[④]朱江勇界定旅游表演学概念，并对其理论基础、内涵与内容及其实践进行梳理研究。[⑤]

岑橙和蔡君将表演层次划分为三种类型：为凝视而进行的有意识表演、常态化生活的无意识表演以及旅游服务过程中的表演。旅游表演既包括旅游过程中的民俗表演、舞台表演等，还包括在旅游服务相关行业内的个人或群体进行的服务性表演，他们基于探究凝视和表演的产品属性，结合表演在旅游中应用的实际案例，分别对三类产品的开发和保护

---

① Ponting J, Mcdonald M G. Performance, agency and change in surfing tourist space[J]. Annals of Tourism Research, 2013, 43: 415-434.

② Urry J.The tourist gaze and the 'environment'[J].Theory Culture & Society, 1992, 9(3):1-26.

③ 张大志 . 身体的规训与救赎 : 运动休闲的社会学解读 [J]. 中国体育科技 , 2011, 47(5):86-89.

④ 朱江勇 , 覃庆辉 . 人类表演学理论在旅游研究中的运用 [J]. 旅游论坛 , 2009, 2(3):330-334.

⑤ 朱江勇 . 旅游表演学 : 理论基础、内涵与内容及其实践 [J]. 河北旅游职业学院学报 , 2009 (4):24-27.

进行探讨。^①王德刚探讨了台湾布农族原住民族群文化保护与传承过程中用部落旅游的方式进行的创新实践，用人类学表演理论对其形式、内容、特征等进行考量："自我传袭"能力、族群文化的"涵化"、族人利益以及主客关系。^②

表演理论下的民俗文化事象、非物质文化遗产研究。杨利慧认为表演理论的主要关注点有："一是特定语境中的民俗表演事件，二是交流的实际发生过程和文本的动态而复杂的形成过程，三是讲述人、听众和参与者之间的互动交流，四是表演的即时性和创造性，五是表演的民族志考察。"^③杨利慧"从表演理论产生的学术背景、主要理论主张、民间叙事研究、影响、反思与批评等方面对表演理论与民间叙事进行研究"^④。周福岩对表演理论与民间故事进行探讨研究^⑤，毛晓帅探讨了表演理论视域下的戏曲类非遗保护，^⑥许秋伊探讨表演理论视域下荆州说鼓子研究。^⑦金丹妮基于民间文学戏剧节，探讨了民间口头叙事的表演互动与民俗认同。^⑧金翠以宝丰县马街书会为例，将"表演"看成一种主体性的活动，使其与"空间"对应起来，从而对马街书会文化空间进行研究，认为在马街书会文化空间转型期，不同群体的不同诉求成为了文化空间发展转型的主要动力，马街书会文化空间实现了从表演空间到对话空间的转型。^⑨

---

① 岑橙, 蔡君. 表演理论视角下的游客凝视研究 [J]. 艺术文化交流, 2016 (9):267-269.

② 王德刚. 表演场迁——台湾布农族原住民文化旅游化传承的人类学思考 [J]. 民俗研究, 2012 (3):106-111.

③ 王欣. 杨利慧：表演理论与民间叙事研究 [N]. 中国社会科学院院报, 2003-12-23.

④ 杨利慧. 表演理论与民间叙事研究 [J]. 民俗研究, 2004 (1):30-46.

⑤ 周福岩. 表演理论与民俗故事研究 [J].2001, 3(1):10-14.

⑥ 毛晓帅. 表演理论视域下的戏曲类非遗保护 [J]. 艺术与民俗, 2021 (2):77-81.

⑦ 许秋伊. 表演理论视域下荆州说鼓子研究 [J]. 长江大学学报（社会科学版）, 2020, 43(5):38-42.

⑧ 金丹妮. 民间口同叙事的表演互动与民俗认同——以民间文学戏剧节为例 [J]. 现代交际, 2019 (18):76-77.

⑨ 金翠. 从表演空间到对话空间：宝丰县"马街书会"文化空间的转型研究 [D]. 上海：上海大学, 2016.

（2）旅游中的"符号"研究

符号现象古已有之，人类对符号现象的关注可以上溯到古希腊和我国的春秋战国时期。但是到了 20 世纪，符号学理论才开始发展。瑞士的语言学家费·德·索绪尔（Ferdinand de Saussure）与美国哲学家查尔斯·皮尔斯（Charles Peirce）分别从语言学和逻辑学两个领域发展符号理论，从而奠定了现代符号学的理论基础。1964 年，罗兰·巴特（Roland Barthes）《符号学原理》的问世，是符号学正式成为一门学科的标志。

1976 年，马康奈提出旅游的符号意义，他在《旅游者：休闲阶层新论》一书中，从全新的角度系统地提出了旅游吸引物的结构差异、社会功能、舞台化的本真性、文化标志以及旅游吸引物系统中的象征符号等观点。[①] 1981 年，卡勒（Culler）发表了《旅游符号学》一文，认为旅游者在体验过程中既在制造也在找寻标志和景观之间的联系。[②]

美国著名人类学家、旅游符号学研究的代表人物之一纳尔逊·格雷本在对文化表现形式的分析方面，倡导用符号学以及符号人类学的方法，对符号、标志、象征、民间传说、神话、规则、诗词文记、图示石像、广告宣传、私人摄影和明信片、商业化旅游纪念品、游记与历史记录等"文化文本"进行"解构分析"，以期揭示意义结构、文化结构及其变化的过程和规律。[③] 2011 年年底，纳尔逊·格雷本在中国进行学术访问时，从八个方面梳理和总结了中国旅游人类学的研究重点：旅游、殖民和怀旧；旅游和真实性；旅游、符号和结构；旅游、仪式与宗教；旅游、商品

---

① 〔美〕Dean MacCannell 著 . 张晓萍等译 . 旅游者：休闲阶层新论 [M]. 桂林：广西师范大学出版社，2008.

② 〔美〕Jonathan Culler. The Semiotics of Tourism[A]. Jonathan Culler. Framing The Sign: Criticism and Its Institutions. University of Oklahoma Press[C], 1990.1–10.

③ 肖洪根 . 对旅游社会学理论体系研究的认识——兼评国外旅游社会学研究动态（上）[J]. 旅游学刊，2001, 16(6):16–26.

化和全球化；旅游和遗产；旅游和性别研究；旅游和景观。^①与西方学界
对于旅游发展中符号现象的讨论热况相比，国内学界对于符号的关注才
刚开始，这与中国旅游人类学起步较晚有很大的关联性。

　　有关旅游的符号视角的研究当中，学者的关注点差异很大。有些学
者探讨了旅游行为的符号意义；有些研究了旅游地的表述问题；有些采用
符号学方法分析了旅游者对期望的表述和对体验的诠释；有些采用符号
学方法来研究旅游"文本"，如旅游宣传册、照片、明信片、旅游纪念品
等^②；还有些采用符号学理论来探讨某地旅游形象。^{③④}2004 年，彭兆荣
在《旅游人类学》一书中，讨论了旅游景观的符号价值、旅游标识物符
号系统、酒店的符号价值、艺术品符号、旅游景点的空间结构等问题。^⑤
随后，王宁等人在其编著的在国内影响较大的《旅游社会学》一书中专
辟一节介绍了"符号互动论"及其对旅游学研究的影响和启发。^⑥李蕾
蕾认为旅游符号的形式包括旅游景点，旅游过程中旅游者感知到的风俗、
语言等，这些符号都具有一定的象征意义。^⑦

　　谢彦君、彭丹围绕旅游体验的符号学问题进行了深入研究，系统梳
理了国内外学界对于旅游休验和旅游符号研究的成果。通过解读旅游发
展中的符号及其意义，他们指出符号解读是实现旅游体验的基本方式和
内容，并从游客的角度出发，深度分析了符号解读的过程、影响因素及
结果，是国内旅游符号学界非常难得的研究成果。^⑧周常春介绍了国外将

①　张晓萍，Nelson Graburn，张鹂 . 旅游与人类学及其在中国的实践 [J]. 旅游学刊，2012, 27(1):11-16.

②　彭丹 . 论旅游体验中的符号及其解读 [D]. 大连：东北财经大学，2005.

③　李琴 . 符号互动论视野中贵州旅游形象的塑造与传播 [D]. 贵阳：贵州民族大学，2012.

④　令江英 . 基于符号感知的武山县旅游形象研究 [D]. 兰州：西北师范大学，2018.

⑤　彭兆荣 . 旅游人类学 [M]. 北京：民族出版社，2004.

⑥　王宁，刘丹萍，马凌等 . 旅游社会学 [M]. 天津：南开大学出版社，2008.

⑦　李蕾蕾 . 海滨旅游空间的符号学与文化研究 [J]. 城市规划汇刊，2004 (2):60.

⑧　谢彦君，彭丹 . 旅游、旅游体验和符号——对相关研究的一个评述 [J]. 旅游科学，2005,
　　19(4):1-6.

符号学方法与内容分析法应用于旅游手册分析的研究成果。[①] 白凯等将旅游目的地形象视为典型的标志化符号，认为人们总是通过旅游目的地的图像符号和语言符号认知旅游目的地的客观存在特性。[②] 厄里认为旅游本质上就是一种收集符号的过程，旅游凝视也是对特定标志物的生产和消费。[③] 在旅游凝视视角下，旅游就是一个收集符号的过程，旅游凝视亦受当地传递出的符号影响。[④] 李锋认为游客与居民在进行凝视的过程中，形成了一套完整的符号互动（symbolic interaction）。[⑤] 还有不少学者从不同角度探讨符号与旅游地形象品牌建设、符号与旅游商品设计、符号与旅游舞台表演、符号与旅游节事活动、符号与建筑景观设计、符号与旅游吸引力的构建等领域的问题。高凡对旅游者对河南省旅游形象的本底符号和实地符号的感知情况进行了探讨。[⑥] 王丹彤基于符号学的角度，研究旅游形象的建立。[⑦] 罗俊以舟山为例，分析其开发特色品牌过程中的符号形象体系。[⑧] 龙南慧分析并构建了旅游地的传播符号，以提升旅游者的感知印象。[⑨]

杨骏和席岳婷从符号感知的视角，探讨旅游体验的真实性，[⑩] 陈胜容

① 周常春，唐雪琼. 符号学方法和内容分析法在旅游手册研究中的应用 [J]. 生态经济，2005 (6):24-27.

② 白凯，孙天宇，谢雪梅. 旅游目的地形象的符号隐喻关联研究——以陕西省为例 [J]. 资源科学，2008, 30(8):1184-1190.

③ Urry. J. Constuming Places〔M.London: R outledge, 1995.

④ 陈龙山. 旅游凝视研究——以古北水镇旅游凝视为例 [D]. 北京：北京林业大学，2019.

⑤ 李锋. 旅游传播学理论体系构建刍议 [J]. 河南大学学报（社会科学版），2006 (1):137-139.

⑥ 高凡. 基于符号理论的河南省旅游形象感知研究 [D]. 重庆：重庆师范大学，2015.

⑦ 王丹彤. 基于符号理论的旅游目的地品牌形象形成机理——以云南香格里拉为例 [J]. 林业建设，2015, (6):30-34.

⑧ 罗俊. 符号学视野下的舟山乡村特色旅游产品研发 [D]. 浙江：浙江海洋大学，2016.

⑨ 龙南慧. 基于符号学视角的旅游地品牌形象构建研究——以凤凰古城、梁平县金带镇为例 [D]. 重庆：重庆大学，2016.

⑩ 杨骏，席岳婷. 符号感知下的旅游体验真实性研究 [J]. 北京第二外国语学院学报，2015 (7):34-39, 49.

将符号学理论引入旅游地竞争力研究。[①] 2010 年 11 月初，广西桂林召开了一次以"旅游与景观"为主题的国际性旅游高峰论坛，纳尔逊·格雷本应邀参加。会上，旅游的符号学现象和符号研究成为热点之一，林敏霞提交了题为《符号动员与景观再造：旅游情境下的"抗倭历史名城"打造》的学术论文。[②] 论坛学术成果的结集出版对中国旅游人类学的研究意义重大。

（3）旅游中的空间生产研究

20 世纪 60 年代初，列斐伏尔率先提出"空间生产"理论体系，并将空间生产理论分为三个部分：空间的本质、空间的生产与城市空间研究。[③] 80 年代后期，立足于列斐伏尔的空间生产理论，向城市社会学、地理学、文化研究等方向延伸。[④] 90 年代，国内学者开始关注"空间生产"理论，主要聚焦于西方理论研究及实践应用。

李琼提出旅游空间也是一种产品，分析旅游空间要素与生产—消费流程，并指出人居空间、幸福空间、享受空间等旅游空间生产的进一步研究方向。[⑤] 郭文探讨了旅游"社会—空间"辩证分析范式，即旅游空间的实践（物理—地理空间）、旅游空间的再现（社会—经济空间）和再现的旅游空间（文化—心理空间）。[⑥] 郭文、王丽和黄震方探讨旅游空间生

---

① 陈胜容. 符号学视角下的旅游地竞争力解读——以清东陵为例 [J]. 旅游论坛，2014, 7(1):79-83.

② 林敏霞. 符号动员与景观再造：旅游情境下的"抗倭历史名城"打造 [J]. 青海民族研究，2011, 22(2):30-34.

③ Lefebvre H. The Pproduction of Space[M].Oxford:Blackwell, 1991.

④ 赵晨昱. 空间生产视角下的乡村古镇旅游发展研究——以杭州龙门古镇为例 [D]. 杭州：浙江大学，2018.

⑤ 李琼. 政治经济学视角下的旅游空间生产—消费模式 [J]. 湖北经济学院学报（人文社会科学版），2009, 6(1):39-40.

⑥ 郭文. 空间的生产与分析：旅游空间实践和研究的新视角 [J].2016, 31(8):29-39.

产及社区居民体验。[1] 郭文和朱竑探讨旅游空间的叠写与认同。[2] 郭文认为旅游空间生产的叠写也会遭遇叠写的限度，[3] 原空间社会文化也有其强大的传承发展逻辑。

城市（旅游）空间的研究。舒晓通过武汉市中心城区的旅游空间生产，总结出城市旅游空间生产的五项特征。[4] 徐赣丽研究当代城市空间的混杂性及其成因，并以上海田子坊为例进行分析，将其空间分为：艺术创意空间、文化遗产空间、旧上海记忆的生活场域和旅游休闲消费体验的商业空间，田子坊这种斑杂样态就是"第三空间"，这也是整个上海城市空间的写照。[5] 王玉龙和安百杰认为，在城市更新中，行政力量、资本力量、社会力量在不同程度上、以不同方式行使威胁权力、经济权力和整合权力三类空间权力，应重视培育、鼓励社会组织及其参与治理，打造地方利益的表达者和城市政府的协助者，以社区活力营造为重点，推动可持续的城市历史空间生产。[6] 刘洋通过五年内两次在宽窄巷子历史街区的不同空间体验，从历史框架、产业结构、商业影响和空间变化等方面简要分析宽窄巷子的外部街道空间，并总结出宽窄巷子所营造的城市意象与场所精神。[7]

民族文化、民族村寨、民族社区及非遗旅游空间的研究。民族文化

① 郭文，王丽，黄震方.旅游空间生产及社区居民体验研究——江南水乡周庄古镇案例 [J].2017, 27(4):28-38.

② 郭文，朱竑.旅游空间生产的叠写与认同 [J].旅游学刊，2020, 35(11):1-3.

③ 郭文.神圣空间的地方性生产、居民认同分异与日常抵抗——中国西南哈尼族箐口案例 [J]. 旅游学刊，2019, 34(6):96-108.

④ 舒晓.武汉市中心城区的旅游空间生产研究 [D].武汉：华中师范大学，2015.

⑤ 徐赣丽.当代城市空间的混杂性——以上海田子坊为例 [J].华东师范大学学报，2019, (2):117-127, 187.

⑥ 王玉龙，安百杰.城市更新中的社会组织与空间权力平衡——基于美国核桃街历史街区改造的研究 [J].东岳论丛，2021, 42(5):88-96.

⑦ 刘洋.对城市场所的描述与分析——以宽窄巷子历史街区空间体验为例 [J].地域建筑文化，2021 (5):238-239.

旅游空间以文化内涵的开发为依托，使游客在充分享受优美景观的同时也可以感受到景观中的文化气息，带给游客双重感受。[①]民族文化旅游空间具有五个方面的空间属性：物理性、社会性、代表性、生产性与可消费性。[②]罗镜秋和黄平芳探讨了民族旅游村寨空间生产的动力机制与影响效应，认为民族村寨旅游空间生产既对村寨空间、社会关系、文化等产生影响，又作用于其动力机制的原生力量及旅游空间生产的过程。[③]孙九霞和张士琴以海南三亚回族旅游社区为例，探讨民族旅游社区的社会空间生产。[④]韦俊峰和明庆忠基于角色理论、文化空间理论和空间生产理论，运用研究整合法构建了"角色－空间"理论分析框架，以广西程阳八寨景区为案例地，探讨旅游开发后侗族百家宴非遗文化旅游空间生产中的角色建构、角色扮演、角色情境定义等角色实践问题，以及角色实践视野下侗族百家宴非遗文化旅游空间生产的结果。[⑤]

　　古镇、社区、乡村旅游空间研究。王卫涛等人认为树立多元主体参与的旅游空间生产模式，社区参与模式下的旅游空间生产重视村民权益维护和诉求表达，有助于协同推进传统村落旅游空间生产文化价值和经济价值的实现。[⑥]乡村旅游空间与村民社会角色是一个相互形塑和建构的过程，乡村旅游地空间经历了农业生产空间、农旅并存空间、旅游消费

① 柯球.基于民族文化旅游空间生产视域下的金秀大瑶山瑶族文化旅游资源开发探究 [J].广西科技师范学院学报,2016 (02):14-16.

② 桂榕.文化旅游背景下民族文化遗产的可持续保护利用 [I] 今日民族,2015 (4):38-41.

③ 罗镜秋,黄平芳.民族旅游村寨空间生产的动力机制与影响效应——基于湘西 L 寨的个案研究 [J].民族社会学研究,2018 (3):81-92.

④ 孙九霞,张士琴.民族旅游社区的社会空间生产研究——以海南三亚回族旅游社区为例 [J].民族研究,2015 (2):68-77,125.

⑤ 韦俊峰,明庆忠.侗族百家宴非遗文化旅游空间生产中的角色实践：基于"角色—空间"理论分析框架 [J].人文地理,2020 (2):48-54.

⑥ 王卫涛,杨滢.社区参与模式下的传统村落人居环境整治与旅游空间生产研究 [J].农业经济,2020 (9):46-48.

空间的演变过程；村民角色从"农业生产者"，经不同转型轨迹，归于"旅游从业者"角色，权力、资本和市场等主体对乡村旅游空间的建构、对村民的角色扮演提出新的期望和规范。① 陶慧和张梦真将"文化主体性"纳入流动的乡村空间体系中考量，探讨乡村遗产地由地方记忆的载体演化为景观社会过程中生产、生活与生态空间的变迁表征，聚焦于"三生"空间功能、属性与边界转换中原住民、政府、投资商等多元主体日常实践的困惑与响应——资源的圈禁与生产空间的失序、内卷的集市与生活空间的规训、多元的民间信仰与相对稳定的人文生态空间。②

7. 遗产旅游的相关研究

（1）国内外遗产旅游研究的主要历程

大多学者认为遗产旅游是一种升华的"怀旧思乡"之情，文化与遗产游历与体验是旅游者的主要动机，也有学者认为遗产旅游只是文化商品化的一种表现。③

国外有关遗产旅游的研究，注重实践和基本理论的研究，研究内容全面，研究视角多样，采用定性与定量相结合的研究方法，增加了案例研究的实用性和深度。与国外研究相比，国内相关领域的研究起步较晚，研究紧密追踪实践，研究内容较为集中，实证研究不够准确、深入、科学。国内对遗产旅游的研究主要集中在遗产旅游的概念、遗产旅游对环

---

① 王华，梁舒婷. 乡村旅游地空间生产与村民角色转型的过程与机制——以丹霞山瑶塘村为例 [J]. 人文地理，2020 (3):131-139.

② 陶慧，张梦真. 乡村遗产旅游地"三生"空间的主体价值重塑——以广府古城为例 [J]. 旅游学刊，2021, 36(5):81-92.

③ 张朝枝，保继刚. 国外遗产旅游与遗产管理研究——综述与启示 [J]. 旅游科学，2004, 18(4):7-16.

境的影响、遗产旅游资源及其保护利用、遗产旅游地生命周期、遗产的真实性与原真性、遗产旅游可持续发展、遗产旅游经营管理体制、遗产旅游相关利益主体、遗产旅游体验者、遗产旅游解说系统等。张朝枝对于遗产旅游管理体制的研究成果是较为系统和有影响力的。[①]

第一，关于遗产旅游概念的研究。修森（Hewsion）认为遗产旅游就是文化商品化的一种表现。[②]耶尔（Yale）认为遗产旅游就是关注我们所继承的以及一切能够反映这种继承的物质与现象的一种旅游活动，如历史建筑、艺术工艺、优美的风景等。[③]雅尼夫（Yaniv）认为，到遗产地的旅游活动就是遗产旅游。[④]

第二，关于遗产旅游的"真实性"与"原真性"及其影响因素的研究。遗产旅游的"真实性"与"原真性"本质上是对其所对应的英文单词"authenticity"的不同翻译的结果。国内部分学者将其翻译成"真实性"，而另外的一些学者则更加倾向于将其翻译成"原真性"。1994年12月，国际古迹遗址理事会（ICOMOS）在日本古都奈良召开会议，会上发布的《关于原真性的奈良文件》是关于原真性问题的重要国际文献。2008年，徐嵩龄分析并指出旅游科学的"原真性"概念与遗产科学的渊源，概述了遗产科学对"原真性"概念的认识之发展，并阐释了"原真性"概念在文化和遗产旅游中的处置。[⑤]王晓晓和张朝枝倾向于将"authenticity"翻译成"真实性"，并分析游客、旅游经营者和居民等不同利益相关者对遗产旅游真实性的理解。[⑥]遗产旅游发展导致的过度商业

① 张朝枝.旅游与遗产保护：政府治理视角的理论与实证 [M]. 北京：中国旅游出版社，2006.

② Hewison, R.The heritage industry. Britain in a Climate of Decline[M]. London: methuen, 1987.

③ Yale, P.From Tourist Attractions to Heritage Tourism[M]. Huntingdon: ELM Publications, 1991.

④ Yaniv Poria, Richard Butler, David Airey. Clarifying Heritage Tourism[J]. Annals of Tourism Research, 2001, 28(4): 1047−1049.

⑤ 徐嵩龄.遗产原真性·旅游者价值观偏好·遗产旅游原真性 [J]. 旅游学刊，2008, 23(4):35−42.

⑥ 王晓晓，张朝枝.遗产旅游真实性理解差异与遗产地管理 [J]. 旅游科学，2007, 21(1):13−16.

化损害了遗产的原真性。原真性影响个人的遗产消费决策和遗产目的地的吸引力。①

第三，关于遗产旅游开发、可持续发展评价的研究。目前在中国，对待遗产旅游开发的态度主要可以分为两种，即开发派发展模式和保护派发展模式。开发派主张对待世界遗产要开发、利用和保护并举；保护派主张保护第一，开发第二。②苏涛研究遗产旅游的可持续发展，提出可持续发展面临的主要问题及相关的发展建议。③陈玲玲建构了文化遗产旅游可持续发展综合评价模型。④王镜从遗产旅游开发的视角，提出遗产旅游开发的 HELP 模式。⑤李玺和毛蕾从游客感知的视角对澳门世界文化遗产旅游进行研究，并从创新文化遗产旅游的发展思路、运营模式、配套服务及设施和旅游产品开发体系等多方面提出创新性开发策略。⑥

第四，关于遗产旅游的各项专题研究，如文化遗产研究、非物质文化遗产研究，或者以具体的文化遗产旅游、工业遗产旅游或者非物质文化遗产旅游为案例进行分析的研究。程圩以旅西安游客为例，研究文化遗产旅游价值认知的中西方差异。这些差异，主要表现在效率价值、服务价值、成本价值、社会价值和享乐价值感知上。⑦毕妍娜构建非物质文化遗产虚拟旅游产品开发模型，并以老北京网络虚拟庙会开发为实例，

---

① 陈勇.遗产旅游与遗产原真性——概念分析与理论介入 [J].桂林旅游高等专科学校学报，2005, 16(4): 21–24.

② 邹统钎，王小方，刘溪宁等.遗产旅游研究进展 [J].湖南商学院学报，2009, 16(1):72–76.

③ 苏涛.遗产旅游可持续发展研究评价——以十三陵景区为例 [D].北京：首都师范大学，2011.

④ 陈玲玲.文化遗产旅游可持续评价和资源管理：以集安高句丽遗迹为例 [D].北京：中国地质大学（北京），2007.

⑤ 王镜.基于遗产生态和旅游体验的西安遗产旅游开发模式研究 [D].西安：陕西师范大学，2008.

⑥ 李玺，毛蕾.澳门世界文化遗产旅游的创新性开发策略研究——游客感知的视角 [J].旅游学刊，2009, 24(8):53–57.

⑦ 程圩.文化遗产旅游价值认知的中西方差异研究——以旅西安游客为例 [D].西安：陕西师范大学，2009.

探讨非物质文化遗产虚拟旅游产品开发的意义与可行性。[①] 姚小云在梳理旅游演艺场域的利益主体框架的基础上，认为通过市场力量主导非物质文化遗产旅游演艺的文化再生产，可以激发利益主体的文化自觉，构筑非物质文化遗产再生产的价值。[②] 丁燕妮、张建世分别就手工技艺类的非遗文化与旅游情景下的再生产之间的关系进行了研究探讨，在旅游场域力量引导的基础上提出利用发展路径。[③][④] 戴俊骋和李露探讨了非物质文化遗产旅游的"超地方"，将非物质文化遗产旅游建构地方的方式分为原生自然式、原地浓缩式、集锦荟萃式、主题附生式等类型，并探讨了非遗旅游的地方建构意义。[⑤] 王英和孙业红等以浙江青田稻鱼共生系统为例，探讨基于社区参与的农业文化遗产旅游解说资源研究。[⑥] 郭亮宏探讨了利益相关者视角下湘绣非物质文化遗产旅游开发中的冲突与协调。[⑦]

2014 年 1 月，杨利慧教授组织了一个题为"遗产旅游：民俗学的视角与实践"的专栏学术讨论，[⑧] 以"遗产旅游"为切入点，深度展示并探讨民俗学在研究这一时下比较热门的领域时的视角与可以开拓的空间。这是国内民俗学界对于旅游尤其是传统文化旅游的一次意义重大的学术活动，将进一步推动民俗学从"向后看"到"朝向当下"的转向。立足

① 毕妍娜. 非物质文化遗产虚拟旅游产品开发研究 [D]. 青岛：青岛大学，2012.

② 姚小云. 旅游演艺场域中非物质文化遗产的文化再生产——以《张家界·魅力湘西》为例 [J]. 怀化学院学报，2013 (12):27-29.

③ 丁燕妮. 活态保护视角下的手工技艺类非物质文化遗产旅游利用研究 [D]. 福建师范大学，2016.

④ 张建世　凉山彝族传统漆器手工艺的文化再生产 [J]. 西南民族大学学报（人文社科版），2015(07):35-44.

⑤ 戴俊骋，李露. 非物质文化遗产旅游和地方建构 [J]. 旅游学刊，2019, 34(5):3-5.

⑥ 王英，孙业红，苏莹莹，焦雯君. 基于社区参与的农业文化遗产旅游解说资源研究——以浙江青田稻鱼共生系统为例 [J]. 旅游学刊，2020, 35(5):75-86.

⑦ 郭亮宏. 利益相关者视角下湘绣非物质文化遗产旅游开发中的冲突与协调 [D]. 湘潭：湘潭大学，2019.

⑧ 杨利慧. 遗产旅游：民俗学的视角与实践 [J]. 民俗研究，2014 (1):18-20.

于云南景洪市傣历新年节旅游化的民族志，李靖对云南景洪傣历新年节
旅游化过程中，地方政府和地方宗教上层人士如何影响节庆空间以及如
何使其呈现出多元复杂性进行了研究。[①] 张巧运描述了 2008 年汶川地震
后羌族民俗传统经历的重建。[②] 安德明探讨了边境旅游如何使"国家"的
意识和认同得以具象化和强化。[③] 杨利慧通过田野研究河北涉县娲皇宫景
区的导游词底本以及导游个体的叙事表演，展示了遗产旅游语境中神话
主义的具体表现和特点，并倡议整体研究神话的整个生命过程。[④] 美国公
共民俗学家威利·斯迈斯（Willie Smyth）展示了美国民俗学家如何运用
专业知识来帮助地方社区进行文化遗产旅游项目开发和解决文化遗产旅
游开发过程中出现的问题。[⑤]

　　以上论文重点探讨了遗产旅游中的主体权力及其流动过程、民族旅
游经典再造的过程、遗产旅游所强化的主体自觉性、旅游解说者的表演
研究以及学者参与遗产旅游实践的经验和导向等，从民俗学、文化人类
学的视角对国内遗产旅游研究领域做出了重大突破。

（2）社区旅游研究

　　社区旅游的概念是由美国学者德·卡特（de Kadt）提出的，并逐步
成为旅游学科研究的热点。1985 年，墨菲（Murphy）在《旅游：社区方法》

① 李靖. 印象"泼水节"：交织于国家、地方、民间仪式中的少数民族节庆旅游 [J]. 民俗研究，
　 2014 (1):45-57.
② 张巧运. 浴"难"重生：一个羌族村寨灾难旅游和遗产旅游的案例研究 [J]. 民俗研究，2014
　 (1):58-67.
③ 安德明. 整合在边关风情中的山水与人文——广西边境地区旅游文化的考察报告 [R]. 中国社
　 会科学院党校第 33 期进修班中国社会科学院党校办公室赴广西壮族自治区边境地区国情调
　 研文集（第 6 集），2009, 98-107.
④ 杨利慧. "遗产旅游：民俗学的视角与实践"主持人按语 [J]. 民俗研究，2014 (1):18-20.
⑤ 〔美〕威廉·斯迈斯著. 华盛顿州的文化旅游和非物质文化遗产 [J]. 王均霞译. 民俗研究，
　 2014 (1):20-26.

中首次提出"社区参与"的概念，尝试从社区角度研究旅游。[①]国内对于社区旅游的研究兴起于 20 世纪 90 年代末，研究热潮出现于 2000 年以后。国内外社区旅游的研究集中在（遗产）旅游对社区的影响、社区居民对旅游的态度、社区参与旅游、社区旅游利益相关者研究等方面。[②]

在国外研究方面，夏克尔（Shackel）认为遗产旅游的发展会对当地社区居民的生活方式产生重要影响。[③]基恩（Jeong）和桑托斯（Santos）认为当地社区内部不同群体的态度、意见等对遗产旅游的发展非常重要。[④]摩根（Morgan）认为遗产旅游是促进当地社区文化复兴繁荣与经济发展的一种有效途径，如传统节日有助于提高当地社区居民的自我认同。[⑤]汉普顿（Hampton）对社区居民、遗产地和旅游管理部门之间的综合关系进行分析研究。[⑥]冈崎（Okazaki）建构了基于社区旅游的模型，以此来评估旅游开发过程中社区参与发展阶段和应该采取的改进措施，进而推动社区旅游发展。[⑦]

在国内研究方面，陈永昶认为"社区性"是社区旅游的核心资源，社区参与是社区旅游发展的关键，而居民是社区最重要的构成元素，缺少了居民参与的社区旅游无法被称为真正意义上的社区旅游。[⑧]社区参与

[①] Murphy PE. Tourism: a mommunity approach[M]. Methuen. New York and London, 1985.

[②] 陈爱. 城市社区旅游开发研究——以成都宽窄巷子社区为例 [D]. 成都：四川师范大学, 2010.

[③] Shackel P A. Local Identity, national memory, and heritage tourism: Creating a sense of place with archaeology [J].Illionis Antiquity, 2005, 40(3):24−28.

[④] Jeong S, Santos C A .Cultural politics and contested place identity [J]. Annals of Tourism Research, 2004, 31 (3):640−656.

[⑤] Morgan D. J.A. new pier for New Brighton Resurrecting a community symbol [J].Tourism Geographics, 2002, 4(4):426−439.

[⑥] Hampton M. P. Heritage, local communities and economic development [J].Annals of Tourism Researeh, 2004, 32(3):735−759.

[⑦] Okazaki E. A. Community—based Tourism Model: its Conception and Use [J]. Journal of Sustainable Tourism, 2008, 16(5):511−529.

[⑧] 陈永昶. 社区旅游发展中的问题及对策 [J]. 桂林旅游高等专科学校学报, 2006, 17(3):344−346.

旅游发展主要有旅游发展决策的参与、旅游发展带来的利益分配参与和有关旅游知识的教育培训参与三个方面。① 世界遗产地社区旅游社区参与的内容主要有决策参与、开发规划参与、管理与经营参与、社区服务参与、利益分配参与。② 邓明艳提出"景区旅游、社区休闲"的世界遗产资源保护开发模式。③ 侯国林和黄震方建构旅游地社区参与度熵权层次分析评价模型。④

　　对于传统社区旅游研究，国内相关研究主要是以世界遗产地所在社区为研究个案进行分析。孟华和焦春光认为社区居民参与泰山旅游的形式主要表现在经济参与、政治参与、环境参与、文化参与四个方面。⑤ 颜亚玉和黄海玉认为社区居民以资产、人力资源、社区文化等不同的社区参与要素参与历史文化保护区的旅游开发，获得不同利益，形成三种不同的社区参与模式，即资产参与模式、人力资源参与模式和社区文化参与模式。⑥ 唐晓云认为当地社区居民对旅游开发总体上持肯定态度，但是环境污染、文化重构、权利缺位、收益分配不合理等问题严重制约了遗产地社区旅游发展。⑦ 郭任聪认为文化遗产型乡村社区通过旅游开发，改变了乡村社区的发展方向，使传统的乡村社区开始向"旅游社区"转型，

① 刘纬华. 关于社区参与旅游发展的若干理论思考 [J]. 旅游学刊, 2000, 15(1):47-52.
② 邹统钎，李飞. 社区主导的古村落遗产旅游发展模式研究——以北京市门头沟爨底下古村为例 [J]. 北京第二外国语学院学报, 2007 (5):78-86.
③ 邓明艳. 世界遗产旅游与社区协调发展研究 [J]. 社会科学家, 2004 (4):107-110.
④ 侯国林，黄震方. 旅游地社区参与度熵权层次分析评价模型与应用 [J]. 地理研究, 2010, 29(10):1802-1813.
⑤ 孟华，焦春光. 世界遗产地社区居民参与旅游发展研究——以泰山为例 [J]. 泰山学院学报, 2009, 31(5): 99-103.
⑥ 颜亚玉，黄海玉. 历史文化保护区旅游开发的社区参与模式研究 [J]. 人文地理, 2008 (6):94-98.
⑦ 唐晓云，秦彬，吴忠军. 基于居民视角的农业文化遗产地社区旅游开发影响评价——以桂林龙脊平安寨为例 [J]. 桂林理工大学学报, 2010, 30(3):461-466.

旅游开发给乡村社区带来的影响逐渐深入并突显。[①]孙九霞基于人类学的视角，通过深入的田野研究，探讨了社区旅游和社区参与的问题。[②]

对于社区旅游利益相关者的研究，国内相关的研究主要集中在利益相关者的界定、利益相关者的权利、利益和关系等方面。郭砚涛以上海市老城厢历史文化风貌街区为例，探讨基于利益相关者视角的都市社区旅游影响感知态度。[③]王咏和陆林以黄山风景区门户社区为例，探讨基于社会交换理论的社区旅游支持度模型及应用。[④]

社区旅游增权研究。陈永志等人认为组织增权是民族村寨旅游地社区增权的有效途径。[⑤]左冰提出应完善现有法律体系和政治秩序，让居民利益得以实现。[⑥]郭华以政治增权、经济增权、社会增权、心理增权为构架，提出增权具体途径。[⑦]张彦认为社区旅游增权不仅需要外力介入，还需要居民发挥主动性，进行自增权。[⑧]张龑以厦门曾厝垵为例，探讨城中村旅游发展过程中社区旅游增权。[⑨]王会战围绕文化遗产地社区旅游增权的内涵、基础、内容等问题，得出文化遗产地的增权应该是"三层次、

①　郭任聪.文化遗产型乡村社区旅游开发影响研究——以于家石头村为例[D].石家庄：河北师范大学,2012.

②　孙九霞.旅游人类学的社区旅游与社区参与[M].北京：商务印书馆,2009.

③　郭砚涛.基于利益相关者视角的都市社区旅游影响感知态度研究——以上海市老城厢历史文化风貌区为例[D].上海：上海师范大学,2014.

④　王咏,陆林.基于社会交换理论的社区旅游支持度模型及应用——以黄山风景区门户社区为例[J].地理学报,2014,69(10):1557-1574.

⑤　陈永志,杨桂华,陈继军,李乐京.少数民族村寨社区居民对社区旅游增权感知的空间分异研究——以贵州西江千户苗寨为例[J].热带地理,2011,31(02):216-222.

⑥　左冰,保继刚.制度增权：社区参与旅游发展之土地权利变革[J].旅游学刊,2012,27(02):23-31.

⑦　郭华.增权理论视角下的乡村旅游社区发展——以江西婺源李坑村为例[J].农村经济,2012(3):47-51.

⑧　张彦.社区旅游增权研究[D].山东大学,2012.

⑨　张龑.城中村旅游发展过程中社区旅游增权研究——以厦门曾厝垵为例[D].泉州：华侨大学,2015.

四维度、多方式"的立体结构。[①] 胡凡和何梅青以青海省的土族村落为例，探讨民族村落社区旅游增权。[②] 村民作为民族村落社区主体，既是文化的承载者及传承者，更是民族社区旅游发展不可或缺的内生力量。[③]

（3）历史文化街区研究

2002 年以后，随着修订后的《中华人民共和国文物保护法》的颁布，"历史文化街区"成为我国历史文化名城保护体系中的核心概念。

由于对历史文化街区的内涵认识不同，学术界研究的侧重点也有所不同，占主流的是历史文化街区的保护研究，其中又以建筑、文物遗迹、空间的保护研究为主，研究者主要来自建筑学、规划学、文物学等领域。笔者以"历史街区"为关键词查询近几年公开出版的学术专著，绝大部分来自建筑和规划学界。[④]

这种研究现状主要是由学术研究的学科积累造成的，规划、建筑和文物学界对历史文化街区一直保持着高度关注，尤其是随着中国城市化进程的加快，旧城改造成了一个历史性的难题，也自然成为学术研究的重点。吴良镛先生认为历史街区主要存在于城市，侧重从历史街区的建筑学价值出发，强调建筑和其他物质形态[⑤]，倡导建筑与城市规划结合。根据中国各地旧城改造的多年历程和经验，1979 年，吴良镛在北京什刹

① 王会战.文化遗产地社区旅游增权研究 [D].西安：西北大学，2015.

② 胡凡，何梅青.民族村落社区旅游增权比较研究——青海省典型土族村落为例 [J].西南师范大学学报（自然科学版），2019, 44(2):59-67.

③ 曹兴平.民族村寨旅游社区参与内生动力实证研究 [J].贵州民族研究，2016, 37(3):166-170.

④ 例如：阙维民.世界遗产视野中的历史街区——以绍兴古城历史街区为例》[M].北京：中华书局，2010；魏闽著.复兴"义品村"——上海历史街区整体性保护研究 [M].南京：东南大学出版社，2008；刘宝国.历史文化街区保护——对姜堰北大街城市更新的实践与思考 [M].北京：中国建筑工业出版社，2013；朱雪梅.中国·天津·五大道历史文化街区保护与更新规划研究 [M].南京：江苏科学技术出版社，2013.

⑤ 吴良镛.关于北京市旧城区控制性详细规划的几点意见 [J].城市规划，1998 (2):6-9.

海地区的规划研究中提出了"有机更新"理论，该理论的主要思想与国
外旧城保护与更新的理论方法，如"整体保护""循序渐进"等融会整合，
逐渐被国内的诸多历史文化名城接受，并结合各自的实践进一步发展，
逐渐成为当代中国旧城改造的主流模式。受吴先生的影响和感召，大量
学者开始对历史街区的保护、改造、发展进行理论探索和实践性的探讨，
形成了丰富而有价值的研究成果。同样，这些研究大多侧重于建筑、空
间、物质环境的研究，对社会、人文传统的关怀较为缺乏。值得注意的
是，"有机更新"比较强调城市物质环境的更新，而对与其相关的社会、
经济、文化等方面涉及较少。① 陈烨从城市传播的角度对历史文化街区活
化提出建议：整合媒介资源，有效聚合信息资源；丰富交往活动行为和方
式，打破异质人群区间隔阂；激活街区传统功能业态，唤醒历史记忆；着
力打造街区文化符号，增强街区形象辨识度。②

　　2012 年 11 月，北京联合大学北京学研究基地、北京联合大学应用文
理学院、加拿大文化更新中心和加拿大道格拉斯学院在北京合作举办的
"历史文化街区保护与更新——2012 年北京学国际学术研讨会"，是近
年来历史文化街区研究领域的一次盛会。会议出版了专门的论文集，收
录了 33 篇论文，主要涉及历史文化街区的概念、历史文化街区保护的
价值和意义、历史文化街区保护与更新的关系、历史文化街区保护工作
中应该注意的问题、一些城市历史文化街区保护的具体运作经验等方面
的内容。③

　　整体上，目前从历史文化街区的保护立法到保护规划再到学术研究，

---

① 吴蓓 ."层积"视角下的考古遗址保护与城市更新策略探研——以洛阳市洛北片区为例 [D].
　郑州 : 郑州大学 , 2018.
② 陈烨 . 广州历史文化街区活化的可沟通性研究 [D]. 广州 : 广东外语外贸大学 , 2020.
③ 张宝秀 . 历史文化街区保护与更新——2012 年北京学国际学术研讨会论文集 [M]. 北京 : 知识
　产权出版社 , 2013.

都存在一种明显的"物质至上""有形至上"倾向，对物质空间的关注极大丰富，但对于人文环境、人文传统的保护与传承则关注较少，多限于保护原则的制定和保护理念的概念性呼吁，缺乏对街区人口、社会结构、人文传统等的深度分析，缺乏对人口的控制与引导、对街区社会结构和功能结构的引导、对传统文化尤其是无形文化的传承引导。在我国学界着力于从理念、模式和路径上探讨历史文化街区保护和有机更新的模式的时候，国际学界和街区保护实践活动已经进入了细部探索阶段，如更新改造过程中的居民参与问题、人口疏散问题等①，更加强调传统街区保护中"人"的存在。2007 年在国内出版的《再造魅力故乡：日本传统街区重生故事》②，收录了日本国内 17 个小城镇的保护活动，是一个典型的全球化时代下传统再造的案例，反映的是人们的浪漫主义、怀旧情结，以及若隐若现的民族主义情绪。

值得注意的是，由于多学科的逐渐参与，近年来对于历史文化街区的研究也出现了明显的人文社会转向。民俗学、社会学、旅游学、经济学等对历史文化街区研究的发展，促进了历史文化街区研究的多元化，民俗文化、人文传统、街区的社会功能、功能结构、商业经营、街区旅游开发及其引发的一系列问题都开始受到重视。

伴随着现代化进程的加快，北京进入到"国际化大都市"和"历史文化名城"二元并轨发展③的阶段。2002 年，北京市政府批准了《北京旧城 25 片历史文化保护区保护规划》，标志着北京的旧城保护进入了整体谋划、系统保护、法律护航的历史性新阶段。学者们对于北京历史文

---

① 〔英〕史蒂文·蒂耶斯德尔著 . 城市历史街区的复兴 [M]. 张玫英、董卫，译 . 北京：中国建筑工业出版社，2006；〔加〕简·雅各布斯著，金衡山译 . 国大城市的死与生 [M]. 北京：译林出版社，2006.

② 〔日〕西村幸夫著 . 再造魅力故乡：日本传统街区重生故事 [M] 王慧君，译 . 北京：清华大学出版社，2007.

③ 王兰顺 . 改良北京所剩不多的胡同街区 [M]. 北京：知识产权出版社，2013.

化街区的研究投入了巨大的热情，达到了前所未有的研究高潮，除了延续传统的对丁建筑、空间等有形物质的保护更新研究，有学者开始将眼光放到历史街区的商业开发、旅游发展，以及在此过程中传统文化的持续发展。张祖群、王波对南锣鼓巷与北锣鼓巷进行对比研究，以实地调研为基础，从文化记忆视角、经济脉络与传承视角、商业繁华程度视角、文化识别传播视角对两个相连街区进行了对比分析，指出了决定历史街区生与死的诸多因素，主张高度重视历史文化脉络，结合原真性与活态性，重视历史环境的保护，辩证地看待"商业街"途径，以突破商业街区的生与死。① 王秀梅从非物质文化遗产保护角度解读北京南锣鼓巷建设的得失，进而分析了"历史文化街区有机更新与传统文化内涵的失落"②。万建中教授指出："有文化的城市才有吸引力，而文化所指应该是独特的文化底蕴。传统与现代得到完美结合的城市才有魅力。"③ 这体现了学者对于城市化发展过程中传统文化的延续问题的深度关怀。

　　历史文化街区旅游，在国际上是被作为遗产旅游最重要的组成部分来进行研究的，国外的研究主要集中在以下几个方面：历史文化街区的保护与开发研究；开发中的社区参与研究；旅游产品的设计开发研究。④ 相应地，国内有关历史文化街区旅游的研究除了对接国际研究主流话题，在街区旅游开发的方法、模型以及规划上也做了相对集中的探讨，体现了应用主义倾向。梁学成结合一些典型历史文化街区的旅游开发实例进行分析，提出了"文化、功能、时间"三大关键要素，以及"文化为本、

① 张祖群，王波. 历史街区的生与死——南锣鼓巷、北锣鼓巷的对比研究 [M]. 北京：知识产权出版社，2013，106-120.
② 王秀梅. 历史文化街区有机更新与传统文化内涵的失落——从非物质文化遗产保护角度解读北京南锣鼓巷建设的得失 [M]. 北京：知识产权出版社，2013，166-174.
③ 万建中. 文化传统浓郁的北京生活 [J]. 北京观察，2013 (6):24-25.
④ 刘鑫. 基于居民旅游影响感知的胡同游发展对比研究——以南锣鼓巷、五道营胡同为例 [D]. 北京：北京林业大学，2012.

功能为先、时代为尚"的三大发展理念。[①]孙重才认为目前我国许多历史文化街区的发展都面临着商业开发过度的状况。[②]何桂栖和贾玲利从景观视角探讨城市历史文化街区的保护更新，主要有：原真性保护与动态保护的相互结合、物质文化形态和非物质文化形态的相互融合、从保护街区到更大尺度的再次考量、多可能性的多人群活动形式的重新出发、生态循环和景观多样性维护的二次塑造。[③]林静雅认为，除了从传统的社会、经济等领域思考历史街区的保护发展，在现今生态形势严峻的全球背景之下，还需要从生态学和景观生态学的角度出发，实现场地的可持续发展，还原修复场地生境斑块和二次塑造景观多样性。[④]在历史文化街区的更新升级中，既要注重在文化层面上保护延续街区历史文脉，又要注重在空间层面上再现整合街区空间秩序。[⑤]

综合以上情况来看，在目前的历史文化街区研究中，来自规划、建筑、文物等领域的关于建筑、空间、文物遗迹的保护与街区更新发展的研究占主流地位，但随着多学科的逐渐参与，历史街区的文化环境、社会结构、人文传统、旅游开发等方面也开始受到较多关注，民俗学界比较注重传统文化在全球化、城市化的时代语境下的发展与变迁，以及这个过程中的权力关系与主体感受。

---

① 梁学成. 城市化进程中历史文化街区的旅游开发模式 [J]. 社会科学家, 2020 (5):14–20.
② 孙重才. 城市更新中多元动力与更新模式比较研究：以济南历史街区更新项目为例 [D]. 济南：山东大学, 2018.
③ 何桂栖, 贾玲利. 景观视角下历史文化街区保护与更新研究 [J]. 园林与景观设计, 2021, 18(3):169–171.
④ 林静雅. 历史文化街区空间环境保护与利用研究：荆州市胜利街为例 [D]. 荆州：长江大学, 2017.
⑤ 王广振. 文化空间再造与历史文化街区更新升级 [J]. 人文天下, 2021 (1):44–46.

8.什刹海、胡同游相关研究

（1）什刹海文化和旅游研究

从元代至今，国人对于什刹海的研究汗牛充栋，给本研究提供了坚实的基础和丰富的营养，就目前所搜集到的近 40 种关于什刹海的专著和近百篇学术论文来讲，学界对于什刹海的研究主要集中在以下几个方面：

第一是关于什刹海的历史、地理、建筑、风俗、古迹、故事传说等的挖掘、整理和推介，以成立于 1990 年的西城区什刹海研究会和西城区什刹海风景区管理处的研究为代表。这类研究是目前对于什刹海的研究中成果最为丰富的，已出版了《什刹海志》《什刹海丛书》以及各类专项研究和多种外语图文资料。贾珺结合大量的文献考证和现场调研，对什刹海地区的寺庙园林与公共园林的历史景象进行梳理，分析其不同的特点，并对其重要的文化遗产价值进行了总结，是关于什刹海园林研究的重要成果。①

第二是对什刹海的保护研究，学者们多从胡同等公共空间、建筑、园林、水系等物质遗产的角度进行保护对象和方式的探索。2002 年，《北京历史文化名城保护规划》出台，不仅将历史文化保护区扩展到 40 处，而且明确提出北京作为我国历史文化名城的集中体现是中华民族城市文明的重要标志与文化遗产，应高度重视北京历史文化名城保护工作，并且提出整体保护旧城的原则、要求和方法，将北京旧城保护工作推向规范化、细致化的新层面。陈连波、郭倩集中探讨了什刹海寺观的保护与

---

① 贾珺. 北京什刹海地区寺庙园林与公共园林历史景象概说[A].中国建筑学会建筑史学分会.全球视野下的中国建筑遗产——第四届中国建筑史学国际研讨会论文集（《营造》第四辑）[C].北京:中国建筑工业出版社,2007.

开发。① 王克敏等人研究了什刹海与中轴线的关系，探讨了什刹海在中轴线遗产系统中的文脉价值及其在文脉传承中的问题，并提出了发展建议。②

第三是什刹海的旅游开发研究，其中以胡同游的研究最为集中。杨培玉、王学峰提出什刹海的旅游开发应将本区最具特色的龙头产品"胡同游"向"老北京游"方向提升，把什刹海地区提升为"两外"（外国人和外地人）发现老北京、体会老北京的旅游胜地。③ 文章主张强化什刹海对"老北京"的代表性，尤其是对于外国人和外地人的符号意义，是以旅游开发者为主的一类研究群体的代表性观点。付宏志对什刹海游憩行为进行研究，人文什刹海的设计应根据使用者的不同活动形式、活动内容和特点来进行空间组织和改造设计，使什刹海地区的设计更加人性化，更加合理。④ 关于什刹海胡同游其他研究成果的梳理见上一部分。

第四是什刹海开发以来的文化变迁研究。谌丽、张文忠以什刹海历史街区为例，探讨了在旧城更新与全球化的双重作用下，地方文化如何回应环境的变化。⑤ 韩国学者崔敬昊以一个外国人的视角对胡同文化进行了文化人类学的考察，围绕着胡同和四合院如何引起政府的关注，并转为开发、保护的对象，及其保护和开发应该朝什么方向走等问题展开论述。⑥ 张丽君在民俗学和人类学的框架下，研究了什刹海旅游口头表演的

---

① 陈连波，郭倩 . 北京寺观园林之什刹海寺观的保护及利用 [J]. 山东林业科技，2008, 38(3):102-103.

② 王克敏，付志伟，周鑫 . 中轴线遗产视角下的什刹海历史文脉传承研究 [J]. 资源开发与市场，2019, 35(10):1332-1336.

③ 杨培玉，王学峰 . 什刹海景区旅游开发战略研究 [J]. 中国商贸，2010 (14):161-162.

④ 付宏志 . 什刹海游憩行为研究 [J]. 现代园艺，2016 (5):22-23.

⑤ 谌丽，张文忠 . 历史街区地方文化的变迁与重塑——以北京什刹海为例 [J]. 地理科学进展，2010, 29(6):649-656.

⑥ 崔敬昊 . 北京胡同的社会文化变迁与旅游开发——以什刹海风景区为中心 [D]. 北京：中央民族大学，2003.

空间，以及作为旅游口头表演主体的三轮车工。该研究重点关注了什刹海最为活跃的旅游接待者三轮车工的口头表演，认为在什刹海这一充满传统和民俗符号象征的时空舞台上，这种表演既是一种思维方式和交流方式，也是一种行为方式和获取经济利益的渠道，具有自我展演、文化表达、双向交流、实现经济利益和实践社会结构的多重性质。[1]

第五是从规划设计角度对什刹海进行的研究。这些学者以城市规划、城市设计、景观与建筑设计中的新思路、新理念来研究什刹海的改造与保护工作。比如，吴卉、孙晓峰以什刹海历史文化保护区为例探讨了城市更新中的广义设计倾向。[2] 方晓喆以什刹海为例进行的旅游规划中的地方性研究。[3] 宁波对以北京三条老街到建筑为例进行的"建筑作为传播媒介的外部视觉景观"的研究。[4] 冯玮和黄楚梨以北京历史文化保护区金丝套片区规划设计更新为例，从多方面进行综合评价，并对历史街区的规划设计更新进行探索与总结。[5]

第六是什刹海其他方面的研究。张雨洋和杨昌鸣基于道路中心性视角，探讨什刹海商业热点街巷区位特征及优化策略。[6] 张雨洋等人通过对街区日夜热力图与回归分析结果的解读，得到什刹海历史街区中活力

① 张丽君. 都市民俗旅游口头表演研究——以什刹海胡同游的三轮车夫为考察对象 [D]. 北京：北京师范大学，2009.
② 吴卉，孙晓峰. 城市更新中的广义设计倾向——以北京什刹海历史保护区为例 [J]. 文艺争鸣，2011 (4):140-142.
③ 方晓喆. 旅游规划中的地方性研究——以北京什刹海地区为例 [J]. 河北林业科技，2008 (3):29-31.
④ 宁波. 建筑作为传播媒介的外部视觉景观：以北京三条街道建筑为例 [D]. 北京：北京师范大学，2009.
⑤ 冯玮，黄楚梨. 历史文化街区在适应现代文化需求下的规划设计更新研究——以北京什刹海金丝套片区为例 [A]. 中国风景园林学会 2019 年会论文集（上册）[C].
⑥ 张雨洋，杨昌鸣. 什刹海商业热点街巷区位特征及优化策略研究——基于道路中心性视角 [J]. 旅游学刊，2019, 34(7): 110-123.

分布集聚区域和活力影响因素。① 刘祎绯等人以北京老城什刹海滨水空间为例，研究基于视觉感知数据的历史地段城市意象。② 周鑫等人分析出了什刹海活力衰退的主要症结，并对活力复兴提出了解决对策。③ 周尚意以什刹海历史文化保护区为例，分析文人的空间想象和审美体验。④ 尹艺霏认为什刹海及周边地区视觉系统中符号语言的文化性（多元文化的融合、传统风格的再现）、图形符号语言的融合性（星巴克咖啡标识符号的融合性、什刹海和南锣鼓巷星巴克的融合性）、符号语言的趣味性（手工制品店的创造性、特色创意小店的中国史）、符号语言的互动性（与文化的互动、与参观者互动）。⑤ 朱永杰探讨了什刹海对北京城的影响，研究认为什刹海对北京城市布局和景观产生了相应的影响，不仅影响了北京城市规划的格局和水道的脉络，而且形成了城内重要的商业区和园林休闲区；城市景观方面，勾勒了北京自然和人文结合的绚丽园林风貌，塑造了城市动静结合的美丽水环境，也孕育了城市积淀深厚的多彩文化风貌。⑥

　　总体来看，目前学界对于什刹海的研究已经由原来的集中于什刹海的历史风物、文化内涵的挖掘，转向包含对于什刹海的深度保护、适度开发以及具体的理念、工作方法、技术路线的关注在内的多元化研究，其中对于什刹海在作为北京传统文化代表性街区开发以来的变迁研究也

---

① 张雨洋，杨昌鸣，齐羚.历史街区街巷活力评测与影响因素研究——以什刹海历史街区为例[J].中国园林，2019, 35(3): 106-111.

② 刘祎绯，牟婷婷，郑红彬，孙平天，李翅.基于视觉感知数据的历史地段城市意象研究——以北京老城什刹海滨水空间为例[J]. 规划师，2019, 35(17):51-56.

③ 周鑫，付志伟，王彬汕，杨明.共享发展下的历史文化街区活力复兴策略——以北京市什刹海历史文化街区为例[A]. 共享与品质——2018中国城市规划年会论文集（02城市更新），2018.

④ 周尚意.发掘地方文献中的城市景观精神意向——以什刹海历史文化保护区为例[J]. 北京社会科学，2016 (1):4-12.

⑤ 尹艺霏.古城街区视觉系统中符号语言运用的研究——以什刹海及周边地区为例[D]. 北京：北京交通大学，2016.

⑥ 朱永杰.动与静结合之美——什刹海对北京城的影响分析[M].中国古都研究（第二十八辑），2015 (6):108-116.

越来越被重视。

（2）胡同与胡同游研究

史料记载及考古研究表明，胡同形成于元朝。长期以来，大量文化学者对胡同的历史、源流、名称、建筑与装饰等进行了丰富的研究，以文献学的梳理和考证为主，从学理层面来研究的主要集中在胡同的历史变迁及文化研究。李宇鹏认为胡同的历史变迁主要表现在三个方面：首先表现在数量上，呈现抛物线式的变化轨迹；其次，胡同生活对北京人的吸引力日渐减小；第三、社会结构变迁和文化变迁。[①] 李坤认为政治、经济、人口和交通等方面的因素影响着北京胡同的演变。北京胡同的变迁彰显的文化价值主要包括历史文化价值、旅游文化价值和文化遗产价值三个方面。[②] 张瑛、陈卓和李建明认为，胡同是传承北京传统民俗文化的重要载体之一，在传承北京传统民俗文化中起着不可或缺的作用。[③] 陈梓凡和史民峰提出对胡同文化保护的对策：创建人文胡同、创建绿色胡同、创建文化胡同、合理规划胡同。[④] 董世斌和张怡斐提出将胡同升级打造为免费博物馆对公众开放，一方面推进了胡同及其相关文物得以系统地保护和广泛传播；另一方面使胡同博物馆成为公众认识和了解胡同文化的新窗口，推进胡同文化留存。[⑤] 随着城市化的快速发展，历史街区很可能会成为城市发展的负担。什刹海地区是历史街区的典型代表，北京

---

① 李宁鹏.北京胡同的变迁及其对城市发展的影响 [J].内江师范学院学报，2007, 22(1):58-61.

② 李坤.近现代北京胡同的历史变迁及其文化价值 [D].长春：吉林大学，2009.

③ 张瑛，陈卓，李建明等.北京胡同社区参与研究——一个探访民族旅游现状与出路的个案研究 [J].技术经济与管理研究，2007, 155(6):59-61.

④ 陈梓凡，史民峰.北京胡同的变迁与胡同文化保护探析——以摄影纪实的角度 [J].世纪桥，2013 (11): 68-69.

⑤ 董世斌，张怡斐.胡同作为公共文化的传播实践研究——以北京老胡同为例 [J].湖南大众传媒职业技术学院学报，2019, 19(3):5-8.

胡同、四合院这样的居住格局，由于大都为砖木结构，很难长久维持。[①]
使胡同重新焕发生机的有效途径是保护与利用相结合，而旅游就是最有
效的途径之一。[②]卢一青以什刹海地区为例，探讨北京胡同非物质文化遗
产的保护与传承，提出以胡同为载体的非物质文化遗产保护措施：静态
保护、动态保护、公共参与保护。[③]田紫娟和刘博通过对沙井胡同的自然
环境、人工环境和人文环境进行分析，浅析了胡同住宅区街道空间的场
所精神营造策略。[④]

此外，学者孙大萍从文学的视角研究京味文学中的胡同意象及胡同
文化，指出胡同是一种意象化的生存空间，由胡同文化衍生出的京味城
市文化，带有一定的文化批判意味，可以看到北京城的历史变迁。[⑤]孙健
对胡同的住区模式进行了深入研究，探讨菊儿胡同居住构成的存在意义
与价值，并提出"菊儿胡同住区模式"。[⑥]吕悠从景观规划的视角研究胡
同，提出详细的胡同景观规划模式理论，并以南锣鼓巷为案例进行实证
检验。[⑦]魏立志分析了新时期北京胡同改造模式和改造实践中的问题，并
采用微改造理论，探讨了北京胡同微改造设计原则与方法。[⑧]

———————————

① 刘鑫.基于居民旅游影响感知的胡同游发展对比研究——以南锣鼓巷、五道营胡同为例[D].
北京：北京林业大学，2012.

② 郑杨.论历史地段有序更新的市场机制——北京胡同旅游实证研究[J].北京规划建设，1998
(2):34-35.

③ 卢一青.非物质文化遗产视角下北京胡同研究——以什刹海地区为例[D].西安：西安建筑科
技大学，2014.

④ 田紫娟，刘博.浅析北京传统胡同住宅区街道空间的场所精神——以沙井胡同为例[J].遗产
与保护研究，2018,3(5):67-71.

⑤ 孙大萍.京味文学中的胡同意象及胡同文化[D].长春：吉林大学，2011.

⑥ 孙健."菊儿胡同住区模式"研究[D].长沙：湖南大学，2008.

⑦ 吕悠.北京胡同风貌区景观规划模式初探——以南锣鼓巷主街为例[D].北京：中国林业科学
研究院，2012.

⑧ 魏立志.北京居住型四合院及胡同微改造研究——以前门草厂地区改造为例[J].北京：北京
建筑大学，2017.

胡同游始于 20 世纪 90 年代的北京什刹海，由摄影家、广告人徐勇创办。①对于胡同游，学者的研究主要集中在：胡同游的成长和成长中出现的问题，胡同游产品的深度开发经营和政府特许经营研究，胡同游的发展对北京市旅游业发展和居民感知影响研究等。

胡同游的成长过程和成长中出现的问题研究方面，黄隽分析了胡同游的成长过程及市场所面临的问题，探讨并提出了其可持续发展的制度保障思路：寡头竞争、控制容量、建立旅游产品制度创新机制。②张瑛等人基于政府、胡同旅游开发商和社区居民三个视角研究胡同旅游存在的问题，认为问题主要表现在旅游公司和当地居民之间、接待户和非接待户之间、接待户之间、接待户与游客之间、传统胡同文化和"酒吧一条街"之间等方面。③

胡同旅游产品的深度开发经营和政府特许经营研究方面，李艳认为北京胡同游现存的主要问题是胡同数量的不断减少、胡同文化日渐淡薄、胡同旅游产品种类单一以及胡同游市场竞争无序等，并以什刹海地区为例进行深度分析，提出相关建议。④王学峰指出了胡同游中产生的问题的相应解决对策：理顺体制，注重营销；完善功能，改变形象；升级换代，保住产品；做出差异，做出特色；升级换代，深度之旅。⑤

胡同游的发展对北京市旅游业发展和居民、游客感知影响研究方面，王学峰的研究表明，胡同游旅游产品的出现改变了北京传统的旅游格局，胡同游览旅游活动的动态性有助于游客了解活生生的北京老百姓的生活，

① 徐勇."胡同游览"的启示 [J]. 北京规划建设, 1998 (2):36-38.
② 黄隽."胡同游"的成长分析 [J]. 旅游学刊, 2005, 20(1):44-47.
③ 张瑛、陈卓、李建明等. 北京胡同社区参与研究——一个探访民族旅游现状与出路的个案研究 [J]. 技术经济与管理研究, 2007, 155(6):59-61.
④ 李艳. 对北京胡同旅游产品深度开发的思考——以什刹海地区为例 [J]. 江苏商论, 2012 (4):109-111.
⑤ 王学峰. 关于"胡同游"升级换代的思考 [J]. 中国集体经济, 2009 (12):135-136.

而不仅仅是静态的故宫和长城等历史文化遗产。^① 基于居民旅游影响感知的视角，刘鑫以南锣鼓巷胡同和五道营胡同为例研究胡同游发展过程中的根本矛盾，并提出相关的开发策略。^② 张乔雪在对胡同文化的历史和现状，胡同游的视觉设计现状问题进行分析和探索的基础上进行设计研究，产生了什刹海胡同游视觉识别系统的相关系列设计。^③ 李艳等以什刹海为个案来探寻解决北京胡同游存在问题的对策以及提升北京胡同旅游文化内涵的途径。^④ 此外，韩国学者崔敬昊从人类学视角研究胡同旅游的兴起及胡同传统文化的变迁，认为胡同旅游在开发过程中，要注意人文社会环境的破坏对传统文化的影响。^⑤ 曹吉星从民俗学的角度研究北京胡同游，从保护传统文化的角度提出胡同游的开发策略。^⑥

9. 主要理论视角

本研究立足于民俗学研究中从对民俗事象、文本的关注转向重视语境、主体、行为与过程研究的学术传统，采用"民俗事件"的分析框架，关注于不同主体在民俗旅游开发中的行动，在现代化的语境下，强调对于作为事件的民俗旅游开发的整体性关注。文章以民俗主义为基本视角，

① 王学峰．关于"胡同游"升级换代的思考 [J]．中国集体经济，2009 (12):135-136.
② 刘鑫．基于居民旅游影响感知的胡同游发展对比研究——以南锣鼓巷、五道营胡同为例 [D]．北京：北京林业大学，2012.
③ 张乔雪．北京胡同文化游的品牌视觉识别系统设计——以什刹海胡同游视觉识别系统设计为例 [D]．北京：北京理工大学，2016.
④ 李艳，马晓雪，逄博．胡同游：如何留住"老北京味道"——什刹海文化资源开发调查 [J]．当代北京研究，2015, (1):24-28.
⑤ 崔敬昊．北京胡同的社会文化变迁与旅游开发——以什刹海风景区为中心 [D]．北京：中央民族大学，2003.
⑥ 曹吉星．北京胡同旅游调查研究——以什刹海地区胡同游为例 [D]．北京：中央民族大学，2009.

在解读文化再生产的语境的基础上，主要运用凝视理论分析权力主体的态度、行为、相互影响和表演呈现。

（1）民俗主义

"民俗主义"概念起源于 20 世纪初，20 世纪 60 年代开始应用于民俗学研究，1990 年传入日本并兴起，21 世纪初，中国民俗学研究者开始积极讨论这一概念，并将其运用于分析传统节日文化、民间文学、民间信仰、民间庆典等传统民俗文化的当代生存与发展状况。"民俗主义"指的是民俗文化脱离其原有的传承主体、时空、语境，在新的场域中被重新编辑、生产、表演、传播，具备了新的功能和价值，这种价值往往是被一定的主体设计并引导的。在这种状态下，民俗文化自身往往失去了传承发展的内生性，而是依赖被设定的方式和功能被不断再生产，民俗文化已经被"嵌合体"化。本研究主要用"民俗主义"的视角对什刹海三轮车胡同游进行长时间、跟进式的田野研究，呈现"人力客运三轮车游胡同"这种"想象的老北京民俗文化"是如何被生产出来的；王府花园、胡同、四合院，与书法、国画、京剧脸谱、剪纸、蜂窝煤、饺子、大白菜等，是如何根据不同游客的目光，被有计划地重新剪辑、编码、叙事，展演出符合期待的"什刹海"；中国游客体验的什刹海、外国游客体验的什刹海、居民生活着的什刹海、政府管理下的什刹海、媒体眼中的什刹海，穿插交错又各有不同。由于旅游业的发生，多元主体本着各自的目标和计划，将北京城市传统区域的民俗文化从居民自洽变成内外共享，其中一部分专门向游客展演，从生活属性下的变迁到根据旅游业的发展目标而加速变化，这是"民俗主义"发生在都市传统区域的鲜活的过程。

（2）旅游凝视

"旅游凝视"源于"凝视"，以 20 世纪六七十年代法国社会学家福柯的"凝视"研究为代表，作为一种目光投射，凝视是主体施予客体的作用力，象征着一种权力关系，不仅是一种压制，也是一种生产力和建构力。1990年，英国社会学家厄里提出"游客凝视"，凝视理论进入旅游研究领域。后来，先后有学者提出"东道主凝视""双向凝视""互相凝视""流动凝视"等。旅游凝视是在旅游场域中，显性或者隐性的，来自多主体、多向度的凝视，每个主体的每一次凝视都是施加于旅游过程中民俗文化再生产的权力，这些权力存在不对等的巨大差异，但会互相影响，并促进主体的自我反思，并投射到随后的民俗文化再生产中。本研究在对什刹海三轮车胡同游的民俗主义的田野研究中，主要以主体凝视为线索，深描多个主体在胡同游中的权力叙事，发现主体间更多的交互性，主体凝视重点的流变性，以及单个主体内部的多元和差异性，每个主体都是由群体构成的，内部都存在鲜明的个体性，这个反复、交互、不均质的多主体权力叙事，建构了什刹海胡同游鲜活的文化世界。

（3）旅游表演的"前台"与"后台"

20世纪50年代，美国社会学家欧文·戈夫曼（Erving Goffman）将拟剧理论运用到人与人的相互交往中，"表演"指代在某个社会场景中，个体向观察者展现自我，并期待观众认真对待自己所建立起来的表演印象。表演分"前台"和"后台"，"前台"是表演的、供观摩和互动的开放空间，而"后台"则是个人生活的真实空间。[①] 美国旅游社会学家迪恩·马康奈以"表演"为隐喻，分析旅游现象，提出了"舞台真实理论"。[②] 李森、谢彦君等学者认为从20世纪90年代，旅游研究领域出现了"表

---

① 〔美〕戈夫曼著.日常生活的自我呈现[M].冯钢译.北京：北京大学出版社,2008.
② 〔美〕Dean Mc Cannell.《旅游者：休闲阶级新论》[M].张晓萍等,译.桂林：广西师范大学出版社,2008.

演转向"。[①] 谢彦君提出了旅游体验的"舞台化模型"[②]，认为旅游体验的过程就是旁观或参与一个戏剧表演的过程。朱江勇梳理了自 20 世纪 50 年代以来表演学在旅游研究领域的应用[③]，涉及旅游研究中"舞台化真实"、文化商品化、传统保护、旅游体验研究等诸多基础理论研究的热点问题，并于 2009 提出了"旅游表演学"[④] 的概念，将旅游活动作为人类表演学理论中的"表演"进行研究的一种视角或者学科。在该视角下，旅游活动中的导游服务与讲解、景区空间布局、场景营造、景观设计、标识导引体系、游客体验内容设计等都具有明显的表演属性，是各个权力主体在旅游场域中开展的权力叙事。

本研究主要在三轮车工的服务、旅游空间与居民生活空间的划分等方面，采用"表演"的视角，重点应用了"前台"与"后台"的理论概念。在什刹海三轮车胡同游发展的场域中，载客三轮车行经线路上的空间及其文化展演，就是"前台"，而居民生活且不愿为游客窥视的空间和文化，就是"后台"。在什刹海三轮车胡同游的发展过程中，前台与后台的界限不是固定的，有些时候或者有些地方也不清晰，游客对更多空间与文化展演的好奇和窥探，与居民对私密生活和宁静空间的权力主张之间，常常发生冲突。本研究将采用旅游人类学研究中心的"前台"与"后台"视角，来分析胡同游车工的文化表演、旅游线路的设计与变化、主客关系的对抗与妥协等。随着大的社会潮流变化和对私密权力的越来越重视，什刹海胡同游的线路一直在压缩，车工及游客的行为一直被规训，居民生活得也越来越从容。

① 李淼，谢彦君. 何为"表演"？——西方旅游表演转向理论溯源、内涵解析及启示 [J]. 旅游学刊，2020, 35(2): 121-133.

② 谢彦君. 旅游体验研究——一种现象学的视角. [M]. 天津：南开大学出版社，2006.

③ 朱江勇，覃庆辉. 论人类表演学在旅游研究中的运用旅游论坛 [J].2009 (3).

④ 朱江勇. 旅游表演学：理论基础、内涵与内容及其实践 [A].2009 (4).

10. 主要研究方法

本成果主要运用的是田野研究与文献梳理相结合的研究方法，具体的田野研究方式有：访谈、拍摄、参与观察、问卷调查，同时，总体来讲，文章以民俗文化的解读为基础，以文化再生产主体为线索，以个案的深度跟访为主要方式，以整体的或者定量的分析为辅助，力求以什刹海胡同游为个案，深度呈现都市民俗文化作为旅游资源进行的再生产。

（1）田野研究

民俗学的田野研究是在田野调查的基础上，强调研究者的长时段的深度参与，进行参与式研究，对研究世界加以深描。本成果的主要研究方法是田野研究，在博士论文研究期间，笔者曾经有将近1年半的时间频繁地在什刹海地区做研究，其中有5个月居住在金丝套保护区的南官房胡同27号院，正位于当时的三轮车胡同游核心线路上，进行参与式研究。过程中，主要采用观察、访谈、拍摄、问卷调查等方法，重点与两个政府机构、两家经营企业、七名车工、五户胡同居住人家、四家媒体等建立深度研究关系，开展过两次集中的问卷调查。在随后的7年时间里，笔者多次重返什刹海，一方面整体观察什刹海三轮车胡同游的发展变化，另一方面对重点研究主体进行跟进。本次修订期间，笔者在什刹海进行了20多天的集中田野研究，重点通过参与体验、观察与访谈，呈现旅游中的都市民俗文化再生产的更长的过程，发现三轮车胡同游在比较长的时段内的变迁，从而进一步分析这个再生产与整体社会的变迁之间的相关性。

（2）文献研究

本成果的文献研究主要是对什刹海的历史和胡同文化传统进行文献

梳理，对什刹海三轮车胡同游的政策、管理制度、相关媒体报道等进行分析研究。在对游客的游记等进行叙事分析的时候，本研究采用了文本分析法，也是基于文本数据的统计分析，对网页、微博等网络上出现的什刹海旅游游记或者其他反馈性文本做词频、聚类等分析，以辅助笔者在田野研究中对游客观察和访谈的数量上的不足，以及游客体验游后直接调查的反馈不充分。

11. 重要概念界定

（1）都市民俗文化

"都市民俗文化"是随着都市的兴起而形成的都市人或者都市空间里的民众生活文化。因为中国拥有几千年农业文明主导的文化传统，所以传统中国的都市民俗具有鲜明的农业民俗特征，都市与农业社会有着很大的延续性。但百年来中国的近现代化发展，尤其是 20 世纪 80 年代以来的经济体制改革和主动融入全球化的姿态，使都市发展迅速，而且在社会结构实现巨大转型的当代，都市文明已经开始了对农业文明的反渗透、引导性影响。受全球化、资本化、消费社会等多重作用，都市民俗呈现出巨大的流动性、融合性、变异性以及日益明显的个体性等现代特征。

城市旅游的兴起，吸引了大量外地人（包括乡村和其他城市以及外国人）涌入城市，游览这个城市为他们准备好的、表演的文化体验产品，同时，他们也会顺带着尽可能地凝视表演空间之外的文化。如果这些产品同时又具有日常休闲消费的可能性，也会吸引本城人口的消费集聚。在这个旅游开发的过程中，城市民俗被资源化、客体化，按照旅游生产的规律被解构、重构、阐释、展演。但民俗文化具有较强的相对稳定性和规范性，在这个被生产的过程中也并非完全被动，它会主动调适状态，并让渡且只让渡可以被旅游消费的部分，也只有这个部分才会完全被"资源化"，作为都市民俗旅游资源被不断地再生产。而都市民众生活的后台、私人空间、不可让渡的部分，不会也从来没有被作为旅游资源来凝视，而是按照其内在的生产方式不断传承。

需要说明的是，都市民俗的研究要远远早于都市民俗学作为一门学科的形成，同时也在认识论上推动都市民俗学的不断反思与构建。国际都市民俗学的研究从 20 世纪 60 年代兴起，我国民俗学之父钟敬文也在同时提出要关注都市民俗，但之后的 20 年间中国都市民俗研究和作为学科的建设并未取得重大发展。与此同时，日本的都市民俗学研究发展较快，出现了一些富有影响力的研究成果，提出了都市民俗的"四空间论"，并对中国学界产生了一定的影响。1992 年，上海民间文艺家协会编辑出版了《中国民间文化》（第八集）——《都市民俗学发凡》①专辑，2004 年，陶思炎先生出版了专著《都市民俗学》②，陶立璠先生也有关于都市民俗学研究的重要性、内容、要点的诸多论述③，还有其他一些学者也从不同的角度对都市民俗研究和学科发展进行关注。④另一方面，也有学者在学术研究的思维转向、价值观、文化观的层面上探讨"都市民俗学"的内涵和意义。在日本，"都市民俗学"也遇到了认识论和方法论的更深层次的理论问题，"都市民俗学"也逐渐开始被"现代民俗学"

---

① 上海民间文艺家协会.都市民俗学发凡（中国民间文化·第八集）[C].上海：学林出版社，1993.
② 陶思炎.中国都市民俗学 [M].南京：东南大学出版社，2004.
③ 例如：陶立璠.关于都市民俗文化的考察与研究 [R/OL].http://www.chinesefolklore.org.cn/web/index.php?Page=1&NewsID=3266. 2008.10.07
④ 例如乌丙安、王文宝、徐华龙、方川等人的相关研究，还有中国海洋大学 2010 年毕业的硕士王新艳的学位论文《近代日本都市民俗学的发展对中国都市民俗学的借鉴意义》等。

所替代。①

总体来讲，不管是将都市民俗作为研究对象的学科建构，还是通过将研究眼光、对象、立足点转向都市民俗研究进而推动民俗学研究面向当下、回归民众正在进行的日常生活，都市民俗的现代性、生活性都是最值得关注的。而旅游产业的介入，使得成为旅游地的都市空间的民俗文化更具有流动性、多主体建构性，从而在新的复合语境下不断地被再生产。

（2）交互凝视

法国哲学、社会学大师福柯于 20 世纪 60 年代末提出了作为一种压制和生产性权力的"凝视"这一学术概念，20 年以后，英国社会学家厄里将这一概念应用于旅游过程中的主客关系研究，提出"游客凝视"。后来，诸多旅游人类学家不断地运用这一概念进行实证研究，并进一步对凝视理论在旅游领域的应用提出新的理论建设，包括反向凝视、双向凝视、隐性凝视等，试图将凝视权力从游客对旅游地居民的单向度研究转向双向权力施加，确认居民在旅游中的作用。学者们又隐喻的角度扩展了"凝视"的范畴，使其涵盖了目光、表情、动作、口头、文字表达等多种权力表达方式，另外，也有越来越多的学者关注到凝视的主体多元性及其互动性，指出要依据具体的行为环境进行具体研究。这与民俗学关注语境、个体、行为、过程与相互关系的学术关怀完全一致。

基于以上的学术发展脉络和笔者对什刹海胡同游的田野研究，本研究提出旅游过程中的"交互凝视"，这一概念在认识到旅游过程中权力主体的复杂多元化的基础上，强调了主体间的交叉互动，揣测、试探、协

---

① 〔日〕岩本通弥 ."都市民俗学"抑或"现代民俗学"——以日本民俗学的都市研究为例 [J].〔日〕西村真志叶，译 . 王晓葵，校 . 文化遗产，2012(2):111—121.

商、斗争、妥协、合作等，包括异质性主体作为群体的交互关系，也有主体内部的个体的个性化权力态度及其行为，有时候个体化的权力向度与群体的权力向度并不一致。另一方面，异质性主体在旅游场域中因为掌握资源的差异，其权力位点不同，权力行为施加的时机和环节也就不同，权力地位也不对等，造成了主体间的权力不均质化，而且主体内部的个体之间也不均等。这些主体在共同的场域内施加权力行为，就必然是相互联系的，只是在具体的交互关系中，有的主体相对主动，有的主体相对被动，但他们都有施加自我权力的空间，这也是他们为什么能够成为权力主体的原因。

在本研究中，"交互凝视"与"多重叙事"的概念是相伴生的，正是因为胡同游中多元复杂主体间的交互凝视，才形成了传统文化再生产的多重叙事。

（3）旅游体验

旅游体验是游客在旅游中获得的主观感受，由旅游前的期待、过程中的感知、旅游后的反思等复合构成，是游客结合自身对于旅游地旅游生产和表演的反馈。关于旅游体验的研究，谢彦君是国内学界的集大成者，他从旅游体验研究的现象学基点（旅游现象世界的建构问题）、旅游体验的动机与行为、旅游体验中的情感放飞与精神救赎、旅游体验质量影响因素等方面对旅游体验进行了系统性研究，认为影响旅游体验质量的主要有三个主要的、备受争议的范畴：舞台化、本真性和商品化，探讨了旅游体验的情境模型——旅游场。[1] 1976 年，迪恩·马康奈率先提出旅游的符号意义[2]，他着力研究了旅游吸引力的符号意义，并提出了旅

---

① 谢彦君. 旅游 / 旅游体验和符号——对相关研究的一个评述 [J]. 旅游科学，2005, 19(4):1–6.
② 〔美〕Dean MacCannell. 旅游者：休闲阶层新论 [M]. 张晓萍，等，译. 桂林：广西师范大学出版社，2008.

游的舞台化本真性问题，引起了国际旅游研究界的极大关注。在民俗学界，旅游对于传统文化的这种再生产近年来受到越来越多的关注，以民俗主义的视角来分析，旅游就是将传统文化符号从其原初的语境中抽绎出来，赋予其新的含义、用途，面向受众进行再展演。国内人类学界对旅游中的符号现象的关注始自彭兆荣①，谢彦君、彭丹围绕旅游体验中的符号学问题进行了深入研究②，其他多位学者分别从旅游目的地形象的符号分析、符号与旅游商品设计、符号与旅游节事活动、符号与景观建筑设计等角度对旅游与符号进行了理论或实证研究。

　　游客是一支不断期待、不断张望的符号大军，而旅游生产则是不断努力地对旅游资源的符号建构。基于符号意义的多重阐释性、多元构建性、多维表达性，本研究提出"旅游符号化"的概念，指的是旅游发展对文化进行的符号化生产及其对文化造成的影响。在旅游生产过程中，生产者会根据消费社会的特征及对游客需求的想象，结合自身喜好，对文化传统进行碎裂化的符号抽绎，再对这些抽绎出来的符号进行变形、挪用、引借等，并与其他外来的、同样是从其传统中抽取的符号进行整合，按照一定的逻辑和结构进行叙事文本的编码，再由人或其他载体将叙事文本展演给游客，这就是旅游对于文化的符号化生产过程。但这个过程并未就此结束，游客看到叙事表演之后，会做出反向叙事，进一步促进生产者进行游客消费导向的符号化再生产。在旅游符号化再生产的过程中，传统被当作可以操作的对象而客体化，但它又并非完全被动，而是具有一定的规定性和能动性，并通过规定性约束生产的范畴和方式，通过能动性给生产者、游客等主体带来熏陶和形塑。

---

① 彭兆荣. 旅游人类学 [M]. 北京：民族出版社，2004.
② 谢彦君，彭丹. 旅游、旅游体验和符号——对相关研究的一个评述 [J]. 旅游科学，2005，19(6):1-6.；彭丹. 论旅游体验中的符号及其解读 [D]. 大连：东北财经大学，2005.

（4）嵌合体化

以民俗主义视角看，为了发展旅游的需要，民俗事象被从其原生的语境中剥离出来，出于某种功利的目的被改造和重新利用。文化传统在被复杂多元的主体按照当下的语境进行旅游化再生产的过程中，被对象化、客体化，通过符号化的方式被抽绎、变形，并与同样是从其他语境中抽绎出来并变形的文化元素一起被重新编码、再阐释进而表演给游客，形成一种经过碎裂，再按照一定规则叠拼而成的面向受众的民俗文化。这种面向受众表演的文化因为其碎片化、叠拼化、表演性，而呈现出一种"嵌合体"（chimera）的特征。

Chimera，译为"嵌合体"，或音译为"奇美拉"，原指希腊神话中由多种兽类的身体部件组合而成的怪物，指同一体内带有不同性状的基因混杂的现象，或者是具有这种特征的个体。演化学生物学家琳·马格利斯（Lynn Margulis）提出地球上的所有生物都是而且总是奇美拉／嵌合体。[①] 2012 年被日本学者菅丰引入到古镇旅游的文化生产研究中。[②] 通过再生产，将整体的民俗文化传统变成多来源文化元素拼接而成的"嵌合体"的行为和过程就是"嵌合体化"。菅丰认为，"嵌合体"主要表现为文化变迁中的复杂状态及影响因素的复杂化、阐释的复杂性等，他结合对于浙江衢州的廿八都镇旅游开发的个案研究，发现生活技术、民间工艺、表演、庙会、饮食文化等都被客体化，作为可以改造、再生产的

---

① 王婧. 作为艺术媒介的声音：寂静、感受力，与"怪物"奇美拉 [J]. 中国美术学院学报月刊，17—28.

② 日本东京大学东洋学研究所的菅丰先生近年来跟踪研究中国浙江衢州市的"廿八都镇"的旅游开发过程，发现了古镇传统被旅游生产者客体化的过程，并用"奇美拉"这一个形象的概念来指称古镇"嵌合体化"之后的模样。菅丰的这一研究于 2012 年 8 月北京师范大学举办的"中国民俗学研究与新时期国家文化建设"全国研究生暑期学校中向学生进行过系统的讲述，题目为《"古镇化"现象与民俗学研究——关于奇美拉（嵌合体：chimera）》，引起了在场专家和学者的极大兴趣，后来，他又在山东大学等多个高校和学术场所宣讲过这一研究。

对象，古镇也因此而被客体化，同时，古镇也经历了一个"古镇化"的过程。发展旅游，是对文化传统进行有组织、有策划、有设计、成规模的再生产，传统的"嵌合体化"过程加快，在什刹海胡同游的发展中表现得非常明显。徐赣丽围绕农民画探讨了当代民间艺术的奇美拉化。[①]

（5）什刹海胡同游

"什刹海胡同游"有狭义和广义之分。狭义的胡同游，即人力客运三轮车胡同游，起始于 1994 年 10 月，从 2008 年 5 月开始实施特许经营，有以下几个基本特点：乘坐经过特许经营审批的人力三轮车，主要由车工进行导览、讲解，按照经过审批的线路进行游览，游览的线路中会串联若干个独立景点，游客可以根据事先的计划或兴趣选择性地参观。广义的胡同游，指的是游客自发或者有组织的在什刹海地区进行的参观游览，产生的时间较早，形式更为灵活多样。本成果的研究对象主要是狭义的胡同游，从这一有组织、有计划的旅游发展中，观察民俗文化再生产的过程、特征及其变迁。文中所述"什刹海胡同游""什刹海三轮车胡同游""三轮车胡同游"，除了专门说明之外，皆指同一意义上的人力客运三轮车胡同游。

---

① 徐赣丽 . 当代民间艺术的奇美拉化——围绕农民画的讨论 [J]. 艺术探索 , 2016 (3):87—95.

第一章　北京旧城保护区：什刹海的文化变迁

诚如艾瑞克·霍布斯鲍姆所言，传统的意义在于其为所期望的变化提供一种来自历史上的认可。正是传统本身所具有的过去指向赋予了当下诸多"传统化实践"的合法性。就这一点而言，当代什刹海胡同游的兴起，正是建立在作为京城重要文化遗产的什刹海深厚的文化底蕴之上。在对历史文献梳理的基础之上，结合笔者对于什刹海的田野调查，本章从什刹海的历史发展、民俗文化、胡同文化和旅游发展四个层面入手，厘清什刹海在北京城市发展中的地位和价值，为后文的深入展开分析奠定基础。第一节是在对历史文献梳理的基础上，对什刹海的形成过程进行分析。第二节在对什刹海居民群体变迁把握的基础上，从"生活主体"的角度考察什刹海的文化发展特性、内涵和具体的表现形式。第三节重点关注什刹海的标志性文化——胡同文化，在系统梳理北京城的胡同形成、发展、演变、特征的基础上，分析什刹海胡同文化的特色。最后一节回顾了什刹海旅游发展的历程。正是由于什刹海胡同文化历史悠久、内涵丰富且保存比较完整，20 世纪 90 年代初，才作为一项独特的都市民俗旅游资源，被持续地开发、利用并进行再生产，拉开了北京胡同游的大幕。

1.1　什刹海的历史发展

"先有什刹海，后有北京城。"什刹海记载着北京城的历史风貌和现代发展，叙述着北京城厚重悠久的历史文化。

什刹海曾是永定河故道"三海大河"一段，永定河改道后，高梁河逐渐堙塞，上游而来的高梁河水便在今什刹海和北海、中海的区域积存下来，形成了一串湖泊，这便是什刹海的原始形态。辽将燕京建成陪都，对什刹海产生了深远的影响，什刹海从此正式纳入北京城的建都史之中。

金天德三年（1151），金从东西南三面对辽南京城（即燕京）进行扩建，此时的"三海大河"位于燕京城的东北郊，由于水中多白莲而得名"白莲潭"。金贞元元年（1153），扩建工程完工，金海陵王迁都燕京更名为中都。公元 1172 年，新运河兴建，完颜亮从高梁河白莲潭上游开渠分水南下，直入中都北护城河，将瓮山泊与高梁河上游来水经护城河引入旧闸河，漕运粮船可经通州入闸河直达中都城下，从而实现其漕运功用。闸河即是金代开凿的主要漕运通道，高梁河与白莲潭成为其主要水源。因此，白莲潭成为金中都的漕运码头，每年所承担的大量的漕运任务满足了中都城巨大的物资需求。自此，白莲潭成为供给水源、调节水库和泊船漕运的区域。

金大定十九年（1179），金利用白莲潭水域优越的地理条件和优美的自然风光，建成太宁宫，宫有琼华岛。由于景观水平的进一步提升白莲潭南部区域变为专供皇亲国戚、达官贵人玩赏的景观水面，北部区域则成为以使用功能为主、直接服务于皇城的漕运码头。可见，除开发漕运、营建离宫的功用之外，白莲潭水域的开发还有灌溉农田的功用。

元中统元年（1260），元世祖忽必烈称帝，至元元年（1264）将燕京改为元中都，并于至元三年命令刘秉忠开始营建新都城。[①] 刘秉忠在中都城的北边以白莲潭为原点另建一座新城，即是后来的元大都。元大都修建时，将原白莲潭的南部截入皇城之内，称太液湖；白莲潭北部水域，称积水潭，后又称海子，也称西海子或玄武池。[②] 至元八年，忽必烈下令迁部，改中都为大都。

至元二十九年（1292），郭守敬引白浮泉水西行，与城西郊万泉河水及玉泉山水汇合，进入积水潭，促使什刹海成为大运河北端的终点，与运河相连、与海上相连，成为元大都盛极一时的重要交通枢纽。作为商贾云集的漕运码头，什刹海一跃成为大都城的繁华之地。

公元 1368 年，明太祖朱元璋称帝，国号大明，建都南京应天府。同年，明朝出兵北伐，元大都被攻陷，元朝随之灭亡，明将大都城改为北平府。为了缩小北平府的规模，便于防守，添设什刹海北部区域作为北城墙的护城河，遂放弃都城内北部较空旷的区域（包括什刹海北部区域），并将原元大都的北城垣南移 3 公里。就把原属积水潭的一大片水域分成两部分，一部分隔在城外当作北城墙的护城河（即是后来的太平湖），将这部分水域的性质彻底改变；一部分仍留在城内，人们仍然称其为积水潭。

明成祖永乐四年（1406），北平的城池宫殿开建。永乐十八年（1420），整体工程竣工，北平正式改为北京。明将皇城从东面、北面、西面三个方向进行扩展，积水潭水系因此发生了重大变化。皇城的东墙和北墙的外向扩展，积水潭南部的部分水域被纳入皇城之中，其下游通惠河水系的一段也被划入皇城。德胜门的南北方向兴建了一段宽阔街道，穿过积水潭处营建德胜桥，将积水潭分成东、西两部分，桥西的水域延续积水

---

① 1214 年，蒙古军逼迫金朝将都城从中都（今北京市）南迁到开封。1215 年蒙古军占领金朝中都城燕京，成吉思汗恢复中都旧名——燕京，什刹海进入元朝的统治。

② 什刹海研究会，什刹海景区管理处 . 什刹海志 [M]. 北京：北京出版社，2003.22.

潭的名称，桥东的部分则改称为什刹海。之后，银锭桥将什刹海分为东南、西北两部分，桥东南为前海，桥西北为后海。前海、后海、积水潭成为一水相连但被银锭桥、德胜桥分割开来的三片水域。元时积水潭与北海之水互不相通，明时将前海和北海之水沟通，西山的泉水进入北护城河后，先注入积水潭，再流入后海、前海、北海。

明朝的北京虽然恢复了国都地位，但由于皇城扩建将原来的通惠河故道圈入皇城，再加之上游水源减少，同时，为了维护皇城的安全，不再允许漕船随便进入皇城什刹海失去了漕运终点码头的功能，位置也由都城中心变为北京城的西北边界。由于独特的北国水乡风光和城乡交界的野趣，什刹海很快成为北京城里著名的风景区。据记载，什刹海的名字就来源于明代一座寺庙名。明代，积水潭曾有一名为什刹海的佛寺，寺名象征佛法如海。什刹海寺毁灭以后，什刹海就成了此处水域的名字。随着北京城的发展以及积水潭本身的变迁，明代什刹海的名称经历了分化、增生的演变过程。除了承袭元代的名称，还有十刹海、北海子、西湖、北湖、敬业寺湖、后湖、莲花池等。元代时期具有一片完整水域的积水潭也被德胜桥、银锭桥划分为三片相连水域。此时的什刹海凸显出四大特色：为安抚迁京的江南重臣而营造的江南风光，寺庙林立、香火旺盛，文人权贵汇聚、名园密布，广植荷花。积水潭所担任的城市职能也有所改变，水面缩小使得积水潭一带由昔日的重要漕运码头和商业中心转化为京师内供应居民游乐休息的重要风景区，王公贵族在此建设寺庙、王府以及庭院别墅。①

公元 1644 年，清军入关，正式将北京定为国都。清代北京总体布局并没有大的变化，继续保持了明代北京城的整体格局。北京城被划归为八旗统治，什刹海地区交由皇帝亲自统领的正黄旗管辖，积水潭成了没

---

① 杨大洋 . 北京什刹海金丝套历史街区空间研究 [D]. 北京 : 北京建筑工程学院 , 2012.

有宫墙的禁苑。[①] 朝廷还颁发条令不准任何人引用什刹海水，临水的园亭、寺庙逐渐荒废，只剩下一片野水。[②] 然而，什刹海一带游人如织，商贾林立，自发地形成了人们购物游玩的好去处。同治十三年（1874），同治皇帝病死以后，朝廷禁止人们在什刹海搭棚售茶，荷花市场也被取缔。三海之水不能贯通导致什刹海水面逐渐减小、变浅，活水成死水，水质污染严重。[③] 另外，什刹海一带社会秩序混乱，成了土匪、地痞、流氓活动的场所。什刹海呈现衰败现象逐渐冷寂下来。

民国时期，什刹海的街巷胡同虽然产生了一些细微的变化，但是，自元代以来所形成的基本格局仍然基本完整地保留了下来。什刹海一带水泊就其自然状况来说，与清代没有较大的差异，功能性质也几乎没有什么大的改变。

中华人民共和国成立后不久，为改善新中国、新首都的城市面貌，政府机构决意疏浚全市水系，美化城市环境，于 1950 年 6 月 4 日到 11 月 26 日对什刹海进行了大规模的整治，积水潭、后海、前海完全打通，此次初步整修得到了人民群众的大力支持和热烈欢迎。

1951 年夏，什刹海临时市场开设。临时市场分为前海市场和后海市场，前海市场长约 200 米，主要经营摄影、茶点饮食、杂志书报、文化用品、体育用品等；后海市场长约 300 米，主要经营夏季日常生活百货、饮食品、新曲艺、马戏、杂技、平剧等。新生的什刹海真正成为供人们休憩、娱乐的场所。随后的 1952 年、1955 年、1956 年、1960 年，党和政府都曾拨款对什刹海进行整修。

十年动乱期间，湖岸空地遭到肆意侵占，沿湖景观被大量破坏，环海道路被切断，水质被污染，基础设施遭到严重破坏，文物古迹也受到

① 夏青. 什刹海与周边寺庙研究 [D]. 北京：首都师范大学, 2012.
② 张必忠. 什刹海的历史变迁 [J]. 北京社会科学, 1999 (1):97-104.
③ 张必忠. 什刹海的历史变迁 [J]. 北京社会科学, 1999 (1):97-104.

很大冲击。西小海被建成什刹海体育馆，太平湖由于修建地铁被填垫。①

随着改革开放大幕的开启，政府和当地居民开始重新认识什刹海的文化价值，政府加大了对什刹海的保护与修缮力度，将什刹海开发成为集居住、商业、旅游功能于一体的历史文化旅游风景区。

1.2　什刹海的民俗文化

历史悠久的什刹海不仅是北京城区重要的文化遗产，更是历代民众赖以依存的生活空间。

不同的历史时期，不同地域、不同民族的各种人群来到什刹海，经过长期的文化交融与融合，共同创造了丰富多彩、底蕴厚重、充满活力的什刹海民俗文化。在一定时期内，什刹海民俗文化具有相当稳定的传承性。但是，当什刹海地区的社会结构发生变革之时，什刹海传统的社会风俗不断被新形成的生活方式所冲击，变异性将使什刹海的民俗文化传承烙上时代的印记。什刹海民俗文化在稳定中寻求发展，有一些民俗文化延伸到了人们的现实生活中，有一些却只存在于人们的记忆中。

在长期的传承、变异和不断发展中，什刹海的民俗文化表现出以下特征：

一是包容性和集大成性。什刹海地区是民族融合异常显著的地区，平原文化与草原文化、江南文化与北方文化以及京城核心地带所集聚的其他绚丽多姿的多种文化在什刹海不断地碰撞、融合，融汇集结了皇家文化、王府文化、市井文化、宗教文化、游牧文化与农耕文化、多民族文化、传统与时尚文化于一体。

---

① 段柄仁. 北京地方志・风物图志丛书・什刹海 [M]. 北京：北京出版社，2008.19.

二是相融和谐性和趋同稳定性。什刹海的民俗文化丰富多元，但与主流文化关系密切，显示出相融和谐性和趋同稳定性，高层次的皇家文化与一般层次的平民文化的融合是其中较为典型的例证。尤其是有文人参与的什刹海民俗活动，老百姓所展现的丰富多彩的民俗活动内容更能呈现深层次的相融和谐。

三是保护与发展相统一，封闭性与开放性相统一。作为一种兼容并蓄、相对稳固的文化系统，什刹海民俗文化拥有较为清晰的区域范围，在保护其鲜明特色的过程中不断与时俱进、开放发展。明清时期，什刹海作为北京内城唯一对市民开放的水域，吸引了很多民俗活动来此举行。新中国成立后，什刹海实施过数次整治活动，在保护什刹海民俗文化的同时也使其得到一定程度的发展。尤其是十一届三中全会以来，什刹海旅游得到很好的发展，胡同游逐渐发展为国际游客参观北京不可或缺的项目，新时期的什刹海成为展示北京、宣传北京的重要窗口。

元大都规划建设伊始，什刹海就注入了商业区功能的基因。[①] 前面向南为朝，后面向北为市，元大都的"后市"规划设置在了积水潭，聚拢了积水潭的商业文化。[②] 什刹海地区开设了众多的商业店铺，而且随着商业的发展，服务行业也随之兴起，悬挂招牌幌子，歌台酒楼林立，娱乐场所比比皆是。[③] 此时，什刹海商业活动呈现了以下几个特点：商业业态的丰富性和商业布局的集中性；服务特色上高度的开放性、包容性、国际性；消费者构成的全面性；商业活动功能的多样性；商业与游赏结合的

---

① 元大都的建设中，其建筑严格按照"前朝后市、左祖右社"的格局，将位于皇城之后的积水潭一带划入"市"的范围，沿岸、沿街建起了鹅鸭市、酿酒市、米面市、缎子市、皮帽市、靴子市、铁器市、珠子市等。

② 陈平．"三海"涵碧润京城，一湾绿水惹事端——浅谈"三海"在北京城和什刹海诸文化孕育与发展中的地位及作用 [A]．王粤．北京的文化名片——什刹海 [C]．北京：中华书局，2010.27.

③ 什刹海研究会，什刹海景区管理处．什刹海志 [M]．北京：北京出版社，2003.85.

休闲性。[①]

　　从 20 世纪 80 年代初开始兴盛的文化旅游和城市休闲商业，实际上是对什刹海商贸业、服务业、游览观光休闲传统的继承和发扬，是什刹海这一区域历史的现代延续。

1.3　什刹海的胡同文化

　　胡同是北京在元代成为大都市以后的城市基本居住、交通单元，在北京的城市建设、城市文化、民俗生活等各个方面形成了重大影响，胡同见证了北京城的历史沿革变迁，积淀了北京厚重的地域文化与市井文化，是北京文化的重要基因。根据史料记载及考古研究表明，北京的胡同基本形成于元朝，总体上呈现不规则状发展，现有的胡同类型主要有鱼骨形胡同、篦梳形胡同、长格栅形胡同、环形胡同、树枝形胡同、斜线和折线形胡同、半截胡同（死胡同）、混合型胡同。

　　老北京胡同名称的由来大致可以分为以下几类：以地标性建筑命名，以官衙官爵命名，以人名和姓氏命名，以市场工厂作坊命名，以柴米油盐酱醋茶和花草树木命名，以井和胡同形状命名等。[②]这些胡同主要具有以下多种功能：交通功能，北京城市沿革的见证，北京传统文化的活化石，防火、疏散，也为现在开展富有特色的历史街区旅游、胡同游提供了文化环境和资源基础。

　　胡同的核心是居住在里面的人群，他们的基本居住形式是四合院。四合院始于 3000 多年前的西周。汉朝，四合院建筑从选址到布局都受到

①　袁家方 . 元、明、清、民国鼓楼商业街区的京味商文化 [A]. 王粤 . 北京文化名片·什刹海（上）[C]. 北京：中华书局 .2010.349.

②　骆玉兰 . 北京胡同名称与文化演变 [N]. 中国文化报，2011－04－01(3).

堪舆的影响，讲究阴阳五行。元代，四合院已成为北京地区主要的居住建筑形式。

1982 年，北京市城市总体规划方案中，把西城西四北头条至西四北八条、东城南锣鼓巷等地区列入四合院成片保护范围。1990 年，城市规划又提出在旧城区划分 25 片历史文化保护区，市政府于 2002 年批复实施[①]，什刹海成为首批 25 片保护区之一。

什刹海在北京城的建城史中占有非常重要的地位，促进了北京城的兴盛，也见证了北京城的变迁、衰落、复兴与变革。现在的什刹海地区还保留着数量众多、类型多样、价值较高的各类文物遗存，其中，胡同更是其历史传承的主要组成部分之一。同时，由于什刹海与北京城的命运紧密相依，这座城市的包容性、多样性、多元化、复杂化都在这里有所体现，居民就是这些特征的鲜活的承载者，因此，居民的居住区便有了极大的文化体验价值。可以说，什刹海的风韵和魅力，一部分流淌在三海之上，更有一部分穿梭在胡同之间、院落之内。

什刹海的胡同文化特征主要表现在以下几个方面：

一、胡同的布局结构从产生到现在保持了较大的稳定性。一方面，什刹海从元代开始就一直是都市的中心或者重要的功能区，城市综合地位相对稳定；另一方面，由于什刹海区域的胡同依水而布，走向非常规胡同街道那样横平竖直，无法成为陆路交通主干道路，较少受到城市变革的影响。据 2002 年由北京市规划委员会编制的《北京旧城二十五片历史文化保护区保护规划》一书分析，什刹海"体现其历史、文化价值的许多重要载体至今依然存在"[②]，包括：什刹海地区的城市传统格局尚在，大量重要的标识性建筑尚在，总体的空间尺度和城市肌理尚在，整体的

---

① 孙洪铭 . 北京旧城四合院的保护 [J]. 北京规划建设，2013 (1):74-78.

② 北京市规划委员会，清华大学建筑学院城市规划系 . 北京旧城二十五片历史文化保护区保护规划（什刹海地区）[M]. 北京：北京燕山出版社，2002.142.

城市色彩尚在。

二、胡同的功能除了居住之外，一直包括公共服务、商务休闲等开放性功能，具有公共游览和商业体验的传统。由于拥有北京这个大都市内难得的大片水面，什刹海区域的开放性和公共性一直比较突出，尤其是其公众宗教祈福、水韵观光、戏水游憩、特色购物、集市娱乐等功能从元代产生一直延续到现代，所以什刹海这片土地和水域具有游览观光、文化体验和商业休闲的传统。

三、胡同里的建筑类型多样，资源组合度高。什刹海的胡同里有寺庙宫观、王府大院、园林别墅、商业店铺、桥梁、平民住宅等，每一条胡同都有一个传说，胡同里的每一个建筑都有故事，胡同里的每一个小景都有说头。可以说，什刹海所积淀的胡同文化，是北京城市文化的核心之一，是京味文化的重要源头之一，具有极高的科学、文化、科普、旅游价值。

1.4　什刹海的旅游发展

1983 年 11 月，西城区什刹海风景区整治指挥部正式成立，正式掀开了什刹海旅游开发的序幕。经过 40 年的发展，什刹海旅游经营业态丰富，接待设施完善，服务质量有特色，市场接待规模大，旅游发展综合收益较高，已经具有较高的品牌知名度和市场影响力。

1984 年，西城区政府组织编制什刹海周边地区总体规划。1992 年 9 月，总体规划被批准，市政府确定将什刹海周边地区命名为"什刹海历史文化旅游风景区"，这是市政府对什刹海周边地区的首次正式命名，不仅对什刹海景区的性质和功能做出了明确的定位，而且也为什刹海景区未来的开发提出了目标和任务。

1999 年首都规划委员会通过了《北京旧城历史文化保护区保护和控制范围规划》，划定了在北京旧城的 25 片历史文化保护区范围，什刹海保护区是其中的重要部分。就什刹海地区的保护内容而言，由单纯以保护宫殿、寺庙等官式建筑文物保护单位为主，转变为同时加强以保护民居、传统街区等民间建筑为主的历史文化保护区的保护，两者相互补充、相互促进，完善了什刹海保护区的保护内容。

2000 年 10 月中旬开始，整治烟袋斜街，拆除违章建筑、撤销占路摊群、维修房屋临街立面，将其建成步行民俗文化街。2000 年，野鸭岛在后海西端修建竣工，对什刹海水域生态的均衡和保护发挥了重要的作用，也为游客和居民增添了一处生态、和谐、环保的自然景观。2001 年 4 月，荷花市场的改扩建规划方案被北京市规划委员会批准，并于 2001 年 8 月开工兴建。2002 年 5 月 31 日荷花市场主体工程建成。

经过多年的空间、建筑、环境重构，以及旅游开发的积累，什刹海已经形成了"游王府、逛老街、访古刹、观故居、登城楼、转胡同、尝佳宴、泛轻舟"[①] 和"夏日游泳、早晚遛湾、冬季滑冰、假日划船、夜饮酒吧"等丰富多彩的旅游形式和特点。2009 年，什刹海被评为国家 AAAA 级旅游景区。2010 年，烟袋斜街被评为"中国历史文化名街"。2013 年，什刹海接待游客 500 多万人次，其中，胡同游是最富特色和吸引力的项目之一，接待了数十万国内外游客。2019 年中秋假日第一天，什刹海旅游接待量居北京市首位，为 9.8 万人次。2021 年国庆节假日，什刹海接待游客 48.5 万人次。2022 年 12 月 7 日到 2023 年 2 月 4 日，什刹海冰场接待游客 24 万人次。从品牌、休闲、体验、消费等各个方面评价，什刹海旅游都已经成为北京旅游的重要组成部分。

---

① 夏青 .60 年来什刹海的变化 [A]. 北京史研究会 . 史苑撷萃：纪念北京史研究会成立三十周年文集 [C]. 北京：中国会议数据库，2011.163.

胡同游又是什刹海旅游的核心内容之一。1992 年，北京第一家胡同游览公司成立，1994 年 10 月正式营业，三轮车载着成群结队的外国游客进入什刹海的胡同、四合院。从此，越来越多的企业、社会主体进入什刹海胡同游的经营当中，推动胡同游快速发展，影响力越来越大，直到大量的无经营资格的车辆进入，胡同游出现过一段时间的无序经营。2008 年，随着奥运会的临近，什刹海胡同游进入特许经营时期，从 2000 多辆各类经营用车辆严格控制到 300 辆以内。到 2023 年，已经处于第五期特许经营期，特许经营车辆为 180 辆，由 5 家公司按照特许经营条例有序运营，政府、社区、居民、车工、游客、企业等各个利益相关者按照规则，共建共享。

经过 30 年发展的什刹海胡同游，从主要面向外国游客的中国传统生活展示，到以国内传统文化爱好者为主的休闲沉浸式体验，从企业、车工、游客，到线路、讲解词、讲解方法，再到宣传方式、推广重点都发生了很大的变化，作为什刹海旅游的核心内容，被国内外游客看到，从而在持续发生的交互凝视中不断地再生产。

小　结

本章主要采用文献研究，辅以实地调查，系统地梳理了什刹海的发展历程、什刹海民俗文化的流变和特征，以及什刹海旅游业的发展脉络。什刹海是北京城最具魅力的旧城片区之一，是与北京城市兴衰与共的生命体，北京城市发展与历史沿革、文化变迁的见证者，北京作为国际化大都市的文化多样性、包容性、活跃性的集中代表，是京味文化的主要发源地之一。什刹海的胡同在空间、结构、类型、功能、居住人群等多个方面都保持了长时间的稳定性，是现代人、外地人、外国人体验传统北京的最佳目的地。什刹海旅游也是在内外发展的需求召唤下逐步、快速地发展起来的。其中，启动于1994年的胡同游项目，经营者以"到胡同去"为理念，经过政府的批准与监督，通过企业和从业者，通过"三轮车"，将游客有组织地、大规模地带进胡同，与延续千年的民俗文化传统相遇，主人与客人、从业者与居民、政府与企业、大众与媒体等多元主体开始在什刹海"三轮车胡同游"的场域中交流、碰撞、协商、共处，推动民俗文化的发展变迁。

第二章　到胡同去：文化精英发起什刹海胡同游

　　胡同是老北京文化的灵魂，胡同的历史、形制及其承载的民俗文化，是北京城市文化的重要组成。作为民众生活文化的组成，胡同的底层性和边缘性使得其在新中国成立之后一直沦为城市发展的绊脚石。而在 20 世纪 80 年代初，改革开放与市场经济体制的建立为文化资源的资本化提供了可能。在市场经济制度下，任何物品都有着成为商品的可能。同时，新的制度将个体从集体的束缚中解放出来，经济制度与社会流动性的增强甚至在一定程度上激化、强迫着个人的活力，国家鼓励着个人利益的获得[①]，成千上万的民众抓住了这一契机，成为市场经济制度建立后第一批弄潮儿，胡同游的创始人徐勇就是其中　位。20 世纪 90 年代初，他由于长时间关注、拍摄胡同，对胡同的历史和文化价值有充分的认识，考虑如何有机融合作为文化传统的胡同与老百姓生活中的鲜活的胡同，创造出一种新的产品形态，以开发利用促进胡同保护，实现胡同的可持续发展，于是，他"发明"了什刹海三轮车胡同游。

　　本章以徐勇策划、创办、发展、反思、退出胡同游为线索，展现了什刹海胡同游发生发展的政治、社会、文化语境，考察政府、文化经营、企业、媒体、居民、从业者等各个主体在胡同游中的态度、行为及其相

[①]　Arthur Kleinman, Yunxiang Yan, Jing Jun, Sing Lee, Everett Zhang. *Deep China: The Moral Life of the Person* [M]. University of California Press, 2011, 3.

互作用，过程中呈现出鲜明的多元性、个体性、流动性、交互性、不均质性等叙事特征。

2.1 胡同进入摄影师的镜头

在改革开放初期的北京，胡同被政府、舆论甚至居民认为是落后的、破旧的、待改造的旧城区，被有意地遮盖，生怕暴露在外国人眼前。胡同真正进入一部分外部群体的视野中，是从 20 世纪 80 年代后期的摄影作品开始的。这其中，摄影师兼广告人徐勇，拿起相机进入胡同，并以巧妙而耐人寻味的图像叙事的方式向世界讲述了北京城内的胡同故事，引起文化界、媒体界轰动，也促使更多的人将目光投向这个传统居住区的文化生态系统。

徐勇祖籍宁波，1954 年 1 月出生于上海，11 岁时随父母迁居北京。来北京之前，一直跟祖父母居住在弄堂里，这种经历在他的人生中留下了深刻的印记，在与笔者的数次交流中，他多次谈到儿时的这种记忆，不时拿上海的弄堂与北京的胡同、四合院作对比。此外，自幼受到的文学熏陶也促使其形成了独到的审美品位。

> 1965 年，我回到他们（父母）身边，住进了位于东四头条的一个四合院。那个院子很规矩、漂亮，过去可能是贵族大户的房子。四合院宽敞豁亮，阳光明媚，有花有草，与上海弄堂的潮湿、晦暗、憋闷，形成鲜明对比。①

> 上海特别商业化，并不是说这房子是历史形成的。上海弄堂的房

---

① 李永增. 我领老外逛胡同 [J]. 瞭望新闻周刊, 2000 (13):48−50.

子是商品房，产权和居住权不是一回事，盖房子是为了卖的，而且居民成分也不一样。但是胡同是历史形成的，中国土生土长的，有的门开在左边，有的开在中间，内部空间功能分得特别清楚，四合院内部家族管理制度也非常严格，延续中国家族宗法制度。家族关系类似君臣关系。家长关系特别明确，家有家法，不得逾越。这就是中国的一个缩影，你考察和研究，观察一个四合院的家族构成，你选择一个典型，你就可以把中国这个家庭的伦理关系研究出来，是中国的一个缩影，弄堂就没有这种东西。①

来京后没多久，"文化大革命"就开始了，父亲被下放到河南农村的五七干校，徐勇也一同前往。1971 年，徐勇回到北京，被安排到北京第三轴承厂工作，因为表现良好，1976 年，被推荐到河南洛阳工学院（后更名为"河南科技大学"）上大学。大学毕业后，徐勇又回到原来的工厂，成为机械工程师。

"文化大革命"结束以后，摄影艺术开始逐渐发展起来，1979 年，摄影界专业期刊《大众摄影》复刊，1980 年开始有多家机构举办各种摄影大赛。自幼热爱摄影的徐勇参加了由人民日报社举办的摄影大赛，并获得了大奖。此后，徐勇更受到鼓舞，一有时间就背着相机到处走走拍拍。1984 年，徐勇离开了轴承厂，找到了一份广告公司的工作，正式从事专业的广告摄影，一直到 1988 年，他和朋友一起合作成立了"讯通广告公司"，是北京第一家私营广告公司。这段广告公司的职业摄影经历对徐勇独特的审美视角和敏锐的商业眼光的形成有着至关重要的影响。

从 1986 年开始，因为在广告公司上班的关系，徐勇再一次进入胡同，拍摄胡同，并深深地为此着迷。后来，一部名为《中国画》的电视

---

① 来自田野研究访谈，受访人：徐勇；访谈时间：2013 年 8 月 26 日；访谈地点：北京朝阳望京。

专题片由徐勇主持拍摄，其中一部分镜头与徐悲鸿、齐白石等著名画家的居住环境有关，多年来对于胡同的独特情结，使得徐勇的镜头自然地寻找、聚焦到了一些胡同和四合院。

> 从镜头里望出去，那残破的石阶，刻痕模糊的门墩，墙皮脱落的影壁，还有胡同里一处处高深莫测的大门洞，形成了一种浓浓的情调。从我们摄影专业的角度看，这里的一砖一石一屋一院，都有着强烈的象征意义，很自然就萌生了一个想法，要用照片把胡同里的一切都记录下来。[①]

从 1989 年的夏天开始，他背着相机，骑着自行车串胡同，几个月的时间，走了大约 500 条胡同，拍了上万张照片，他从中精选出 101 张，编辑成图册，于 1990 年正式出版，名为《胡同一百零一像》。[②]那时，国内的媒体和摄影师大多都把注意力放在西方的、经典的文化遗产和西部少数民族风俗等特别显眼的地方，胡同基本上没有得到关注。徐勇以一个摄影家的敏感性和一个长期生活在北京的人的文化积淀"发现"了胡同，并第一次用摄影的方式比较淳朴地拍摄胡同。图书出版后，在国内外获得了较大的反响。

谈到为什么给摄影集命名为"胡同一百零一像"，徐勇解释说，他拍了大量的胡同照片，都是空镜头，通常拍胡同不会拍人，是比较冷的景观摄影，这种景观摄影从第一张到最后一张，是按一种内在的逻辑排列，而不是像学术研究材料那样简单地按照胡同、门墩、门槛来归类。徐勇在编排图片时，采用的并非类型学的结构，而是独到地选择了叙事的视角，将整本书视为一个完整的叙事过程。全书是从一条名为"百花深处"

---

① 李永增. 我领老外逛胡同 [J]. 瞭望新闻周刊, 2000 (13):48—50.

② 徐勇. 胡同一百零壹像 [M]. 杭州：浙江摄影出版社, 2000.

的胡同开始。在新街口以南有一条小巷子，明代，一对年轻的夫妇在这
里垦荒，他们春夏秋冬种植百合、芍药、牡丹等花卉，吸引了大量的文
人墨客到那去，久而久之就成为文人聚会的地方，所以命名为"百花深
处"。一页一页地翻看下来，在欣赏这些照片的同时，读者也会一步步深
入到老北京的胡同文化中去。

徐勇用专业的摄影技术和图画叙事的编辑手法以及文化阐释的深厚
功力，为胡同文化的挖掘和胡同形象的传播起到了非常重要的推动作用。
但这本画册在筹备出版的时候，遇到了很多困难。实际上，新时期的文
化政策是在国家主义的统摄下进行的。在那个年代，中国正在致力于对
外传播国家改革开放、城市翻新扩建、经典文化遗产等辉煌正面的形象，
而作为传统平民生活代表的"胡同"，完全不在推广的行列，甚至还是被
掩盖、被避讳的东西。最后，浙江摄影出版社接受了他的作品。这个画
册先是在北京的外国人圈里获得了轰动，此后在欧美学者、媒体的高度
关注下，国内的媒体也开始关注、讨论，形成了不小的影响。随后，他
又出版了一些衍生作品，比如挂历、名片等。之后，又出版了《鲁迅故
里人像》《弄堂集》《水乡集》《胡同集》《窑洞集》《胡同99》《胡同12图》
《小方家胡同》等，基本上都是关注区域传统居住区、传统文化的作品，
形成了徐勇独特的中国传统文化摄影叙事风格。

2.2　徐勇创办三轮车胡同游

2.2.1　胡同游创意诞生

摄影集《胡同一百零一像》的成功发行，引起了比较大的社会反响，
使徐勇在摄影圈和文化圈，尤其是在北京的外国人当中拥有了很高的知
名度，这些人开始请他讲述胡同的历史、胡同的文化、胡同的故事，并

有人请求徐勇带他们和他们的朋友到胡同里面看看。

到了 20 世纪 90 年代，在北京的外国人数量庞大，其中有很多人渴望深入了解中国。但当时，外国人要进入到老百姓家，需要经过北京市政府外事办公室批准，再由专门指派的人带着到指定的老百姓家中，看到的是"排练"好的生活表演。除了严格的审批流程之外，在胡同里还有街道组织的联防人员的监督，闻名海内外的"小脚侦缉队"的眼睛也是一道无法逾越的网络。

徐勇在 80 年代末进入胡同进行拍摄的时候，也常遇到街道和居委会人员的盘查，徐勇往往拿出工作证耐心解释，这时候，他的中国脸和北京腔发挥了决定性的作用，凭着"自己人"的身份，他总是能过关，胡同拍摄工作得以顺利进行。《胡同一百零一像》出版之后，在那些强烈地想走进胡同的外国人的眼中，徐勇仿佛就是胡同的代言人，于是很多人请他带着去胡同感受一下。出于对胡同的热爱和对文化传播的责任感，徐勇经常欣然应约，一般都是先带着外国朋友登上鼓楼，讲述鼓楼的历史、北京的中轴线和北京的建城史，再往西俯瞰什刹海，然后沿着烟袋斜街、银锭桥，钻入金丝套，有时候还到老百姓家中看看，再从柳荫街来到恭王府。

这样带领外国朋友步行参观的次数多了，一次走下来需要几个小时，有时候一天要走两次，每次结束都非常累，徐勇有点承受不了。同时他也开始琢磨，这么多人对胡同感兴趣，预示其中蕴藏着巨大商机。于是，他开始策划用传统的人力三轮车作为交通工具，拉着游客串胡同、进四合院，了解除了故宫、长城、天坛、颐和园之外的另一半北京城——复合化的、平民的北京旧城，胡同游作为一个旅游项目创意由此诞生。

2.2.2 胡同游的产品设计

徐勇在不断带外国朋友参观胡同的过程中，萌生了创办胡同旅游的想法，并于 1993 年 3 月，在东城区注册成立了"北京胡同文化游览有限公司"，公司经营的范围主要包括西城区的什刹海和东城区的鼓楼地区。之所以选择在这里，是因为什刹海的胡同保留得相对比较完整，而且比较成规模。北京城的胡同大多都是横平竖直的，呈"井"字形，很多都在新中国成立后的城市建设中变成了交通要道，胡同里的车和人越来越多，破坏了宁静的气氛。但是什刹海由于受到水系的影响，胡同都是斜的，典型的就是烟袋斜街，这种斜向的胡同汽车不便进入，所以得以比较完整、成片地保留。因为什刹海胡同的原生态性、资源组合的丰富性和自然环境的独特性，徐勇把胡同游的主要游览地点选在了什刹海。这个选择，也在很大程度上促进了什刹海知名度的提升。紧接着，他又做了胡同游相关的一系列策划和设计。

（1）改造客运人力三轮车外观。

人力三轮车是老北京传统的交通工具，也是什刹海地区的传统文化符号之一。清末民初，人力车和人力三轮车开始在京城出现，人力车南方称"东洋车""黄包车"，北方称"洋车"，是由日本传入国内的。据记载，1874年，一个日本商人将一辆人力车进献给了慈禧太后，当时人力车的轮子还都是木质的，外面又包了一层铁皮加固，所以人们又称其为"铁皮车"。后来，这种车越来越流行，以至于在车站、饭馆、路口、店铺附近，到处都是人力车。随着人们的需求越来越高，人力车的结构和装饰也在不断地改进，后来就有了"周身铜""黑老虎"等新车型。而人力三轮车是20世纪20年代才传入北京城，30年代才逐渐开始用于营业性的客货运输。50年代到70年代末，随着公共交通的快速发展，北京的人力三轮车市场很快萎缩。改革开放后，北京的人力三轮车数量又有了很快的增长。20世纪80年代初，有部分居民开始自谋职业，从事人力三轮车客货运输，被人们称为"板爷"，随后，大量农民工进入北京，蹬三轮车进行货运成为一种重要的谋生手段，人力三轮车的数量因此急剧增加。但大量三轮车都属于无证经营，给城市的道路交通管理和公共安全带来了巨大的压力，北京市政府在 1987 年出台了针对性的政策《北京市人力三轮车客货运输业管理办法》①，开始对人力三轮车实施"限制规模，严格管理"方针，包括车辆注册管理、从业人员限制、运输经营许可、行驶范围限制等。徐勇发起的胡同游的基本交通工具就是这种在北京有一百多年历史、持续发展又受到严格限制的人力三轮车。当时，普遍的人力三轮车外观是灰色车架、蓝色车厢和蓝白条相间的篷布。徐勇将篷布颜色改成象征喜庆、热情的红色，并在很多细节上进行了精心的符号化设计：黑色车身，红色车篷，车篷背后印着白字"到胡同去"和英文"TO THE HU TONG"。

图 2-1　徐勇团队获得的客运三轮车外观专利证书及外观设计原稿（徐勇提供文件）②

① 1987 年 4 月 10 日北京市人民政府京政发 45 号文件发布，根据 1997 年 7 月 2 日北京市人民政府第 4 号令修改。

② 文中图片除特殊说明外，均为笔者拍摄。

（2）设计车工服饰："车工"即蹬人力客运三轮车为客人提供交通服务的人，在胡同游当中，车工还充当讲解员的角色。一人一车，是北京胡同游的经典招牌。徐勇团队对于车工服饰的设计改进也带着鲜明的中国特色：上装是黄色的马甲，衣襟是三排黑色的布袢，两侧分别由四个黑色的布链相连，马甲的背面为一行红底黄字"胡同文化发展公司"及一个黑色人力三轮车的图样；下装为黑色的灯笼裤；帽子夏天为草帽，冬天则是乌毡帽，极富有中国乡土和市井味道。1998年10月，徐勇为自己设计的三轮车外观和车工的服饰申请了外观专利保护，1999年4月获得了专利局的批准。

图2-2　徐勇获得的三轮车工服装外观专利证书
及设计稿（徐勇提供文件）

（3）安排主游线：北海北门—钟鼓楼—银锭桥—四合院民居—恭王府，徐勇以他擅长的文化叙事的结构设计了胡同游最初的主游线，串联了北京的地标古建、什刹海的标志、四合院、王府大院等代表性的文化资源，能够让游客在最短的时间内了解北京旧城的风景和文化。在之后的经营过程中，根据游客停留时间的长短和游览偏好，游线又进行了多样化的设计，逐渐形成了两条主线、三条支线的结构。

> 胡同游线路的设计，需要有学问和很有感觉的人才能做到。你带外国人旅游，不是简单地走马观花，就如同看一本书，如果要使其有味道的话，它的编排、结构、讲故事的感觉需要有一个起伏、抑扬顿挫的过程。我们最先带游客到鼓楼上看整个北京，看北京的制高点，看北京新与旧的关系，近处是胡同，远处是二环路和高楼大厦，非常清楚，我们在此向游客讲解北京历史文化；然后再下来，乘坐三轮车到银锭桥，那个时候在银锭桥可以看到西山；之后再向游客讲解老北京胡同的文化内涵、历史和什刹海的形成等等；最后再到老百姓家里参观、吃饭、聊天等；最后一站到恭王府，听一段京剧。这种路线设计，我觉得不是一般人能够想到的。①

（4）编写导游词：基于自己对北京历史和胡同文化的了解，又查了大量的相关资料，充分考虑游客的游览期待、游览节奏和游览体验，徐勇亲自编写了什刹海胡同游的导游词。将这份最早的导游词与如今的通用版本以及车工们经过二次加工的各种版本进行对比，笔者发现最初的导游词极具徐勇作为艺术家和文人的个人特色，深入、细腻，善于进行结构性的引导。

---

① 来自田野研究访谈，受访人：徐勇；访谈时间：2013 年 10 月 18 日；访谈地点：北京朝阳望京。

（5）策划深度体验性项目：徐勇发起胡同游的时候，针对的主要对象是外国人，这些愿意来胡同游览参观的外国人文化素质都比较高，所以，最初他打算把胡同游做成少数人参加的高端专项文化体验项目。他精心设计了旅游线路、编写了解说词之后，又走院串户地与居民协商，说服几家居住条件相对较高、素质也比较好的家庭，请他们接待外国游客参观、交流，有的还可以吃饭甚至住宿。另外，他还举办了一些主题活动，比如在郭沫若故居举办文化沙龙，在宋庆龄故居外的草坪上举办西洋音乐会，举行青少年夏令营，后来又在前海水面上开展了"好梦江南"的仿江南的水上游项目。

（6）宣传口号：到胡同去！

徐勇以一个广告人的市场敏感度和摄影家的艺术视角，为胡同游设计了一系列的宣传口号，比如"胡同游、串胡同、逛胡同"，"不到胡同枉来北京"，"不进胡同不知北京"，"您要了解今天的新北京，必须要了解老北京"，"到胡同去"等等，大概有30个，都进行了商标注册。采用最多的就是"到胡同去"，这个口号很感性，既有市场煽动性，又有一种诱惑力。他最初把这个口号印到三轮车后面的篷布上，平面设计也很有特色，红色的顶棚，白色的"到胡同去"的中英文，形象大气而有视觉冲击力。后来有很多商家找徐勇想在篷布上做广告，他都不同意，怕影响胡同游的形象，坚持保留了这个口号。

这个口号在徐勇创办的北京胡同文化游览有限公司一直用了十几年。有意思的是，在后来"黑车"遍地跑的时期，他设计的三轮车外观和车工服饰以及宣传页被争相模仿，但这个口号却没有被抄袭、盗用。

他们没有"到胡同去"，也没有这种意识。一个企业的形象，或者一个成功的商业项目，其实就是一个艺术作品。这个艺术作品从概念到价值观的一切都应该是考虑到其中的。要不然人家都会认为你是虚假的、不真诚的，人家就不会认同你的行为。外国人认同你的胡同游，除了认同这种形式之外，还认同你的价值观。成功的艺术品都是由于你的作品中包含着一种价值观，这种价值观不一定是政治的、社会的，不一定是道德的、责任的，但是它必须有鲜明的形式，这种形式对于社会、对于商业的进步有一种正面的作用，是全社会都认可的。[①]

徐勇的胡同游产品策划、设计，源于他对底蕴深厚、内涵丰富的胡同文化以及北京传统文化的了解，也包含了他对游客期待的预测，按照富有个人特色的叙事风格、叙事手法、叙事结构，为游客，也为政府、媒体、社会大众，包括当地居民，讲述了一个众人皆可参与的北京什刹海胡同游的故事。这个过程中，他运用了艺术手法、商业技巧，并广泛借鉴什刹海之外的传统文化符号，以更加突显其东方特色，成功地吸引游客关注并投入到这项沉浸式的文化体验。

2.2.3　胡同游经营项目的申报

1993 年 3 月徐勇注册了北京胡同文化游览有限公司之后，开始正式经营三轮车胡同游，经历了一个曲折的过程。

胡同游的想法最初并不受欢迎，原因有很多方面。首先就是人们观念上的障碍。在新旧社会对比的线性叙事主导下，形成于旧社会的胡同是落后、破旧的象征，是"见不得人"的地方，尤其是在外国人的面前。其次是安全方面的考虑，出于对外国人的提防心理，害怕他们在媒体上散布各种不利于中国的传言，当时的政策是严禁外国人私自进入民众家中，还有一系列条款对外国人的行动予以限制。诸如外国人要去老百姓

---

① 来自访谈，受访人：徐勇；访谈时间：2013 年 11 月 5 日；访谈地点：北京朝阳望京。

家里去，必须经过外办的批准，由专门的家庭进行接待。此外，在申办旅游公司之后，还有一系列行政方面的审批，条条框框非常多。比如交通工具方面，徐勇要申请一百多辆人力三轮车用作运营，但是现代城市运输体系中，人力三轮车是被淘汰的产品。徐勇回忆，除了这些困难外，当时的压力还来自周围的朋友和家人，很多人说："你是不是有病，北京这么多名胜古迹，胡同这么破烂，怎么会到胡同中来？"[①]

徐勇始终坚信自己的直觉和判断，不断给各个部门呈送报告，陈述对北京旅游结构创新的想法，强调胡同文化的价值。他在报告中诚恳地解释，中国的发展速度很快，但如果外国人不了解中国的历史、城市文化和老百姓生活，怎么能理解今天的中国、今天的北京呢？不同于颐和园和故宫，胡同是中国文化的精髓，是中国形象的活态展示，只有在这里才能发现历史的记忆和生活的气息，感受到富有生命力的北京和充满希望的中国。他利用自己所能发动的所有渠道，去向更高级别的领导送报告，终于打动了市委、市政府的相关领导。由北京市政管委会负责协调东城区、西城区等各个城区的关系，协调公安局、外办、交通局、文化局、旅游局、安全局、运输局等部门的关系，帮徐勇办齐了所有的相关手续，市交通管理部门还核发了胡同游三轮车特许经营执照。

就这样，从 1992 年年底产生创办胡同游的想法开始，历经近两年的时间，1994 年 10 月 4 日，北京首个胡同游项目正式在什刹海启动！一大批顶着红色顶篷的人力三轮车排着队穿梭在胡同里，引起了很大的社会反响。因担心在国庆节期间开启三轮车旅游会造成秩序混乱，北京市和区级安全局、公安局跟进数日，没想到社会反响非常好，给了政府和创办者以很大的信心。

---

① 来自访谈，受访人：徐勇；访谈时间：2013 年 11 月 18 日；访谈地点：北京朝阳望京。

2.2.4　胡同游的火热开启

完全像徐勇所预料的那样，胡同游以其独特的传统和民间文化魅力以及与百姓生活的参与互动性，迅速在北京的文化界、旅游界产生轰动效应，尤其是在外国人中影响极大。外国领事馆的工作人员及他们的家人、朋友，外国驻京的各类媒体工作者以及留学生等等，争相到胡同里来，国际上各种主流媒体先后进行了报道，包括《纽约时报》、《华盛顿邮报》、《基督教尊严报》、德国电视一台二台、日本的共同社和朝日新闻以及英国多家媒体等。国内外各报纸、杂志，包括《中国日报》《北京晚报》《北京晨报》《北京纪事》《北京日报》《北京旅游报》《北京青年报》《中国旅游报》《人民日报（海外版）》《文汇报》《南方周末》等，也都广泛报道了北京开启胡同游的新闻。在他们看来，胡同游不仅是一个旅游项目，而是北京乃至中国对外开放的一个标志，是观察中国和北京的一个窗口，一支温度计，体现了中国在新时代的文化自信心和自豪感。

　　　　胡同是北京人文历史的博物馆，是北京人传统生活方式的活画廊，北京人衷情自己的胡同，外国人喜爱羡慕我们的胡同，因为这里头充满了人世间的真情。如今，我们的胡同又有了自己的文化发展公司，能让更多的人来了解胡同，保护胡同，它能让久居胡同的老北京们大吃一惊："嗬！敢情咱们住的这小胡同这么金贵招人呐！"①

胡同游的火爆，对中国人如何看待自己的传统社区和民间文化也带来了很多新的启发。1997 年，对胡同游的开办给予了很大支持和鼓励的时任北京市委副书记的龙新民，邀请北京市外办和宣传部，以及北京多

---

① 周家望．洋人、洋车、胡同游 [J]．北京纪事，1994 (12):48–50.

图 2-3　胡同游启动时期的媒体报道摘选（徐勇提供）

家媒体和使馆的外宣人员共同到什刹海体验胡同游，感受传统居住社区的人文风情，一时被传为佳话，也给了徐勇非常大的鼓励。

胡同游也促使政府、专家、媒体舆论开始重新反思老城区的保护和开发问题。1984年，西城区政府委托清华大学编制《什刹海历史文化旅游区总体规划》，1992年9月，总体规划被批准，北京市政府确定将什刹海周边地区命名为"什刹海历史文化旅游风景区"。后来，清华大学又接受委托做什刹海地区的控制性详细规划，在规划的许可下，后海北沿的居民社区大部分被拆掉，重新盖起了"标准的传统格局的四合院"。根据这个理念，下一步，后海南沿以及什刹海的其他区域，除了文物保护单位之外，大多都是拆迁对象，都将被翻建成崭新的、具有传统风貌的四合院。但在这期间，社会对于文化传统的态度发生了很大的转变，媒体、学者纷纷呼吁保护民族记忆的根。以徐勇为代表的旅游经营者、民间知识精英反复不断地呼吁保护胡同，保护旧城，给北京留下代表平民生活的文化遗产。据徐勇回忆，他曾多次找到当时负责编制规划的清华大学建筑系陈光中等几位教授，沟通自己的想法和理念，提醒如果胡同被整体翻建，什刹海的历史价值、传统韵味必然会整个地遭到破坏，将给北京旧城造成不可逆转的历史性遗憾。2002 年，北京市政府正式批准《北京旧城 25 片历史文化保护区保护规划》，"什刹海历史文化保护区"也被正式批准设立，这个以古迹保护、风貌保留恢复为主导思想的纲领性法定文件，一直到现在都是什刹海区域的管理与建设依据。该规划在"保护规划与管理的配套措施"一节里对胡同游的价值给予了充分的肯定。[1]

　　1997 年，为了扩大什刹海胡同游的经营格局，徐勇组织开发了前海中心的荒岛，建成一家 700 平方米的酒吧，举办了多项文化活动，如水上传统婚礼，通过"好梦江南"游船来经营，是与胡同游配套的水上游线路。20 世纪 90 年代，徐勇的公司每年能接待十几万游客，几乎全都是外国人，其中以欧美和日本、韩国游客为主，他们对进入北京的传统生活区抱有莫大的兴趣，同时对徐勇设计的富有中国特色的深度体验产品很能接受，评价很好。

　　徐勇的胡同旅游形象设计和产品策划，非常鲜明地运用了"符号"的意义和价值，色彩、服饰、命名、服务细节，无不突显了"中国味儿"。他对符号的抽取、再设计和利用并不仅限于什刹海或者北京本地的传统，而是一种市场针对型（主要针对外国游客）的设计经营，在游客群体中引起了强烈反响。同时，在很大程度上，对于国内对胡同的认知以及胡同居民的自我认同也起到了一定的作用。但符号的抽取、编码、表现与

---

[1] 北京市规划委员会、清华大学建筑学院城市规划系.北京旧城 25 片历史文化保护区保护规划（什刹海地区）[M].北京：北京燕山出版社，2002.146.

运用不是一个简单的从生产者到接受者的单向关系，而且生产者与接受者本身也是多元化的，所以胡同游初期对于文化符号的再生产存在着多种解读和复杂的考察空间。

胡同游的快速发展，逐渐带动了什刹海的恭王府、郭沫若故居、宋庆龄故居等景点，到 2003 年，基于北京市民对户外活动的需求，酒吧街又开始兴盛起来，这片蕴含着浓郁的老北京文化味道的传统社区彻底热闹起来，胡同游本身也被视为香饽饽一般的好生意，疯狂扩张。

2.3 胡同游进入无序扩张

从 1998 年开始，胡同游经营开始出现多家效仿者，无序经营的状况已经达到了比较严重的程度。政府部门的职责不清导致的管辖混乱、管理部门具体工作人员的利益干预造成的市场扰乱、其他经营主体看到胡同游的巨大利益后争相效仿带来的不良竞争，还有许多个人也趁乱购置三轮车参与胡同游生意的抢占，在多方力量的"共同参与"下，2000 年前后，什刹海的"黑车"（没有取得合法的运营资质和胡同游经营权的三轮车）一度达到了 1200 多辆，在交通、噪声、物价、语言文明等方面造成了负面的社会影响，胡同居民、文保部门、游客以及媒体学者都对此提出了强烈抗议。

2.3.1 管理部门态度的转变

在胡同游开展之前，政府的各个职能部门在什刹海地区的管理职责范围划分比较清晰，但随着旅游带来大量人流、车流以及媒体和社会关注度的提升，管理的压力不断增大，遇到的新的管理难题也持续增加，而且也会产生由管辖范围带来的利益范围的重新界定，所以，胡同游从政府部门管理上就开始逐渐混乱，也给经营企业带来了各种新增的困扰。

　　同时，随着胡同游的扬名，常有国际政要或商界名人来什刹海参观，给地方政府的具体工作人员增加了很多工作，对他们来说，这都是由胡同游带来的额外工作量。特别是街道和公安部门，每次接待都要专门在卫生、安全、秩序方面做大量工作，三步一岗五步一哨的服务、保障，街道主任、派出所所长都得亲自到重要的节点去执勤，但胡同游经营公司的三轮车却照常大摇大摆地行驶，久而久之，经营者与基层管理者之间就会出现一些矛盾冲突。

　　后来，胡同游经营公司逐渐开始按规定向相关部门支付各种费用，比如保洁费、垃圾清运费等，但矛盾依然很难减轻，而深究起来，其核心问题是"胡同"作为核心资源的使用权问题，尚未得到明确的界定和妥善解决。

2.3.2　非法经营的干扰

　　1998 年，什刹海开始出现非法经营胡同游的三轮车。当时北京还有很多三轮车，西城区、东城区都有自己的三轮车管理站，客运三轮车有天蓝色的棚子、天蓝色的车身，一些人看到用人力三轮车拉游客也是一条快速赚钱的途径，就有一大批个体户开始抢占胡同游的客源。

　　2000 年前后，什刹海地区的三轮车个体经营者甚至形成了一些小团伙，相互之间争抢地盘，打架闹事，影响恶劣。这种混乱也给什刹海的治安、管理和老百姓的生活造成特别大的影响，在北京市公安局的整治下，混乱局面才有所好转。

　　我跟这些非法经营者打交道不行，有一段时间我神经衰弱得特别厉害，就是因为"黑车"太多了，老百姓也和我们产生了一些矛盾。那个时候我住望京，每天上班心里都心惊胆战的，每天下班就特别痛

快，就像小学生放学一样。那个时候用的还是 BP 机，我每天特别怕
BP 机响，一响就是出什么事儿了，一响就是怎么刮了老百姓、刮了
小孩儿，或者和"黑车"打起来了。哎呦，心绪乱的，那我怎么受得
了啊，你怎么工作，这个事儿没法管了。①

徐勇是摄影师出身，最初创办胡同游虽有其商业考虑，但也是想将
其作为一种深度体验北京传统文化的产品进行推广，走精品化、深度化
甚至高端化的路径，但这个创意在获得巨大的商业收益之后，各种经营
个休、群体纷纷效仿，川通过各种途径大摇大摆地进入经营队伍，一方
面大大降低了胡同游的品质，另一方面也严重伤害了创办人的感情和利
益。出现这种状况的根本原因，在于胡同游资源本身的开放性。作为开
放性的社区旅游，胡同游进入门槛低，也不能保证某一经营主体资源独
享，而且资源的公共性又让这种"独立经营"的局面缺乏法理支撑。

2.3.3　我国首例文化旅游反不正当竞争官司

1999 年 9 月，在荷花市场前的小广场上，停了几十辆与徐勇的胡同
文化游览公司旗下三轮车几乎一样的车，尤其是经徐勇特别设计的红色
的三轮车顶篷，车工穿着也与徐勇的车工一模一样。他们公开大胆地进
行胡同游的经营，而且在揽客的时候模糊其词，让游客分不清不同公司
之间的区别。徐勇尝试通过法律的途径解决侵权问题。在起诉过程中，
他选择了"外观专利权"进行法律维权。2000 年 11 月 28 日，北京胡同
文化游览公司以被告方全套仿冒外观、抢夺客源、误导游客、损害原告
形象和声誉等为由向北京市第一中级人民法院起诉了北京四方博通旅游
文化发展有限公司，要求后者停止侵权，并赔偿因此所带来的一切经济

---

① 根据田野访谈，访谈对象：徐勇；访谈时间：2013 年 9 月 27 日；地点：北京朝阳区望京。

损失。由此，我国首例文化旅游反不正当竞争官司正式打响。

据《中国教育报》2003 年 1 月 31 日第 5 版等的相关报道①，经过听取双方陈述和实地调研，依照《中华人民共和国反不正当竞争法》第二条、第五条第（二）项、第二十条的规定，2001 年 11 月 27 日，北京市第一中级人民法院做出了一审判决：

> 一、被告北京四方博通旅游文化发展有限公司自本判决生效之日起，立即停止使用与原告北京胡同文化游览有限公司相近似的人力三轮车外观及车工服饰；
>
> 二、被告北京四方博通旅游文化发展有限公司赔偿北京胡同文化游览有限公司经济损失 8 万元（于本判决生效之日起 10 日内支付）；
>
> 三、驳回原告北京胡同文化游览有限公司其他诉讼请求。案件受理费 12 970 元，由原告北京胡同文化游览有限公司负担 5180 元，被告北京四方博通旅游文化发展有限公司负担 7790 元。

这个案子当时在文化界、旅游界、法律界引起了广泛关注，还作为当年知识产权方面的一个经典案例广泛讲述，媒体给了徐勇及其发起的胡同游以巨大的支持，让徐勇和他的团队感到非常欣慰。但实际上，官司的胜利并不代表能够扭转这种不正当竞争大行其道的现实，这家公司被取缔了，"但是无数的黑公司跟上来了"。②什刹海的这种混乱的抢客、截客、拉客局面愈演愈烈。徐勇和他的胡同文化游览公司无力招架，只能不断地调适自己的角色和经营策略。

---

① 田浩. 天平上的"胡同游"——中国首例文化旅游反不正当竞争案 [N]. 中国教育报，2003-01-31(5).

② 根据田野访谈，访谈对象：徐勇；访谈时间：2013 年 9 月 27 日；地点：北京朝阳区望京。

2.3.4 资产重组，北京胡同文化游览有限公司成立

2001 年，北京旅游产业的国有企业首都旅游集团主动与徐勇联系，想与其合作共同把胡同游项目做大。这个战略目标与徐勇不谋而合，在当时的管理混乱和不正当竞争带来的各种困境下，徐勇非常积极地转让了部分股份，胡同文化游览公司进行了资产重组。7 月 27 日，由北京首都旅游股份有限公司（首旅集团旗下企业）、北京胡同文化游览有限公司（徐勇于 1993 年创立）和北京三海投资管理中心（代表西城区园林局）三家共同投资重组的"北京胡同文化游览有限公司"签字仪式在北京宋庆龄故居举行，重组后的企业由首旅集团占 34% 的股份，西城区园林局和徐勇各占 33% 的股份。这个重组在当时的什刹海引起了很大的反响，三家拥有强大实力、在胡同游开发上各有优势的企业强强联手，更好地保障了胡同游高品质地、健康持续地发展下去。

当时，在徐勇看来，通过吸收政府股份、国企股份，相当于为自己和自己的企业找到了后盾，他就可以在这个地方真正地站稳脚跟；而且首旅集团每年有大量的地接业务，如果以北京胡同文化游览有限公司为胡同游的必选或者首选接待单位，客源就有了基本的保障；区园林局代表区政府成为企业的股东，也一定会在资源、政策、管理等各个方面提供支持，保障胡同游业务的顺利开展。这种设想在资产重组后一段时间内有明显的体现，业务的开展显得比较顺风顺水。

但是这样的好日子没有持续太长时间。首先是首旅集团没有按照预想的那样把地接团都带到胡同文化游览公司接待，因为集团旗下有上百个门市部，有几十个独立核算主体，他们一定是要坚持市场导向的，基本上还是采用低价策略。具体到胡同游来讲，还是谁报价低就把团交给谁。然后是随着相关部门领导的不断更换，首旅集团强大的实力也无法得到足够的政策保护。而且虽然这个公司有政府的股份，但这些收益大多被用到了公共服务、园林维护等方面。

　　强强联合组建而成的大资本公司，在什刹海胡同游的发展史上像一朵美丽的浪花，泛起了层层涟漪，但很快就淡化消失了。很大程度上，按照"丛林法则"生存发展的胡同游，到了 2008 年北京奥运会前夕，通过政府一系列大刀阔斧的改革，尤其是特许经营的开始，得到了根本的改变。

2.4 《北京奥运行动规划》实施，胡同游开始特许经营

2.4.1 《北京奥运行动规划》的实施

　　2001 年，北京获得 2008 年夏季奥运会主办权，成为影响北京现代城市史的一个标志性事件，此后长达 7 年多的时间里，北京的各项建设和发展都紧紧围绕着"如何成功地举办一届与众不同、令人难忘的、成功的、绿色、科技、人文的奥运会"进行。2002 年，北京市政府和北京奥组委发布的《北京奥运行动规划》称"从现在起，北京市将进入一个以筹办奥运为特色的加速发展时期"。① 在中央政府的引导和北京市委、市政府的主导下，整个北京投入到史无前例的各项奥运引导的建设发展中去，以什刹海为代表的北京旧城区的一系列大规模的改造、设施提升行动大多在筹备奥运会期间促成。

　　《北京奥运行动规划》中提出："文化是现代奥林匹克运动的重要组成部分，要充分展示我国五千年传统文化的优秀成果和北京的历史文化名城风貌，使东方神韵与现代奥运完美结合，为奥林匹克精神输入新的内涵。"② 作为保护并展示历史文化名城风貌的一部分，什刹海地区的古建修缮工作被重点提了出来，要求要创造良好的文化旅游环境，搞好旅

---

① 中国建设信息编辑部 . 北京奥运行动规划 [J]. 中国建设信息，2002 (7):61-63.
② 中国建设信息编辑部 . 北京奥运行动规划 [J]. 中国建设信息，2002 (7):61-63.

游街区的整体规划，形成精品旅游线路。紧接着，北京市又制定了多项专题规划，西城区也相应地制定了一系列实施性的规划。

经过多项规划和专家、领导、居民的调研和研讨，政府将什刹海定位为"居住区、文保区和旅游区"，针对居民、游客、商户、单位及文物古迹等，有不同的管理部门，存在比较明显的多头管理现象。2007年西城区委、区政府对该地区的管理体制进行调整，什刹海管理处事业部分划归街道管理，企业及经营资源全部划归西城区园林市政服务中心，什刹海风景区管理处全面履行风景区内的保护、监督、建设等职能。前面所述的代表西城区政府入股胡同文化游览公司的就是西城区园林市政服务中心所属的北京三海投资管理中心。在基本捋顺管理体制的情况下，全面实施了什刹海"保护景区传统风貌""完善市政基础设施""合理组织交通系统""综合整治环湖景观""完善旅游配套设施"等综合整治工程。地区的道路整治、厕所垃圾箱等公共卫生设施的增设、煤改电的实施都逐项落实开展，居民的生活环境和基础设施条件得到了明显的改善。同时，什刹海胡同的景观也在统一规划的指导下得到整改提升，在胡同游的主游线上，政府出资对院落的外墙，也就是形成胡同的墙壁进行了装饰性改造，统一贴上灰砖材料，并给出补贴，要求住户对大门和门头进行翻新、维修，而对于没有处在主游线上的胡同外墙则采用刷灰色石灰粉的方法突显其整体色调和历史感。《什刹海风景区工作报告（2010）》中总结2008年以来的三年工作，提到一项重要的工作成果：改造烟袋斜街和护国寺街两条特色商业街，路面铺装800余米，立面修缮180余家，灯光牌匾改造140户，腾退居民69户，在烟袋斜街建立一处历史文化博物馆。两条街在复古工程上最大的亮点是街区立面全部用古砖切片修葺，古街风格凸显。① 经过穿衣戴帽、改头换面后的胡同，看起来整齐、统一

---

① 北京西城区什刹海风景区管理处.什刹海风景区工作报告（2010）.管理处工作人员提供.

且透露着积极的生活气息，但同时，一些长期生活形成的味道和历史的痕迹却被整修掉了。木头门上长期形成的包浆被崭新的朱红色油漆遮盖了，甚至连窗户也刷上了红漆，经过长期风雨侵蚀而斑驳陆离的墙面也穿上了整齐的新衣。

2.4.2 什刹海胡同游特许经营开始

2008 年 5 月 12 日，北京市西城区什刹海地区人力客运三轮车胡同游特许经营项目正式启动，这是全国首例利用胡同资源进行特许旅游经营的项目。"政府特许经营"在本质上是政府的经营许可，通过市场化的手段，提高公共事业经营或者公共资源开发的效率，减少政府建设经营成本，提高综合效益。这种方式在 20 世纪 80 年代末开始在我国实施，2003 年，北京市政府开始在市政设施的建设上引入特许经营模式，2004 年，北京市人大常务委员会修订颁布的《北京市旅游管理条例》第四十二条规定：在旧城内，对利用胡同资源开展旅游经营活动的，实行特许经营。① 为了细化该条规定，2007 年 8 月 1 日，北京市人民政府第 69 次常务会议审议通过《北京市人力客运三轮车胡同游特许经营若干规定》（北京市人民政府令 193 号）②，自 2007 年 10 月 1 日起施行，该文件对胡同游特许经营的实施流程、实施主体、实施办法、协议内容及其执行等问题进行了明确的规定，成为什刹海进行胡同游特许经营的基本法律依据。

西城区政府制定《什刹海地区人力客运三轮车胡同游特许经营管理办法》，并于 2007 年 12 月，开始面向全社会对什刹海地区的胡同游项目

---

① 北京市人大常委会.北京市旅游管理条例（2004 年修正本）[Z].北京：北京市人大常委会，2004.

② 北京市人民政府.北京市人力客运三轮车胡同游特许经营若干规定 [Z].北京：北京市人民政府，2007.

实行特许经营招标，招标公告规定：

> 考虑什刹海地区道路、居住的实际情况及对什刹海历史文化风貌的保护，西城区对人力客运三轮车实行总量控制，限定在 300 辆。什刹海地区人力客运三轮车胡同游的经营地域范围为鼓楼西大街（德胜门内大街北口至鼓楼）以南、地安门外大街（鼓楼至地安门路口）以西、地安门西大街（地安门路口至厂桥路口）以北、德内大街（厂桥路口至德胜门内大街北口）以东围成的指定区域，行驶路线为两个环形线：分别为前海西街——前海北沿——后海南沿——柳荫街（走支线从十三中东门前通过）——前海西街，形成第一条环形线路；第二条环形线路为前海西街——前海北沿——银锭桥——后海北沿——野鸭岛折回经银锭桥驶入第一条线路——后海南沿——柳荫街（走支线从十三中东门前通过）——前海西街。此外，还有两条线路作为第一条、第二条线路的支线：前海西街——南官房南口——（右转）南官房东路——进入第一条环线主路；前海西街——南官房南口——（左转）毡子胡同——大翔凤——柳荫街进入第一条环线。[①]

2008 年 1 月 24 日，什刹海胡同游特许经营第一期招标工作正式开标，北京胡同文化游览有限公司、北京芳华庭旅游文化发展有限公司、北京市柳荫街胡同游文化发展有限公司、北京三海炎龙文化信息咨询有限责任公司、北京柳荫信息咨询服务有限公司等 5 家公司中标，按照企业实力和申报情况分配了 300 辆车的名额，每辆车每年向特许经营办公室缴纳一定的费用。之后，特许经营办公室对车工人数、岗位调整、车辆装饰、新旧车更换等工作进行了协调和部署。什刹海风景区管理处专门设

---

① 北京市西城区什刹海风景区管理处.什刹海地区人力客运三轮车胡同游实施特许经营的招标公告［EB/OL］, http://www.bjztb.gov.cn/zbgg/200712/t202966.htm, 2007–12–24.

立了三轮车胡同游特许经营的常设管理机构"人力客运三轮车胡同游特许经营管理办公室"，协调交通、公安、城管、工商等职能部门的日常管理，并建立了政府承诺保障机制和"三制合一"的企业义务履行机制，政府承诺，在特许经营期间，不允许中标企业以外的其他单位和个人进行胡同游经营。[①] 当年的 5 月 12 日，以特许经营方式亮相的 300 辆带有"团龙纹标识"、统一编号的牌照的人力客运三轮车驶入什刹海胡同，什刹海胡同游在经营管理机制上进入了一个新的探索和运行期。

图 2-4　2014 年实行的什刹海三轮车胡同游线路

---

① 宋冰.政府特许经营若干问题研究——关于"什刹海胡同游"政府特许经营的实例调查 [J].
北京行政学院学报，2008 (6):83-87.

　　西城区对什刹海胡同游实施特许经营，一方面是为了从管理和经营机制上根本解决该地区胡同旅游开发中的混乱、无序、超负荷状态，这种状态对居民生活、文化保护、景观风貌、区域生态以及对外形象都造成了非常恶劣的影响；另一方面也是为了探索一种政府管理、企业经营、游客游览、居民生活与文物保护等多重关系良性互动的发展模式，为北京旧城其他地区的类似经营管理探索经验；更为紧迫的，是为奥运会期间的贵宾接待、特色接待以及向世界展示北京人文历史传统做好充分的准备。胡同游实施特许经营，实际上就把胡同及其串联的四合院、文物古迹、三海水景等公共资源纳入到政府管理之下，企业实行有严格约束、有偿、实时监督，三年重新招标洗牌的经营。原来作为唯一合法、证照齐全的北京胡同文化游览有限公司在这个特许经营的重大改革中，失去了其唯一性，被平等地放到统一的平台上，按照政府规定的程序和要求参加招投标工作；并将多年来创造和积攒下来的经营经验，包括外观设计、形象口号、游览线路、游览产品、经营策略等拿到特许经营的框架内公开分享。徐勇考虑到胡同游的可持续健康发展，接受了新的政策，带领自己的团队参加了第一次投标工作，并重新获得特许经营权。

　　北京胡同文化游览公司经过胡同游特许经营招标之后，原有的130辆人力客运三轮车被压缩到60辆，虽然直接损失较大，但从长远来讲，经过整顿和重新洗牌、严格监督管理的胡同游，整体品牌形象和经营效益提升了，他们实际上也能从中获益。而且，相比原来将近2000辆车中的130辆，现在的60辆车已经保证了他们在特许经营的300辆车中的绝对优势。在这个过程中，政府也以安全管理、市场监督等方法对什刹海的水上游进行统一管理，徐勇也放弃了前后湖心岛的经营权、"好梦江南"摇橹船等项目。在胡同游特许经营筹划、公布之初，政府、媒体和众多的经营者最关注徐勇及其公司的态度，曾经多次找徐勇试探，他曾有过郁闷，但心里清楚特许经营是大势所趋，也是解决混乱经营状况的最佳选择。

在这场特许经营的变革当中，充满着政府政治力量、三轮车经营各主体（企业、个人）之间的猜测、博弈、对立与妥协，最终开启了一种新的经营机制。专家学者、公共媒体在这个过程中也广泛地参与，以各种声音出现在这种利益博弈和制度探索当中。而居民及其日常生活与文物古迹、水文景观等共同作为资源被审视、谋划、估价，游客也同样作为一种可预期的收益来源被通过经营能力的方式来瓜分。车工、导游等具体的胡同游工作人员在这个阶段是更下一层面的隐形参与主体，在大的经营和利益分配格局确定了之后，政府与经营主体形成统一的联盟共同面对车工的去向、车辆的置换与重新分配、导游的招聘与上岗等诸多问题。这个过程是复杂、变动的，多元主体之间的互动是多样化、多向度的，不同的主体在这个权力场域中的力量是不均质的，也不是同时发力的，他们的交互叙事共同推动了什刹海胡同游的整体发展。

特许经营开始以后，徐勇退出了什刹海胡同游的日常经营。他与另外两个股东商议，将公司的经营承包给一个在什刹海地区经营多年的东北人王辉，由他统筹、负责公司经营，每年向股东会缴纳一定的承包费，由首旅集团、北京三海投资管理中心和徐勇组成的股东会则实行监督、管理职能。王辉原来在什刹海经营钓鱼和冰场项目，思路比较灵活，跟政府、居民、游客和其他经营者处理关系的手法比较多样，能够适应胡同游竞争的"丛林法则"，保证了北京胡同文化游览公司在竞争日益激烈的情况下常年居于优先地位。

2008年，第29届奥运会的成功举办，让北京赢得全世界的瞩目与惊叹，尤其是其中展现出来的传统与时尚相融合的文化古城的魅力让人难忘。经过特许经营改革的什刹海胡同游在奥运会期间也接待了一大批有影响力的特殊游客，也积累了高端客户的接待经验，增强了发展信心。

奥运会过后，西城区政府进一步提出了要把什刹海打造成首都城市休闲产业示范区（首都传统风貌 RBD）和传统文化创意产业集聚区，有效促进什刹海地区成为中国一流的人文生态保护区和北京作为世界城市对外展示的示范窗口，彰显什刹海这一品牌文化。[①] 在此目标的指引下，胡同游、酒吧、商街、水上游、餐饮、景点等各类业态进一步发展，政府又组织专家和专业技术人员制定了一系列的相关规划，以统筹引导、科学发展。目前，在什刹海的整体经营格局中，胡同游成为主要以接待外地人、外国人为主的，展示北京旧城风貌和传统居住环境以及平民生活状态的主题项目，与以主要接待本地人为主，以体验时尚风情的酒吧街形成鲜明对比，加上获得国际高度关注的商业街改造复兴项目烟袋斜街，共同形成什刹海的三个旅游商业经营主力军。

借助奥运会，什刹海胡同游实现了从混乱到有序、从单纯行政手段强制管理到综合市场化手段科学管理的变革，但最初设想的胡同游高端化、深度化的方向，却未能同步实现。在什刹海还是存在少量无照经营的电动三轮车，基本都是由本地居民驾驶，利用低廉的价格吸引对此地一无所知的游客，但毕竟，这些"黑车"已经无法成为主流。另一方面，由于多家公司为了抢占客源而进行的低价竞争，直接影响到胡同游的接待品质，也最终伤害了游客体验的满意度，并进一步伤害到了胡同游的声誉和品牌。国际政要和商界巨子这几年也鲜有到访了，胡同游真正地进入了靠营销和服务取胜的大众化时代。

小　结

什刹海胡同游从 1993 年 3 月正式发起到现在，根据其发展的状态可

---

① 北京西城区什刹海风景区管理处.什刹海风景区工作报告（2010）.管理处工作人员提供.

以概念性地画出这样一条发展脉络：发起时期的试探与奔走——启动时期的新鲜与轰动——"黑车"涌入造成的混乱经营期——2008 年开始的特许经营期。本章以胡同游创始人兼主要经营商徐勇的经历为线索，梳理了什刹海胡同游的发展历程，在特定的政治、社会、文化语境下，政府、经营者、媒体、学者、车工、导游、居民、游客等多元复杂的叙事主体通过发展旅游，对什刹海民俗文化进行了再生产。在这个过程中可以发现：

第一，胡同游的产生，是伴随着改革开放的进程而兴起的，国家、政治、社会的发展状态是决定胡同游产生与发展的总体环境，也从根本上限定了它产生的时间和机遇，而全球化时代的集体怀旧以及消费型社会的文化体验消费需求最终促成了胡同游这样一种都市民俗文化旅游项目的产生。

第二，胡同游的形成过程，是以徐勇为代表的旅游开发者在市场经济体制下主动出击、谋求发展的过程。市场经济的发展鼓励现代旅游业的兴起，他们能够从社会环境中寻找商机，审时度势地推出胡同游产品，并不断迎合市场需求逐步完善提升。正是改革开放后市场经济体制的建立赋予了个人在开放、广阔的市场中博弈的活力。

第三，在胡同游产生、发展的过程中，多个主体参与其中，某些时候表现出角色集体性，而更多时候，又有强烈的个性化行为展现。在具体事务中，集体、类型化的主体全体诉求与内部个体的诉求不完全一致，甚至有时候会产生冲突。这些主体之间以及主体内部的个人之间的权力行为充满差异性甚至矛盾性。政府、经营者、游客是主动的、强势的主体，车工、导游是位次相对较低的主体，居民的声音经历了一个由弱到强的明显的演变过程，媒体、专家学者则是隐性但力量不容小觑的周边群体。叙事主体在实施权力行为时，会互相想象、试探、斗争、协商、妥协、合作，而且这种叙事关系并不是僵化的，而是会随着外部条件的改变或主体需求的改变而变化，他们在具体的一件件事务中进行权力展演和交叉互动，体现出充分的个体性和变动性。但因为掌握资源的不同，这些叙事主体的地位并不平等，而且实施权力行为的环节或者机会也完全不同，呈现出一种交互凝视的关系。

第四，在民俗文化再生产的过程中，各个叙事主体都采取了符号化的生产策略，他们基于对当下旅游消费特征的把握和文化宣传的要求，从什刹海、北京，甚至超出地域范围的传统文化中抽取符号，进行再次编码、重新设计。值得注意的是，这些代表传统文化的符号本身有可能就是现代媒体和消费社会发明的。文化符号元素的抽绎、编码、再生产，符合了消费社会中旅游市场的需求，也把街区或者传统社区、传统文化本身客体化了，使它们呈现出多来源、多含义的文化符号的嵌合体的模样，这是一个民俗主义的过程。

第五，诚如阎云翔所言，伴随着市场经济体制的建立，个人主义成为这个社会重要的现象，个人的欲望不仅在家庭生活中占据着主导性的位置，更是成为市场经济上人际交往的重要原则。[1]什刹海胡同游的兴起吸引了大量主体的参与，对于个人利益的过度诉求使得不少人违背市场竞争中的规则，并导致了胡同游无序、混乱的市场环境。

第六，尽管市场经济体制赋予了胡同游开发的合理性，但是这种旅游资源的开发是在国家主义、民族主义的指导下实现的。[2]什刹海作为首都的重要组成部分，其旅游开发服务于国家和首都形象的建设，并始终以此作为发展目的。正因为如此，才会出现胡同游发起时期的奋力探索、奥运行动计划中的特许经营，以及新发展时期的不断创新变革。

---

[1]　阎云翔. 陆洋. 等，译. 中国社会的个体化 [M]. 上海：上海译文出版社，2012.11.

[2]　Jarman N. Displaying Faith: Orange, Green and Trade Union Banners in Northern Ireland[M]. Inst of Irish Studies, 1999, p.267.

第三章　特许经营：　政府的管理叙事

本章从北京市政府 193 令开始，梳理了胡同游特许经营管理的过程、方式、效果及其关键管理工具，西城区什刹海风景管理处特许经营管理科作为政府管理的代表机构，通过制定标准、实施方案、特许经营招标、合同管理、车工培训、组织车工上岗考试、电子与人工点位值守结合的过程监控、北京市政府服务热线"接诉即办"机制的落实等，不断规训着什刹海胡同游的发展，是什刹海民俗文化再生产的主导力量。

3.1　北京市政府令：
对三轮车胡同游实施特许经营

2007 年 8 月 26 日，北京市政府发布《北京市人民政府令》（第 193 号），公布《北京市人力客运三轮车胡同游特许经营若干规定》（以下简称《规定》），并自 2007 年 10 月 1 日起施行。规定中所称胡同游特许经营，是指取得特许经营权的经营者在一定期限和区域内，利用胡同资源为旅游者提供乘坐人力客运三轮车（以下简称三轮车）游览服务的经营活动。

《规定》中要求区政府负责制订特许经营实施方案，包括：项目名称；实施机构及其权限、职责；区人民政府所属相关管理部门的职责；经营区域、行驶路线、固定与临时停车场（站）；三轮车的控制总量；特色经营者应当具备的条件和选择方式；价格测算、投资回报和特色经营权使用费；特许经营者的主要权利和义务；经营期限以及续约方式；保护文物、环境以及维护交通秩序等方面的措施；政府承诺和保障；其他事项。并强调该方案应该在征求当地居民的意见后上报审批。《规定》要求从事胡同游特许经营的三轮车应当符合特许经营协议确定的运营标准、安全标准、外观标准，并在显著位置喷涂、悬挂统一标识。驾驶未取得行驶牌证和特许经营证件的三轮车从事胡同游经营活动的，由城市管理综合执法部门按照国家和本市有关无照经营查处取缔的规定进行处罚。

该令下达之后，西城区积极行动起来，制订了西城区的《人力客运三轮车胡同游特许经营方案》。2008 年 5 月 6 日，北京市公安局公路交通管理局发布《关于西城区什刹海地区部分道路开设人力客运三轮车胡同游特许经营区域的通告》，决定自 2008 年 5 月 19 日起，在西城区什刹海地区部分道路开设人力客运三轮车胡同游特许经营区域。

3.2　什刹海三轮车胡同游的特许经营过程

2008 年，在北京市西城区什刹海风景区管理处下设"什刹海地区人力客运三轮车胡同旅游特许经营管理办公室"，也称"北京市西城区什刹海风景区管理处特许经营管理科"，统一管理特许经营事宜。

2008 年，什刹海地区三轮车胡同游特许经营开始第一期招标，三年一个周期，分别于 2011 年、2014 年、2017 进行了第二期、第三期、第四期招标，2020 年，因为疫情的影响，推迟一年，于 2021 年 5 月完成了第五期招标。第一期中标有 5 家公司，共 300 辆车；第二期中标有 9 家公司，共 300 辆车；第三期中标有 7 家公司，共 300 辆车；第四期 5 家公司中标，共 240 辆车；第五期 5 家公司中标，共 180 辆车。目前这 5 家都是连续多期中标的有经验的企业。

特许经营招标过程中，对于报名条件和打分标准的设置，体现了政府的管理意图，比如要求投标企业注册资本金不低于 150 万元，制订完善的人力客运三轮车胡同游经营计划，配备包括英语在内的三种语言以上的外语导游员，导游人员须具备北京市旅游局颁发的导游资质证书；应当在特许经营区域内设有不少于 30 平方米的固定办公场所和不少于 150 平方米的人力客运三轮车路外封闭型集中存放场地；应当有从事人力客运三轮车胡同游业务的经验，经营状况良好。其中既有对企业实力的普遍性要求，也有针对胡同游业务而在办公条件、经营经验、服务与讲解能力方向的要求。对于导游人员的专门要求，说明了从管理者的角度，对胡同游除了人力三轮车的形式体现之外，对于文化内涵展演的重视和要求。而笔者在田野研究中发现，以上要求在实际执行中存在偏差，这一点会在后面的专题中讲述。

特许车辆数量总体来说逐渐下降，到 2023 年控制在了 180 辆，分配情况为：北京什刹海古韵风情胡同文化发展有限公司，50 辆；北京胡同文化游览有限公司 45 辆；北京柳荫信息咨询服务有限公司 35 辆，北京三海炎龙文化信息咨询有限责任公司 30 辆，北京银桥聚翠胡同文化发展有限公司 20 辆。这个数量是在综合计算了三轮车胡同游线路的承载力、年度游客量、高峰期游客量、各公司经营能力等的基础上确定出来的，经营者普遍认为这已经是市场需求量与精品服务要求之间平衡的临界点了。胡同游特许经营从治乱到规范、提质、升级、联动深挖，在一个长时间段内不断变化调整。

3.3 从"48条"到"58条"：
特许经营违约计分标准的规训力

在笔者对什刹海人力三轮车胡同游的特许经营企业和车工进行访谈的时候，他们都会提到"48条"，诸如线路不能乱走、费用不能乱收、讲解不能乱说、车辆不能乱停等，他们往往会说：都有规定，违犯了要扣分，扣分很严重的。2021年，第五期特许经营管理中，"48条"升级为"58条"。特许经营管理科的负责人说这个标准一直都是遵守市政府的193号令，在西城区实施方案的要求下具体细化、落实的，根据实际运营情况，每一期都会有一些微调，本期由于防疫要求和数字化趋势，变动相对大一些，但是核心精神和基本条款一直没变。[①]

特许经营基本上是每三年一期，但是每一年度都要进行特许经营证书复核，一个重要依据就是特许经营企业违约分值的情况。特许经营管理科建立特许经营日常管理档案，在每一个特许经营年度内按照每车3分标准，核定特许经营企业最高违约分值，比如有50辆车的企业，最高违约分值为150分；有20辆车的企业，最高违约分值只有60分。根据《特许经营违约计分标准及罚则》[②]，企业运营车辆因违反规定而被违约计分的，特许经营科有权要求该车辆暂停运营；企业的违约计分达到最高违约分值的50%（含）时，特许经营管理科有权要求企业暂停运营30%的车辆，进行为期30日的整改；企业的违约计分达到最高违约分值的80%（含）时，特许经营管理科有权要求企业暂停运营50%的车辆，进行为期30日的整改。该计分标准及其罚则，形成了最直接、最有约束力的管

---

① 2021年6月15日，笔者访谈了什刹海景区管理处特许经营科的负责人，本章中谈到的涉及特许经营科工作人员介绍的情况，来自本次访谈。

② 每一期特许经营招标完成后，什刹海景区管理处特许经营科都会向特许经营企业发放纸质版《特许经营违约记分标准及罚则》，并作为双方签订的特许经营合同的一部分内容。

理手段，也是政府与企业双方契约的核心内容。

笔者拿到的 2017 年 5 月 12 日印刷的第四期使用的《特许经营违约计分标准及罚则》中，共有 48 个条款，包含 8 个最高违约分值项，即"一票否决项"，2 个按比例计分项，30 个定额计分项。一票否决项主要对于履约保证金的缴纳、擅自停业歇业、发生重大事故、车辆超数量或者伪造证照经营、拒不接受年度复核或者不按照要求整改等，赋予了特许经营主管机构在掌控上的绝对话语权。定额计分项有 10 分、5 分、3 分、2 分、1 分等 5 个分值，涵盖了对于车辆外观、行驶线路、交通规则、经营时间、等候与行驶期间的文明经营、车工培训、车工讲解、车工着装与统一行为识别，以及企业对聘用人员的权益保护等方面的具体要求。2021 年 5 月第五期特许经营实施后，又对该标准进行了修订，形成 58 项条款。

认真比对从"48 条"到"58 条"，从中能够发现对前期形成的有效经验的继承，也增加了在新的社会环境中，政府—居民—企业—员工—游客之间协商关系的变化。具体来说，"一票否决项"从 8 项增加至 10 项，"因违反疫情防控管理规定或未按规定执行疫情防控措施，致使出现疫情病例"为新增条款，是面对新冠肺炎疫情防控的压力，遵循相关规定并参照北京市与各地做法而制定的；"因违反法律、法规受到重大行政处罚或刑事处罚。"在"48 条"中，是按比例计分项，若出现相关情况，则扣掉最高违约分值的 30%，有权要求企业暂停运营 10 日。而在"58 条"中则直接扣掉最高违约分值，有权扣除企业缴纳的特许经营保证金，并有权单方解除本协议，强化了法律法规处罚在特许经营上的连带惩罚性。在定额计分项中，扣 10 分的事项增加了，包括"被媒体曝光且造成不良社会影响，经查证属实"及"受到市政府服务热线等投诉，且经查证属实"，非常清晰地强化了媒体、居民在三轮车胡同游运营管理中的参与性和权力表达，企业和车工的行为被进一步规训，也相应地约束了三轮车胡同游游客坐车期间的游览行为和行动轨迹，媒体的监督权、居民不受打扰地生活的权利进一步彰显。另外，新增了3条关于"点位值班人员"的规定：点位值班人员未按时到岗值守或怠于履行职责，造成交通拥堵发生投诉事件或其他不良影响的行为，每次扣5分；点位值班人员未按时到岗值守或怠于履行职责，每次扣3分；未向甲方报备，擅自更换点位值班人员，每次扣1分。根据工作规定，点位值班人员总体上由特许经营管理科和特许经营企业共同组成，每家企业需要出两名人员加入该岗位。在三轮车运行线路上安装了大量的电子摄像头，在重要路段又设置了人工的点位值守点，双重监管，体现了特许经营管理越来越注重过程管理，保障管理制度落实，也尽力保障居民、游客、社会大众与车工和企业权益的综合平衡，这是一种多主体"交互凝视"之下的权力关系展现。"58条"还新增了领队带车制度，强调了限速8公里/小时、行车间距（1—1.5米），多个条款中强调了对噪声尤其是刹车噪声、聚众噪声的控制，以最大化降低对居民正常生活的干扰。

综合分析从"48条"到"58条"的变化，除了当下出于公共卫生安全的疫情防控措施之外，最为重要的变化就是对居民"正常生活与工作权利"的保护，最大化地避免因为大声喧哗、不规范讲解、刹车噪声、行车路线不规范、超速、拥堵等对居民造成干扰。社区型景区，原住民权利的日益彰显，是整个社会的发展趋势，这一点在什刹海胡同游中有充分的体现。而且，不管是特许经营管理科，还是企业，还是车工，都对北京市政府服务热线中的投诉非常紧张。从2019年开始，北京推进"接诉即办"改革，用一条12345热线撬动城市治理升级，对群众诉求快速响应、高效办理、及时反馈。什刹海地区的居民也渐渐习惯了使用12345热线来表达自己的诉求，居民对于三轮车胡同游的意见或者不满都有可能通过一个电话变成市政府对于属地政府及其直属机构的整改要求。特许经营管理科严格执行接诉即办的要求，会第一时间与社区对接，走访相关居民，进行调查、了解、核实，并积极解决居民的合理诉求，同时，按照管理制度和与经营企业签订的合同，对企业进行相应的处罚和整改要求。这些诉求集中反映的噪声、拥堵、车速等在本次计分标准修订中都进行了针对性解决。另外，特许经营管理科也会经常组织企业与社区居民进行面对面交流，向居民展示特许经营管理的要求和管理过程，介绍企业的治理措施、提升想法，以获取居民的理解和包容。在重阳节等传统节日，也会邀请社区居民免费乘坐三轮车，感受胡同游的服务，也在过程中加深对车工的理解，了解特许经营管理科和企业对于居民利益保护的举措和努力。政府、居民、企业，三轮车胡同游中最主要、最直接的权力主体紧密联系，在对抗中协商，在协商中调整，让什刹海地区更加安静，居民生活更加后台化、自治化，胡同游更加舞台化、表演化，服务也更精准、细致，在越来越明确的界限划分中，各自走向更自我的状态。

表 3-1　特许经营违约记分标准及罚则（2021 年实施）[①]

序　号	乙方违约行为	违约记分标准	违约责任
1	未按照协议约定缴纳特许经营权使用费或履约保证金超过 7 日。	最高违约分值	甲方有权扣除乙方缴纳的保证金，并有权单方解除本协议。
2	未经甲方同意，擅自停业、歇业累计超过 3 日。	最高违约分值	甲方有权扣除乙方缴纳的保证金，并有权单方解除本协议。
3	超过特许经营获准运营的人力客运三轮车数量运营或使用非特许经营人力客运三轮车辆运营。	最高违约分值	甲方有权扣除乙方缴纳的保证金，并有权单方解除本协议。

① 由北京市西城区什刹海风景区管理处特许经营管理科于 2021 年 6 月提供。

续表

序 号	乙方违约行为	违约记分标准	违约责任
4	擅自转让、出租、出借、质押、抵押或以其他方式处分特许经营权，或者转让、租借、伪造特许经营牌证照。	最高违约分值	甲方有权扣除乙方缴纳的保证金，并有权单方解除本协议。
5	发生重伤2人／次或死亡1人／次的重大安全责任事故，或发生治安管理事件造成恶劣社会影响。	最高违约分值	甲方有权扣除乙方缴纳的保证金，并有权单方解除本协议。
6	拒不接受特许经营许可证年度复核或拒不按照甲方要求进行整改。	最高违约分值	甲方有权扣除乙方缴纳的保证金，并有权单方解除本协议。
7	不接受甲方对特许经营人力客运三轮车辆或其他特许经营设备、设施检查。	最高违约分值	甲方有权扣除乙方缴纳的保证金，并有权单方解除本协议。
8	未经甲方同意，擅自变更人力客运三轮车胡同游项目实际控制人。	最高违约分值	甲方有权扣除乙方缴纳的保证金，并有权单方解除本协议。
9	因违反法律、法规受到重大行政处罚或刑事处罚。	最高违约分值	甲方有权扣除乙方缴纳的保证金，并有权单方解除本协议。
10	因违反疫情防控管理规定或未按规定执行疫情防控措施，致使出现疫情病例。	最高违约分值	甲方有权扣除乙方缴纳的保证金，并有权单方解除本协议。
11	未经甲方同意，擅自停业、歇业累计未超过3日（含3日）。	10分（按次记分）	
12	所运营的特许经营人力客运三轮车辆牌证不符或不齐备，或对车辆牌证弄虚作假。	10分（按每车／次记分）	甲方有权要求乙方相关车辆暂停运营10日。

续表

序　号	乙方违约行为	违约记分标准	违约责任
13	擅自转让、出租、出借、质押、抵押或以其他方式处分特许经营人力客运三轮车辆或其他特许经营设备、设施。	10 分（按每车/次记分）	甲方有权要求乙方相关车辆暂停运营 10 日。
14	故意损毁特许经营人力客运三轮车辆及牌照、移动监控设备或其他特许经营设备、设施。	10 分（按每车/次记分）	甲方有权要求乙方赔偿损失，并要求乙方相关车辆暂停运营 10 日。
15	未经甲方同意，擅自改装特许经营人力客运三轮车辆、移动监控设备或其他特许经营设备、设施，或者将车辆、设备、设施用于协议规定以外的用途。	10 分（按每车/次记分）	甲方有权要求乙方恢复原状、赔偿损失，并要求乙方相关车辆暂停运营 10 日。
16	损坏特许经营区域内的历史文物、自然环境、设备设施。	10 分（按次记分）	甲方有权要求乙方赔偿损失。
17	被媒体曝光且造成不良社会影响，经查证属实。	10 分（按次记分）	甲方有权要求乙方相关车辆暂停运营 10 日。
18	受到市政府服务热线等投诉，且经查证属实。	10 分（按次记分）	甲方有权要求乙方相关车辆暂停运营 10 日。
19	未按照协议约定缴纳特许经营权使用费或履约保证金未超过 7 日（含 7 日）。	5 分（按次记分）	甲方有权要求乙方按日支付应付金额 5% 的逾期付款违约金。
20	乙方人力客运三轮车超出特许经营区域运营、行驶或停放。	5 分（按每车/次记分）	甲方有权要求乙方相关车辆暂停运营 10 日。
21	未按照特许经营规定路线行驶。	5 分（按每车/次记分）	甲方有权要求乙方相关车辆暂停运营 10 日。

续表

序 号	乙方违约行为	违约记分标准	违约责任
22	将特许经营人力客运三轮车交予特许经营企业以外的人员运营。	5分（按每车／次记分）	甲方有权要求乙方相关车辆暂停运营10日。
23	在接受违约处理前或暂停运营期间，未将车辆停放至甲方指定场所或擅自允许停运车辆、停职车工上路运营。	5分（按每车／次记分）	
24	未按规定执行领队带车制度或违反前海西街候客站点发车要求，造成交通拥堵发生投诉事件或其他不良影响的行为。	5分（按次记分）	甲方有权要求乙方相关车辆暂停运营10日。
25	点位值班人员未按时到岗值守或怠于履行职责，造成交通拥堵发生投诉事件或其他不良影响的行为。	5分（按次记分）	
26	发生超载（每车限搭载2名成人乘客和1名身高1.2米以下儿童）、饮酒驾驶等严重不安全行驶行为。	5分（按每车／次记分）	甲方有权要求乙方相关车辆暂停运营10日。
27	在游览讲解时，有杜撰、篡改历史或事实等不规范讲解行为。	5分（按每人／次记分）	甲方有权取消相关车工上岗资格，且在6个月内不允许其参加上岗考核。
28	胡同游服务价格表未执行其承诺的特许经营服务价格，或未在游览服务前向游客出示胡同游服务价格表；或以开具发票为名变更胡同游服务价格等价格欺诈行为。	5分（按次记分）	甲方有权要求乙方相关车辆暂停运营10日。

序　号	乙方违约行为	违约记分标准	违约责任
29	未按照承诺的服务内容、数量、标准提供胡同游服务，或违反游客意愿强行提供服务、索要小费等行为。	5分（按次记分）	甲方有权要求乙方相关车辆暂停运营10日。
30	发生喧哗、刹车噪声、聚集拥堵等干扰景区居民正常生活和工作秩序等行为。	5分（按次记分）	甲方有权要求乙方相关车辆暂停运营10日。
31	发生一般安全事故或轻微治安管理事件。	5分（按次记分）	甲方有权要求乙方相关车辆暂停运营10日。
32	发生安全责任事故、意外事故、治安管理事件或社会公共事件，未按规定上报甲方或未采取积极措施。	3分（按次记分）	
33	过失损毁或丢失特许经营人力客运三轮车辆、牌照。	3分（按丢损数量记分）	甲方有权要求乙方赔偿损失。
34	运营时空车行驶揽客，或未在候客站点候客，或发生争抢、围追游客等不文明揽客行为，或接受特许经营企业以外的人员协助揽客行为。	3分（按每车/次记分）	甲方有权要求乙方相关车辆暂停运营10日。
35	未按规定执行领队带车制度，或违反前海西街候客站点发车要求，或不服从点位值班人员管理。	3分（按次记分）	甲方有权要求乙方相关车辆暂停运营7日。
36	点位值班人员未按时到岗值守或怠于履行职责。	3分（按次记分）	

续表

序　号	乙方违约行为	违约记分标准	违约责任
37	运营过程中发生逆行、超速（限速 8 公里 / 小时）、抢行超车等不安全驾驶行为。	3 分（按每车 / 次记分）	甲方有权要求乙方相关车辆暂停运营 7 日。
38	运营驾驶车辆时，车工吸烟、打伞、使用手机等不安全驾驶行为。	3 分（按每车 / 次记分）	甲方有权要求乙方相关车辆暂停运营 7 日。
39	无正当理由，未按照甲方要求参加会议、培训或者无故迟到，或未执行乙方的员工培训计划。	3 分（按次记分）	
40	未按照协议及甲方规定的运营时间运营。	2 分（按每车 / 次记分）	甲方有权要求乙方相关车辆暂停运营 7 日。
41	乙方所运营的人力客运三轮车未配备胡同游服务价格表或未按甲方要求张贴企业承诺书。	2 分（按每车 / 次记分）	甲方有权要求乙方相关车辆暂停运营 7 日。
42	擅自在特许经营人力客运三轮车辆上张贴、设置各种广告或宣传标语等。	2 分（按每车 / 次记分）	甲方有权要求乙方相关车辆暂停运营 7 日。
43	乙方车工未按规定统一着装、佩戴胸卡、胸牌、上岗证。	2 分（按每人 / 次记分）	
44	丢失车工胸卡胸牌、上岗证、企业承诺书、胡同游服务价格表。	1 分（按次记分）	甲方有权要求乙方相关车辆在补办完毕前暂停运营。
45	未对其运营的人力客运三轮车辆进行日常清洁、保养，或未及时检修车辆，运营车况存在安全隐患或车辆刹车时有异响或噪声。	1 分（按每车 / 次记分）	甲方有权要求乙方相关车辆暂停运营 5 日。

续表

序　号	乙方违约行为	违约记分标准	违约责任
46	不正当使用特许经营人力客运三轮车辆，如载物、拖挂等。	1分（按每车/次记分）	甲方有权要求乙方相关车辆暂停运营5日。
47	未向甲方报备，擅自更换领队、点位值班人员。	1分（按每人/次记分）	
48	未按甲方要求使用胡同游电子票、语音导览、移动监控设备等，或相关设备无法正常工作。	1分（按每车/次记分）	甲方有权要求乙方相关车辆暂停运营5日。
49	在特许经营运营中，乙方车工与其驾驶的人力客运三轮车辆长时间分离，未做到专车专人看管。	1分（按每车/次记分）	甲方有权要求乙方相关车辆暂停运营5日。
50	未按照规定停放人力客运三轮车或候客区内车辆码放不整齐，或候客站点、停车区域环境卫生、秩序混乱。	1分（按次记分）	甲方有权要求乙方相关车辆暂停运营5日。
51	未按照前海西街候客站点发车要求有序发车，或在游客上下人力客运三轮车时，未在候客区或停车站点靠边停车等妨碍交通或有安全隐患的行为。	1分（按每车/次记分）	甲方有权要求乙方相关车辆暂停运营5日。
52	未按规定保持行车间距（1—1.5米），或因为未及时礼让行人、机动车造成胡同、道路拥堵。	1分（按每车/次记分）	甲方有权要求乙方相关车辆暂停运营5日。
53	每日运营结束后，未按规定时间（服务价格表内最短服务时长）将特许经营人力客运三轮车辆驶回停车场，或未将车辆停放至其车辆存放场地。	1分（按每车/次记分）	甲方有权要求乙方相关车辆暂停运营5日。

续表

序　号	乙方违约行为	违约记分标准	违约责任
54	无正当理由，未按甲方要求的期限接受违约记录处理。	1分（按每车次／日记分）	甲方有权要求乙方相关车辆在接受处理前暂停运营。
55	乙方工作人员服饰不整洁，或有不文明语言、举止行为。	1分（按每人／次记分）	
56	乙方未按投标承诺管理人员；或聘用人员不符合本协议规定，或未与聘用人员签订劳动合同、拖欠聘用人员工资及社会保险，或有违法收取聘用人员押金、保证金、罚款以及其他损害聘用人员合法权益的行为。	1分（按每人／次记分）	
57	未按协议约定或甲方要求报送资料。	1分（按次记分）	
58	乙方或其聘用人员违反特许经营协议的其他情形。	1分（按次记分）	

3.4　对车工的培训、考试与监督

在首期特许经营实施之前，什刹海街道专门面向胡同游公司车夫和散车夫举办政策通报会；对符合低保、特困条件的车夫，根据政策尽快办理低保；鼓励中标公司积极吸纳本地车夫；对需要转岗的车夫给予提供就业信息和技术培训。街道办事处也联合周边服务型企业，以及较有实力的胡同游公司，组织了对现有车工的分流、转岗和再招聘，有一部分车工转而到超市等企业就业。

特许经营管理科会对所有与特许经营企业签订劳动合同的车工进行统一培训，有常态化的针对特许经营管理制度的培训，也有根据需要邀请文化专家做的北京传统文化和服务利益的培训。同时，他们也会要求企业定期对车工进行培训，并且计入管理考核动态体系。在特许经营管理科印发的《什刹海地区人力客运三轮车胡同游特许经营车工培训手册》（2017 年版）中，包括特许经营行车路线、临时候客点示意图，礼貌礼仪（42 个知识点），旅游服务英语（33 个常用短语和 8 个方位词汇），特许经营违约计分标准及罚则，特许经营企业车工考试管理办法，三轮车胡同游车工考试大纲，培训记录表，车辆检修表等，可以说是车工学习、从业的宝典。

人力客运三轮车胡同游主干线路（2017）：

（1）前海西街→前海北沿→后海南沿→小翔凤北口向南→什刹海消防队门前→右转进大翔凤胡同向西→柳荫街（走支线从十三中东门前通过）→前海西街，形成第一条环形线路。

（2）前海西街→前海北沿→银锭桥→后海北沿→野鸭岛折回银锭桥驶入第一条线路→小翔凤北口向南→什刹海消防队门前→右转进大翔凤胡同向西→柳荫街（走支线从十三中东门前通过）→前海西街，形成第二条环形线路。

分支线路：

（1）前海西街→南官房南口→（右转）南官房东路→进入第一条环形主路。

（2）前海西街→南官房南口→（左转）毡子胡同→大翔凤→柳荫街进入第一条环线。

（3）前海南沿南口→金锭桥→前海东沿→经银锭桥（双向）进入第一或第二环线。

（4）后海北沿大华卫宾馆西侧胡同南口→鸦儿胡同向西→后海北沿出进入第二条环形线路。

人力客运三轮车临时候客站点：

1. 前海西街郭沫若故居以南路东、故居以北路西侧；2. 大翔凤胡同；3. 前海南沿南口；4. 定阜街东口北侧；5. 后海北沿（原大华卫宾馆西侧胡同）路南。

图 3-1　什刹海地区三轮车胡同游特许经营线路的示意图［出自特许经营办印发的《车工培训手册（2017）》］

　　对车工的录用考试是最直接的规训方式。根据《特许经营企业车工考试管理办法》(2017)，强调坚持一人一卡一证、持卡持证上岗，每月第一周由企业递交上班车工考试申请及参加考试人员的基本资料，在每月第二周的周二进行考试，考试时间为90分钟，得分60分（含）以上为考试合格。考试内容为什刹海地区人力客运三轮车胡同游特许经营车工培训手册及特许经营管理科规范的《什刹海胡同游导游词》等。考试大纲(2017)给出了28个礼仪礼貌问答题，13个运营类的问答题，"48条"中的33条，13个景点解说题，主要为郭沫若故居、恭亲王府、鼓楼钟楼、宋庆龄故居、银锭桥、烟袋斜街、柳荫街、广化寺、金锭桥、万宁桥、烤肉季、四合院、醇亲王府。车工和企业对考试都非常重视，会根据培训手册的要求认真学习、背诵、练习，该手册也成为什刹海胡同游车工解说、服务、蹬车的基本准则。

　　《特许经营违约计分标准与罚则》中对于车工的约束也是重要内容，也是特许经营管理科对车工进行管理的基本依据。仔细研读2021年新出台的"58条"，其中有一半内容是对车工行为的直接规定，还有部分内容是对企业关于车工行为的要求。此外，每个企业都还有自身的制度和规定，对车工礼仪、服务、讲解有一些额外的要求。比如"后海八爷"所在的古韵风情公司，要求车工夏季搽香水，以消解大量出汗可能带来的异味。同样地，每个公司给车工的待遇和福利也不同，有的供应午餐，有的没有；有的给基本工资，有的只有提成。各公司提成方式不同，给车工在"打活儿"（招徕生意）方面的自由度也不同。车工在政府、企业的双重管理下，在游客的凝视中，开展规规矩矩的胡同游服务，貌似条框叠加，实际上，车工们在胡同游的服务过程中，一方面对这些官方的导游词、各种制度和规矩进行适应性落实；另一方面，又结合自己的知识、个性、心情和游客的特征，开展各具特色的胡同游文化展演。每位车工的每一次展演都不尽相同，建构了什刹海流动的文化再生产过程。

这样由鲜活的、变化着的个人提供的"当下的"表演和交互，正是什刹海人力客运三轮车胡同游的最大吸引力。

3.5　三轮车胡同游的导游词及车工的讲解实践

三轮车胡同游是车工、游客、什刹海地区的水域建筑、风土民情，甚至包括过客，共同融合而成的，车工在其中有三种身份：蹬车劳动者、旅行服务者、导游讲解员。特许经营管理科也是从这三个维度对车工进行培训、引导和约束，在导游讲解方面，提供了统一版本的《什刹海胡同游导游词》，并要求车工在核心内容的讲解上要规范，要尊重历史，不允许有杜撰、篡改历史或事实等不规范讲解行为。据特许经营管理科负责人介绍，该导游词是经过专家论证、审定的，内容完全经得起推敲，对于一些有争议的内容，要么加以说明，要么避开不讲。企业会根据自身的文化储备和品质、品牌追求，对官方导游词进行适度的加工、修编，作为企业标准进行推广。再具体到车工，每个人又会结合自身的知识能力和表达习惯进行个性化讲述，而且面对不同的游客，在每一次工作的具体场域中，进行鲜活的、不同的什刹海文化展演。

特许经营管理科给笔者提供了专家审定的统一发放并作为考试依据的导游词，内容主要包括：欢迎词、胡同游项目简介、什刹海介绍、特许经营车辆及服务特色；什刹海水系形成的过程、什刹海与北京城的关系、什刹海得名由来；主要景点介绍，包括会贤堂、万宁桥、金锭桥、火神庙、鼓楼、钟楼、银锭桥、烤肉季、烟袋斜街、广福观、广化寺、醇亲王府、宋庆龄故居、金丝套保护区（胡同、四合院）、柳荫街、涛贝勒府、恭亲王府、郭沫若故居；结束语。导游词的内容严谨、语言规范，既有史实，又有流传广泛的传说，比较丰富。

　　笔者在访谈中，得到一份企业执行的导游词，是由北京什刹海古韵风情胡同文化发展有限公司的策划经理提供的，并且做了说明，该导游词的内容为公司自行整理，由"后海三爷"李三爷曾经向胡同游所有车工培训过，因此也算是得到官方认可和普遍认知的版本。经允许，将该导游词附在文中，以便做比较分析。

后海八爷北线讲解词 [①]

一、迎客

具有仪式感的话术，接客时必须喊：

车队长或主讲（高音儿）喊：有贵客～

（车工听到后下车站好。不可以斜歪倒靠。）

车工（集体唱）：您吉祥～

（准备拉人的车工准备好且站好。一手扶车把，统一站在车前，面向客人站好。）

车队长或主讲（高音儿）喊：请贵客上车～

车工（集体唱）：有请～

（这时客人过来，车工一手扶车，一手做请的姿势，自然站好，手势有力，有车帘子时掀个帘子。搀扶客人时注意力度和尺度。主讲试麦，车工确认，车工确认好后为客人佩戴。）

车工：您请上车／您请坐好

（为客人配发耳麦，告知如何使用。）

准备发车时，车工询问客人：您二位爷坐好了吗？

得到客人确认后说：得了，您坐好我们出发了～

（随后跟随头车发车。）

---

① 由北京什刹海古韵风情胡同文化发展有限公司策划经理于 2021 年 6 月提供，文中所有内容皆为原版本，其中的解释性内容为导游词自带，非笔者批注。

讲解词

二、行进开始

（一）开场白

各位贵客，您好！欢迎您乘坐后海八爷胡同文化人力三轮车，在行车过程中，请您不要把身体任何部位和物品伸出车外，请您扶稳坐好照顾好身边的老人和孩子，请把垃圾放在车工座椅后面的小框里。如需要帮助请叫您前面的师傅为您服务。我是×××号车工某某，今天由我来带着大家走进什刹海，感受一下老北京的古城文化。

（二）行进过程讲解

1. 从站点至金锭桥之间的讲解内容：

（1）什刹海简介

A 什刹海是国家 4A 级旅游风景区，也是北京市第一批确定的 25 片历史文化保护区中最大的一片，又是京杭大运河的北端终点。什刹海风景区旧称"积水潭"，也称"海子"，因历史上某段时期围绕在什刹海边有十座寺庙，故得名"什刹海"。什刹海毗邻北京城中轴线，与中南海水域一脉相连，是北京内城唯一一处具有开阔水域的开放型景区。

B 什刹海风景区占地 147 公顷，其中水域约 34 公顷，由前海、后海、西海三片水域组成，史称"后三海"。与"前三海"（南海、中海、北海）共同组成北京内城的六海水系。

C 什刹海地区既有恭王府、涛贝勒府等多处历史遗产，也有宋庆龄故居、郭沫若故居等名人故居；这里既有最完整的老北京四合院和幽静的胡同群，也有充满时尚气息的明清商业街——烟袋斜街；既有传承百年的老字号，也有朝气蓬勃的酒吧街……是北京历史与文化最具代表性的区域。

（2）钟鼓楼

A 您请往左前方看，那两个古老的建筑是钟鼓楼，前边的是鼓楼，后边是钟楼，北京的钟鼓楼建于元朝，已经有 800 多年的历史，而且钟鼓楼也是北京中轴线的最北端，元朝时它曾经是这座城市的标志性建筑，钟鼓楼是北京元、明、清三个朝代的报时中心，叫作"晨钟暮鼓"。

B 现在的鼓楼上面有 25 面鼓，1 面大鼓，24 面小鼓，1 面大鼓象征着一年，24 面小鼓象征着 24 个节气。钟鼓楼击鼓撞钟报时自有规律俗称"紧十八，慢十八，不紧不慢又十八"反复两遍共计 108 声，古人用 108 声代表一年。如果您有机会去鼓楼参观，您可以看到按照古老报时方式的击鼓表演。

C 钟楼里有一口复制的永乐大钟，当年的那口永乐大钟重达 64 吨，现在收藏在大钟寺内。

（3）万宁桥

前边我们要经过的桥叫"金锭桥"，为了您的安全，请您下车，我们把车推过桥后您再乘坐，多谢各位的配合。（到金锭桥前讲）

A 万宁桥始建于元代，已经有近 800 年的历史，北京人也叫它"后门桥"。

B 因为万宁桥正好在中轴线上，所以它也是中轴线上最古老的桥。

C 在万宁桥的两侧有 6 只镇水兽，东西两侧的岸上各有两只，在桥西水下还有两只，与西岸水上的两只是对视的，水下的两只仅枯水季节才能见到。万宁桥西侧的镇水兽是保存相对完整的。据说这种兽是龙的第六子，它的名字叫"趴蝮"（bāxià），它在人间的作用是看护水道，防止洪水泛滥，期盼平安的。万宁桥的镇水兽是在建造这座桥的同时雕刻的，所以它和万宁桥的历史是一致的。

2. 从金锭桥至银锭桥之间的讲解内容：

（1）京杭大运河漕运码头

在我们右边看到的这块大石头，上面写着"京杭运河积水潭港"。

A 在元朝的时候，什刹海是京杭大运河最北端的码头，叫"积水潭港"。

B 京杭大运河是世界著名的三大运河之一，也是世界上里程最长、工程最大、最古老的运河之一，与"长城"并称为中国古代的两项伟大工程。京杭大运河是从杭州到北京的一条河道，主要用于水路运输。最初开凿京杭大运河的时候是在隋朝，历经几个朝代（隋、唐、五代十国、南宋北宋、辽、金、元朝）至元朝的时候全线贯通。京杭大运河是到北京的通州结束的，为了把从南方运来的货物运到城里面，又开凿了一条水路，即从通州京杭大运河的末端到什刹海，这段水路叫作漕运，也是现在通惠河的前身。所以民间有句老话叫"先有什刹海，后有北京城"。形成了当时的什刹海商圈。

C 京杭大运河在元朝的时候非常繁荣，有一个古老的成语"舳舻蔽水"就是描写当时漕运胜景的。当时漕运码头周围有很多的皇家粮仓，比如现在东四附近的南新仓就是原来的皇家粮仓之一，而且保存至今。

D 漕运这条水路是元代著名的天文学家和水利专家郭守敬设计的，元大都的水系就是他设计的。现在郭守敬纪念馆就坐落在西海小山上的汇通祠里面。他曾发明了"简仪"，这是我国首先发明的赤道装置，比欧洲人使用赤道装置早了 500 年左右。

E 在元末明初，京杭运河断流了，漕运这条水路也随之断开了。什刹海历经元、明、清、民国，直到共和国成立后，水面一次次地缩小，最后形成了现在的格局。

F 京杭大运河现在也在申遗，而且很有希望。

（2）烤肉季

A 烤肉季是什刹海地区饮食文化的代表，也是京城著名的百年老店，始建于清朝道光年间 1848 年，到现在已经有 170 多年的历史了。2009 年，烤肉季被评为了国家级的非物质文化遗产。

B 因为他的创始人姓季叫季德彩，所以得名烤肉季。北京城内有很多老字号，都是以创始人的姓儿来命名。例如爆肚张、奶酪魏等。

C 现在牌匾上的"烤肉季"三个字，是末代皇帝溥仪的弟弟溥杰题写的。

D 烤肉季与北京其他老字号最大的区别是：没有分号，只此一家。

E 在老的北京城里没有现在各式各样的烤肉，只有两家做传统烤肉的，叫"南宛北季"。烤肉宛在南礼士路，擅长做牛肉，烤肉季在北边，以烤羊肉为主。他们是两家齐名的老字号。

（3）银锭桥

A 银锭桥始建于明代，老的银锭桥有 500 年的历史，但现在看到的是重新修建的桥。

B 老的银锭桥形似中国古代用的一锭银子，把它倒置扣在水面上，因此得名"银锭桥"。著名的燕京小八景之一"银锭观山"指的就是这里，站在这个桥上能见度好的时候能看见西山（燕山山脉余脉）。

C 此桥是前海与后海的分界处，刚才咱们路过的是前海，现在走的是后海。

3. 从银锭桥至宋庆龄故居之间的讲解内容：

（1）后海酒吧街

A 在靠近银锭桥附近的后海两岸，是著名的"后海酒吧街"。很多电影、电视剧像《老炮儿》《北京爱情故事》等等都在此处取景。

B 京城有两大酒吧街，最先形成的是"三里屯酒吧街"，什刹海后海酒吧街是 2003 年非典以后形成的，都是民房改造的。

（2）萧军故居

A 您看右手边这座破旧的小楼，原来是著名作家萧军的故居。

B 他的代表作有《八月的乡村》《吴越春秋史话》《五月的矿山》。

C 他在"文革"期间遭受过迫害，当时在这个小楼里只分给了一家两间房子。他在其中一间里面隔出来一块 4 平方米的地方，放了一张桌子进行写作。他给这个 4 平方米的地方起名为"蜗蜗居"。"文革"后政府给他平反，分了房子，但他执意不搬，他曾说过，只有在我这个小小的蜗蜗居里面才有创作的灵感。到 80 年代他去世前，一直住在这里。

各位贵客，我们马上要进入老北京的胡同了，因为胡同内还住着很多居民，请大家不要大声喧哗，保持安静，请听我给大家讲一讲老北京胡同文化。

（3）广化寺

A 在您的右手边有一座寺庙，叫"广化寺"，它始建于元代，已经有 700 多年的历史了，它也是什刹海仅存的两家皇家寺庙之一。

B 从清代道光年间以后，它由原来的"净土宗庙"改为了皇家的"剃度庙"。意思是道光年间以后，皇族或者皇帝的子孙后代如果出家信佛必须到这个庙来剃度，所以它的地位非常高。

C 清朝末年 1908 年左右，当时的两广总督张之洞曾经在广化寺里筹建了中国历史上真正意义上的第一家现代图书馆，叫"京师图书馆"，鲁迅曾经在这个图书馆里工作过。

D 现在它是北京佛教协会和北京佛教音乐团的办事机构。

（4）胡同、四合院

A 胡同是源于古老的蒙古语，是"水源、水井"的意思，是蒙古语的音译。

B 胡同与街有什么区别呢？自古至今没有标准的丈量方式，老人说，古人用步子丈量，六步以上较宽的叫街，六步以内较狭窄的叫胡同。

C 有名的胡同三千六，没名的胡同赛牛毛。如今大部分胡同都被拆掉了，什刹海的胡同是保存最完整的。

D 什刹海的胡同具备三个特点：很多胡同名字的由来都是有出处的。什刹海很多胡同是对称的，如大金丝、小金丝，大翔凤、小翔凤，东口袋、西口袋，南官房、北官房。北京其他地方的胡同都是笔直的，什刹海的胡同是弯曲的，像个迷宫，还有斜街，因为是临水而建的。

E 四合院是老北京胡同文化的重要组成部分，也是几百年间老北京人的居住场所和形式。

F 四合院以前都是独立的，独门独院，一户人家儿居住，最有情趣的是：天棚鱼缸石榴树，老爷肥狗胖丫头。最讲究的是长幼尊卑有序。正房是长辈住的，东西厢房是儿女住的，下人一般住在倒坐房。人们喜欢在传统的四合院里栽种葡萄架、枣树、石榴树、柿子树。

G 但是现在的四合院大多变成了"大杂院"，"大杂院"就是很多户没有血缘关系的人家儿住在一个院子里面，这些家庭之间叫作邻里、街坊。

（5）醇亲王府

A 现在在我们右边的这片建筑原是醇亲王府的马号。

B 醇亲王指的是末代皇帝溥仪的父亲，他的名字是爱新觉罗载沣。这个醇亲王后来被人们称作"摄政王"。原因是 1908 年，末代皇帝溥仪登基的时候只有 3 岁，他料理不了朝政，所以当时朝廷命他的父亲随他一起入朝理政。载沣要辅佐他的儿子溥仪来管理国家，所以被称作"摄政王"。在中国清代的历史中一共有两位"摄政王"，载沣是其中的一位，另一位是清朝初年的多尔衮，多尔衮辅佐的是顺治皇帝，因为顺治皇帝登基时才6 岁。所以后来我们民间有一句老话形容整个清王朝，叫作"成也摄政，败也摄政"。多尔衮辅佐顺治是成，因为顺治是第一个入关的清朝皇帝，成就了大清王朝近 280 年的基业。醇亲王载沣辅佐溥仪失败，溥仪登基只做了三年的皇帝，到 1911 年孙中山发起的辛亥革命推翻了清王朝，结束了中国几千年的封建统治。

C 这座醇亲王府是末代皇帝溥仪的出生地。

D 醇亲王府后来还有一个称谓叫作"潜龙邸"，也被人们称作是两度潜龙，因为中国封建社会的最后两位皇帝，光绪和宣统（溥仪）都出自醇亲王府。原来的醇亲王府不在后海，在宣武门外，被称作"南府"，光绪出生在南府，宣统出生在"北府"，即现在的醇亲王府。

E 在北京城里有两个地方有资格可以称得上"潜龙邸"，醇亲王府是其中的一个，还有一个是现在北京最大的藏传佛教的庙宇，叫"雍和宫"，因为雍和宫是乾隆的出生地，早前这座庙是雍王府。

F 醇亲王府在清朝的历史里曾经几次易主，康熙年间它曾是一品大学士纳兰明珠和他儿子纳兰性德的宅邸，乾隆年间权臣和珅也曾在这里居住过，嘉庆年间又赐给了乾隆爷的第十一子永瑆。后又赐给了老醇亲王奕譞。最后入主的是醇亲王爱新觉罗载沣。

G 共和国成立以后，醇亲王府一直是国务院的办公机构。原来老的卫生部一直在此，现成为国家宗教事务局。

（6）宋庆龄故居、梁思成

A 现在的宋庆龄故居原来是醇亲王府的西花园，是醇亲王府的一部分。

B 宋庆龄 1893 年出生在上海，但她的祖籍是海南文昌。宋庆龄 1963 年搬到此处，生活到 1981 年去世。宋庆龄晚年的最后 18 年是在这里度过的。

C 她住的这座王府花园当时是周恩来总理亲自为她选定的住处，而且当时周恩来总理请到了著名的建筑大师梁思成为她设计建造了她生活居住的那座小洋楼，包括我们看到的这座大门。所以这座小洋楼和这座大门是梁思成留在什刹海的唯一作品。

D 2009 年，在宋庆龄故居里面，落成了一座新的宋庆龄纪念馆，全面准确地讲述记录了宋庆龄的生平，有很多她生前的照片和实物。

E 宋庆龄曾经居住过的地方比如她的起居室、卧室、办公室等保留的是她在时的原样。

F 现在我们看到的宋庆龄故居大门上的匾额第一行字写的是：中华人民共和国名誉主席。我们都知道宋庆龄原来担任的一直是国家副主席，这个名誉主席的由来是：宋庆龄是 1981 年 5 月 29 日去世的，5 月 15 日她加入了中国共产党，完成了人生最后一个愿望，5 月 16 日，中央政府任命她为国家的名誉主席，当时是廖承志拿着这份任命书到她的床前，让她看了看。实际上当时的宋庆龄已经是弥留之际了，也就是说，我们的国家、民族最后送给了她这样一份崇高的荣誉。

4. 从宋庆龄故居至银锭桥之间的讲解内容：

（1）马海德故居

A 马海德是一位伟大的国际主义战士，他是一位美籍黎巴嫩人，是一个外国人。

B 他是一位医生，1933 年到了中国，在上海开诊所。1936 年在宋庆龄的秘密安排下，他和美国著名的战地记者埃德加·斯诺一起去了陕北根据地，开始参加中国的革命事业。

C 他的原名叫乔治海德姆，马海德这个名字当时是在延安的窑洞里毛泽东主席给他起的。

D 他的大半生都是在中国度过的，在他的一生中有两个"第一"非常有意义，抗日战争爆发的初期他就加入了中国共产党，他是第一个加入中国共产党的外国人，共和国成立以后他是第一个申请加入中国国籍的外国人，是我们的周总理亲自批准的。

E 新中国成立初期的时候，他对我们国家根治性病、麻风病起了非常大的作用。他是一位麻风病专家，共和国成立后他一直担任卫生部顾问。

F 马海德是 1988 年去世的，享年 78 岁，他的夫人还健在，他夫人和儿子依然住在这里。

（2）大藏龙华寺

A 大藏龙华寺也是原来什刹海重要的庙宇之一，始建于明代。

B 清末曾是醇亲王府的家庙，现为北海幼儿园分部。

（3）后海南沿——张伯驹故居

A 后海南沿 26 号，是中国近代史上著名的收藏家张伯驹的故居，他被称为"天下第一藏家"。

B 他多才多艺，涉猎广泛，是民国四公子之一（其余三位是张学良，溥侗、袁克文）。

C 他家世显赫，父亲为河南直隶总督，盐业银行最大的股东。

D 他最重要的收藏品有西晋陆机的《平复帖》、隋朝展子虔的《游春图》、李白的《上阳台帖》、晚唐大诗人杜牧的《张好好诗卷》等藏品。

E 1956 年，他把这些珍品都无偿捐赠给了故宫博物院。

（4）后海南沿——将军元帅街

A 这里曾住过很多开国元勋及老元帅、老将军，有叶剑英、徐向前、迟浩田等。

5.从银锭桥至金锭桥之间的讲解内容：

（1）烟袋斜街

A 在烤肉季的后边有一条北京城最古老的也是最具有代表性的商业街——烟袋斜街，它最初形成于元代，已经有 700 多年的历史。它亲历了什刹海地区的历史变迁，也见证了这座城市的历史变迁，烟袋斜街被评为中国十大历史文化名街之一。

B 明初建成北京城后形成了北京的中轴线。它是中轴线最北端路西的第一条胡同。

C 它是在当时京杭大运河——漕运码头的历史背景下形成的。从元朝到明朝，此街叫打渔厅（水务衙门）斜街和鼓楼斜街。清道光年间以后，由于这条街很多小的店铺以经营烟具为主，街上这些小的店铺大多都是前店后厂的形式，而且俯视形似一个烟袋，因此得名烟袋斜街。

D 元代时期的烟袋斜街是一条半壁街。半壁街指的是：一面有房子一面没有房子的街，这样的街人们称作半壁街，如后海北沿、后海南沿。

E 当时在烟袋斜街东口路北有一家晋商开的烟袋铺，店铺的名称叫双盛泰，非常有名。相传慈禧老佛爷的水烟袋定期到这家店铺来清洗，而且当时的老板在自家店铺的门前做了一个近 2 米高的大烟袋模型，由于是模型，中间没有烟道，所以当时在鼓楼附近流传一个歇后语叫作"鼓楼前的大烟袋——一窍不通"。

F 烟袋斜街在清末民初有"小琉璃厂"之称。有文字记载，北京的第一家西服店也曾开在烟袋斜街里，叫独步坤西服店。

G 现在烟袋斜街里面真正的老店铺只剩下了鑫园客栈，原名叫鑫园浴池，是清末建立的。

H 广福观是烟袋斜街里面唯一的寺庙，始建于明代。

I 大清邮政官局，是清末光绪皇帝在 1896 年 2 月 20 日亲批开办的官民通用邮局，它的成立代表了近代邮政业的开端。同时,1897 年发行的"大龙邮票"，在大清邮政官局盖戳后得以广泛发行。在当时，挎着长刀的邮差和来投递信件的民众相映成趣，在清王朝与国际接轨的短暂历程中，大清邮政成为当时百姓生活的另一个缩影。

前边我们要经过的桥叫"金锭桥"，为了您的安全，请您下车，我们把车推过桥后您再乘坐，多谢各位的配合。（到金锭桥前讲）

（2）火神庙

A 火神庙是什刹海地区历史最长的一所庙宇，始建于唐朝的贞观年间，已经有 1300 多年的历史了。

B 在我们国家很多地方都有火神庙，所有的火神庙都是中国的本土教，道教。它早年供奉火神、关帝和玉皇。

C "敕建火德真君庙"牌匾上的敕字，在古汉语里面代表皇家，是一个御用字，所以这座庙是皇家寺庙。这是什刹海仅有的两座皇家寺庙之一。

6、从金锭桥至站点之间的讲解内容

（1）中轴线

A 在万宁桥所在的这条路，就是北京的中轴线，形成于明代，南起永定门，北至钟鼓楼，全长将近 16 华里。

B 中轴线上这些古老的建筑大多建于明代，比如：前门的正阳门、箭楼、天安门、故宫、景山等，只有万宁桥和钟鼓楼是元代的建筑。

C 中国建筑大师梁思成曾赞美这条中轴线是"一根长达八公里，全世界最长，也最伟大的南北中轴线穿过全城。北京独有的壮美秩序就由这条中轴的建立而产生；前后起伏、左右对称的体形或空间的分配都是以这中轴线为依据的；气魄之雄伟就在这个南北延伸、一贯到底的规模"。

D 中轴线纵贯北京城的南北，是这座古老城市的重要标志。中轴线现在正在申遗，它是世界上现存的最长的城市中轴线。

什刹海景区还有很多名人故居散布其中，有些我们并未路过，比如恭王府、涛贝勒府、郭沫若故居等等，您有时间的话可以在什刹海溜达溜达去看一看。

三、结束语

各位贵客，前方就是站点了，感谢您乘坐后海八爷人力三轮车，到站后，请您等车辆停稳后再下车。离开时请带好您的随身物品，请把耳麦摘下交给您的车工，到前方找您的导游。后海八爷恭候您再次光临！

这个版本的导游词就是在官方给出的导游词基础上加入了古韵风情公司的文化品牌"后海八爷"特色，以及主要编写者与培训者"李三爷"的个性化特征，而且在讲解之外，加入了部分服务事项、安全提醒事项、文明旅游事项的提醒，而且将知识点的内容拆分为若干条目，更加形象、鲜活、实用，便于记忆。比如，第一部分明确地设计了"迎客"环节，而且注明了是具有仪式感的话术，要求必须喊，从车队长与车工的应和式喊话，到车工迎候客人上车，到确认坐好、讲解使用的耳麦正常后，开始出发，详细而富有特色，"贵客""吉祥""得了"等，都是北京方言，有助于游客进入地方文化的语境，提高体验的特色感。笔者在田野工作中，曾经乘坐过"后海五爷"的三轮车，一上车，五爷就扬声风趣地说："您上车之后找个舒服的姿势坐着，一定要跷起二郎腿，体会一下北京'爷'的感觉。"说完还回头"检查"一下，让人忍不住跟着一起乐呵。①这部分迎客仪式是官方导游词没有的内容，是企业和车工们在实际工作中探索、思考、创作出来的。

讲解词部分，先是开场白。简短的文字，既表达了欢迎，又介绍了自己，还进行了安全和文明旅游的提醒。在具体的讲解点设计上，比官方导游词更加丰富，减少了一部分具体年份、尺寸、人名的背诵，多了一些什刹海与北京文化的联系，把什刹海放在整个北京的发展史中介绍，尤其是融入了近几年越来越受关注的京杭大运河、北京中轴线文化等。在进入胡同之前，专门提醒游客因为胡同内还住着很多居民，不要大声喧哗，保持安静，既落实特许经营管理的要求，也体现了文明旅游的引导，缓冲了游客进入居民空间带来的矛盾对立。在讲解宋庆龄故居时，特别加入了另一位受人尊敬的文化名人——梁思成的关联性介绍，介绍周恩来总理邀请著名的建筑大师梁思成为宋庆龄设计建造了生活居住的小洋楼，包括大门，也是梁思成留在什刹海的唯一作品。这一讲解处理，既提高了游客看到的建筑的价值感，又迅速加深了游客对于历史文化体验的纵深感，这在官方的导游词中是没有的。结束语部分，再次强调了"后海八爷"的品牌，并做了安全、耳麦交还等事项提醒。

从官方导游词到企业和车工代表二次创作的导游词，再到车工具体展演的导游词之间，在主体知识上是一致的，但在仪式性、提醒性、互动性上越来越生动，在文化传播上越来越鲜活。李三爷曾经讲过，他常常跟游客是交流式服务，有的知识也是游客告诉他的，他回去查一下资

---

① 2021 年 5 月，笔者在什刹海的田野调查体验。

料，确实是正确的，而且他认为比较重要的话，会讲给后面的游客听，久而久之，就形成了鲜明的个人风格。

3.6 其他行政部门对什刹海三轮车胡同游的管理

在实施特许经营之前，什刹海三轮车胡同游是由交通、工商、城管、环卫等多部门分头管理的，各自从自己的业务归口参与进行。实施特许经营之后，三轮车胡同游的管理主要山什刹海风景区管理处，具体由特许经营科执行。同时，其他行政主管仍然行使部分管理权，只不过大部分都与管理处对接。对于长期存在于特许经营体系之外的无证照非法经营车辆（"黑车"）所引发的秩序差、乱收费、服务差等问题，却不在管理处特许经营科的管理范围内，需要由上级部门发起联合执法行动，对"黑车"进行收缴、处罚等。因此，在三轮车胡同游从1994年产生至今，一直都是多部门各自代表自己的行政规训力参与到其中的。

2014年10月29日，北京市西城区人民政府印发了《什刹海历史文化旅游风景区管理办法》，要求同时开始实施。其中规定景区内特许经营胡同游三轮车的行车线路设计应当避开环湖道路狭窄、交通拥堵、游客较多的路段；景区应急疏导期间，禁止胡同游三轮车进入景区，这在之后的特许经营管理过程中都得到了很好的落实。比如高考期间三轮车停运；端午节、中秋节、五一劳动节等节假日，常常实行半日运营。

2016年，原国家旅游局和原北京市旅游发展委员会分别点名北京多家景区在景区复核中不达标，国家4A级旅游景区什刹海被警告处分。复核意见指出，根据游客反馈和实地复核，景区存在三轮车经营不规范、景区内缺乏统一的游览标识、人车混行给游览增加了不便等问题。关于三轮车经营不规范，具体有几个方面，包括收费随意；个别车工索要小

费；讲解不规范、个人杜撰成分较多；南官房胡同、大金丝胡同、小金丝
胡同、北官房胡同等窄小胡同人车混行，造成混乱和不便等。警告处分
的同时给出了半年的整改期，整改不通过就将摘牌。针对该意见，什刹
海景区管理处特许经营管理科高度重视，相继采取了一系列措施，包括
调整三轮车线路，主线路不再行经上述 4 个窄小胡同，加强对车工的文
化、讲解、服务培训，加大对于随意收费和索要小费等行为的巡检和惩
罚力度等。北京市旅游行政主管部门这一次基于景区的核检，非常有力
地促进了什刹海三轮车胡同游的秩序、品质提升，是政府权力施加于旅
游文化再生产的一个过程。

　　2018 年，原北京市旅游发展委员会公布了《胡同游服务规范（征求
意见稿）》，2020 年 6 月，该标准由北京市市场监督管理局发布，并于
2020 年 10 月 1 日正式实施。该规范制定的目的是为规范北京市胡同游
产品及服务质量，维护胡同游游客和经营者合法权益，保护和合理开发
胡同游资源，维护北京作为首都的旅游形象。[1] 政府旅游行业主管部门
履行行业管理的职责和权限，对胡同游进行规范化管理和引导。该标准
规定了胡同游的基本要求、服务设施、服务内容与要求、环境卫生服务、
安全应急服务、服务质量改进等内容。与三轮车游相关的内容主要有：
应取得特许经营许可、合法经营；要求有固定、专门的经营场所；运营路
线不应与交通主干道交会；各类活动不应影响当地居民的正常生活；服务
人员应经过岗位培训，掌握岗位所需的基本知识和技能，操作熟练；接
待游客，讲解胡同景物、历史、文化、民俗等应符合 LB/T 014《旅游景
区讲解服务规范》的规定。该地方标准的发布，对于进一步规范三轮车
胡同游运营、全方位提升胡同游的品质有明显的规范和导向作用。

　　什刹海胡同游存在一个公认的难题，那就是屡禁不止的"黑车"问

---

① 孟刚 . 北京将给"胡同游"立规矩 [N]. 中国消费者报，2018.

题。在 20 世纪 90 年代后期到 21 世纪的前几年，什刹海胡同游"黑车"飞速增长，热闹而混乱。到 2008 年实施特许经营后，个体运营的"黑车"被政府强制规训，车辆自行处理或者政府没收，车工进行分流、就业引导。从那以后，无论是政府的管理，还是媒体宣传环境，还是社会消费习惯，什刹海胡同游都是特许经营。但是时至今日，仍然有一定数量的不具备营运资格的车辆在什刹海地区游走、揽客，从事个体性的胡同游经营。这些"黑车"主要集中在地铁什刹海站出口、宋庆龄故居附近，或者恭王府门口等人流量集中的区域，造成了一定程度的交通干扰甚至混乱。而且"黑车"并不受特许经营管理办法的约束，行走路线自由，讲解自由，收费更是随意，游客更多地把"黑车"作为交通工具和行路导引，不对其讲解和服务抱太多期待。因为"黑车"都有一个明显的特征，那就是使用电动三轮车，而非人力客运三轮车，无论是车辆外观还是车工的水平与素质都与特许经营车辆相去甚远。

对于"黑车"问题，不论是车工，还是特许经营公司，都不愿意主动宣扬。但是当有人问起时，他们往往会毫不掩饰其愤慨，说，"报纸上天天儿报道，游客也会投诉，但就是没人管，也管不了，严重影响我们胡同游的品质和秩序，造成大众对我们的误解，搞得我们好像成了低端、没规矩的代表了"。笔者曾经访谈过一位相关企业管理人员，他也很无奈，说政府其实也管了，也花了不少工夫，堆放收缴"黑车"的院子一度都没地方了，但还是遏制不住。这个时候，企业对政府及其管理部门表现了很大程度的谅解，但同时也表示，其实这种治理可以更严格更常态化一些，以保护交了费用、合法合规经营的企业。

当笔者反复再问为什么"黑车"就是禁不住的原因，企业管理人员笑了笑，喝了口茶，组织了一下语言说："你可以去胡同里看看，那些停在胡同里、居民家门口的，没有加遮雨棚的三轮车，那就是他们吃饭的家伙什儿，干这个的没别人，都是什刹海本地的，你怎么来强硬的？我们还在人家家门口讨饭吃呢，你怎么管？也有人去管过，他们说是从地铁口往恭王府拉人的，只是作为摆渡交通工具，没有搞胡同游，所以你只能罚没他的车，别的不能怎么着。"言语中又愤慨又无奈。这中间又涉及一个旅游开发的社区共享问题，本地居民在以"黑车"这种途径参与社区旅游发展，他们在以自己的民俗文化为资源开展经营，经营渠道不合法，但是诉求是有其合理性的，这也是从政府到特许经营企业，从未对"黑车"真正下狠手的根本原因。

针对这个问题，笔者在访谈特许经营管理科的负责人员时也曾问过，负责人员表示首先要认清这个问题，政府不是不管，而是一直在管，并没有放任发展。最重要的，负责人员表示"黑车"整治问题并不归特许经营科管理，特许经营科只负责管理胡同游的特许经营领域的事务，而"黑车"属于交通、城管、工商部门的管理范畴，他们实际没有管辖权。这个行政和执法管辖权的错位是一个非常有意思的问题，特许经营企业、车工和社会大众在"黑车"问题上，最大的期待是落在特许经营管理部门的，觉得他们应该出重手加以整治，以维护合法经营者和游客的权益。而实际上，特许经营管理部门只负责管理特许经营企业及其人员的经营行为。那么到底是谁在管"黑车"的问题呢？负责人员表示是多部门联合执法的，除了交通、城管的常态化管制之外，一般都是遇到了投诉事件、安全事件、重大事务等，由部门吹哨、多部门联合执法管理。这类行动也经常开展，但是因为从事"黑车"运营的基本都是什刹海本地居民，基本上也就是处罚一下，不能根治。在这个多方主体互相斗争、妥协的过程中，居民的权益诉求始终存在，并以"黑车"的形式予以彰显，因为胡同游的社区属性，所以特许经营管理主体和经营主体对此都在鲜明的态度之下有妥协。而一旦有重大事件，必须集中对"黑车"进行整治，政府的权力叙事就会最大化地彰显，居民通过"黑车"表达的权益诉求就会暂时性地受到压制。而企业在这个过程中的声音是很弱的，车工多表示无能为力，久而久之，就视而不见了。笔者在田野研究过程中，常常见到车工与"黑车"师傅打招呼、交谈，尤其是京籍的车工，与这些"黑车"运营者可能本身就是朋友，二者之间的矛盾对立反倒并不明显。特许经营与非法经营两个对立主体在具体的运营过程中，在面对游客表演的时候，表现出了和平共处的弹性，这也是什刹海胡同游民俗文化再生产的张力。

小　结

本章主要采用田野研究和文献研究的方法，梳理了从 2008 年 5 月开始实施的什刹海人力客运三轮车胡同游特许经营的缘起、过程和变化，重点分析了作为政府规训力的关键工具《特许经营违约计分标准及罚则》，从计分规则、构成到内容，阐释了什刹海景区管理处特许经营管理科作为政府管理的代表主体，对胡同游的企业运营、车工服务、文化展演等各方面的规训。2021 年，从"48 条"到"58 条"的转变，也更加突显了政府对于居民生活、媒体舆论、公共安全的进一步重视，也相应地将胡同游的经营空间进行压缩，对行为方式做了更多的约束，以政府为强势主体，对胡同游发展中居民、媒体、企业、车工、游客等多主体的行为和权利做了基本的界定，各主体都需在此框架下进行各自具体的文化再生产。

本章专门呈现了政府对于车工的规训，这是政府管理的主要内容之一，也与下一章车工的文化再生产分析做了衔接和融合。同时，也展现了什刹海胡同游讲解词从官方版本到企业版本再到车工个人展演的过程，说明表演中的文化更有生命力，什刹海文化的旅游再生产是专家、官方、企业、车工、游客共同完成的。

最后，以三个事例分析了政府在什刹海胡同游中的权力展演并非单一出自什刹海景区管理处特许经营科，而是由多部门，甚至是什刹海、西城区之外的北京市层面的多元化参与，其中"北京市政府服务热线"的强大作用力尤其值得注意。

在社会反响比较强烈的"黑车"问题上，呈现了特许经营企业、特许经营管理部门、车工三个主体的态度和行为，由于"黑车"基本都来自什刹海本地居民，他们的非法经营中携带着胡同游社区参与的权力表达，所以无论是管理部门还是企业都在鲜明的抵制态度之下予以包容。而在具体的服务和旅游表演中，来自特许经营与非法经营两个阵营的车工在具体的民俗文化再生产中各行其道、和平共处。各个权力主体对同一问题的态度和行为表达差异很大，这也是什刹海胡同游在前行中不断变迁的主要原因。

第四章 "新骆驼祥子": 车工的服务叙事

林语堂说过, "北平最大的动人处是平民, 决不是圣哲的学者或大学教授, 而是拉洋车的苦力"。[1]自从 19 世纪末传入中国以后, 人力车就成为城市客运的重要方式, 人力车工不仅是这个城市的服务者, 他们自身也是城市日常生活和文化印象以及现代化中的重要组成部分。[2]伴随着胡同游的开展, 人力三轮车以怀旧的人力蹬车方式再现于都市北京, 作为一种复兴的城市风景, 人力车工重新走入人们视野。在什刹海胡同游中, 人力车夫被称为"车工", 他们不仅为游客提供劳力服务, 也兼任讲解员而成为民俗文化讲述者, 与此同时, 车工连同他们的三轮车又一起成为游客眼中的风景, 是旅游建构的民俗文化空间的鲜活主体, 因此成为民俗文化再生产的重要载体和新传承者。本章在对什刹海胡同游车工进行深入的田野研究的基础上, 历时性地考察了车工的来源、工作、生活状态, 并重点以张跃荣和李三爷为个案, 呈现车工身兼劳力、文化表演者、民俗文化传承者三位一体的生存状态。车工因为地域来源、家庭情况、知识储备、个人性格和对什刹海文化的理解差异, 而在实际的民俗文化再生产中呈现出极强的个性化。这些车工身上携带的"他文化"也始终作为影响民俗文化再建构的重要因素, 并进一步促进其包容性和现

---

① 林语堂. 迷人的北平 [C]. 姜德明, 编. 北京平 [Z]. 北京: 生活・读书・新知三联书店, 1992.515.
② 李景汉. 北京人力车夫现状的调查 [J]. 社会学杂志, 1925.(4).

代性的彰显。此外，本章还以某特许经营公司为例，描述其生产"后海八爷""后海小八爷""后海团八爷"等文化品牌的过程，以及什刹海胡同游品牌的塑造、传播行为，发现企业是民俗文化再生产中最为积极和延续性的力量之一。

4.1 山西来了第一批"新骆驼祥子"

4.1.1 从山西招聘车工的计划与实施

徐勇的胡同游公司于 1993 年 4 月注册之后，一边设计产品、办理各种审批手续，一边招聘员工、组织培训，但在招聘三轮车工上却遇到了困难。最初，徐勇尝试聘请北京本地居民做车工，一方面合作方便，不涉及安排食宿问题；另一方面，也是最主要的，北京人自身承载的生活文化、市井文化，尤其是口语、方言、传说、故事等，与胡同游所追求的民俗文化体验高度一致，能与什刹海这片旧城区的文化空间相得益彰。但令他始料未及的是，在北京根本招不到车工。

20 世纪八九十年代，老舍笔下"骆驼祥子"的故事和形象深入人心，尤其深入北京人的内心。北京人一般觉得靠蹬三轮车谋生是比较丢脸的事情：贫穷、低贱、到处被欺压。即使反复跟他们讲现在是搞旅游，做文化传播，也基本没有北京人愿意做这份工作。徐勇无奈之下，到北京最偏远的怀柔喇叭沟门乡去，以 400 元的月薪也招不到车工，当地人觉得蹬三轮很没有面子，很可能连媳妇都讨不到。

20 世纪 90 年代，中国市场经济的发展程度不是很高，基于商业规则的服务意识也没有得到充分发展，一般的北京市民或郊区农民不能很好地理解服务业，从心底里比较排斥，尤其是对于这种被贴上旧社会底层群体标签的"人力车夫"的工作，更难接受。这与当时的社会政治导向、文化潮流、社会心态紧密相关,很少有人愿意做"骆驼祥子"。

徐勇为招聘二轮车工的事情伤透了脑筋,有一次在跟朋友聊天的时候提起这件事,朋友建议可以雇请外地人。徐勇想起了之前在山西、陕西等地摄影的时候见到过的三轮车,立即就兴奋起来,委托一个在山西做过知青的朋友联系当地的学校,召集了一批中学毕业需要找工作的小伙子,培训成为专业的胡同游车工。徐勇和他的团队专门到山西去,跟学校和当地政府的劳动派遣部门沟通。最后,当地政府将第一批40多个和紧接着的第二批80多个男青年派遣到北京参加胡同游蹬三轮的工作,并将此作为一个赴外地务工的重要项目进行了重点支持。直到现在,当地的政府领导都会每年到北京来看望这些车工,了解他们的工作情况和生活状态。

最初来京的毕业生基本都来自山西襄汾县某中学,后来逐渐扩展到周边乡镇的其他学校。当时,他们听说要到北京去工作,都对北京充满了向往,即使徐勇明确地跟他们解释了即将从事的工作是"蹬三轮",接待胡同游的客人,也几乎没有人反对或者退出。对首都的憧憬掩盖了他们对三轮车工这个职业的顾虑。就这样,这群来自黄土高原、有着"非常中国化的脸"①的小伙子,生龙活虎地来到了北京。

到了北京之后,公司将他们安排到胡同附近条件还不错的地安门旅馆住下,包食宿,每个月支付400元工资。他们接受了为期一个月的培训,内容包括北京的历史、胡同文化,还有什刹海胡同游的讲解词,也包括接待礼仪、讲解技巧、简单的英语口语,还包括北京市的交通法规、三轮车的骑行与停放规则等。这支规模庞大的人力三轮车队伍,清一色的年轻小伙子,一样的车子、一样的服装,一年四季穿在外面的坎肩、

---

① 作为什刹海旅游开发的重要符号,徐勇多次谈到这些"中国化的面孔"对于早期胡同游开发的重要意义,据他观察和分析,这种"中国化"的气息与什刹海的文化气质,在外国人眼里,是契合的。

毡帽子、灯笼裤、老北京的蓝口鞋，连发型都是一样的。就这样，他们拉着各种肤色的客人——主要是欧美游客，大多是大使馆工作人员、媒体从业者、文化学者、高端商务人士等——穿行在什刹海的胡同里，有时他们还拉着客人到天安门看升旗降旗，到大使馆、高级酒店去接客人。鲜红色的三轮车队悠游地穿过古老时尚的北京城，给当时的社会带来了惊喜和震动。新华社、《人民日报》、中央电视台等国内大型主流媒体都以"新时代的骆驼祥子"为主题对他们的工作、生活以及与外国游客之间发生的故事等进行了报道，在一定程度上更促进了胡同游知名度的传播。

　　笔者在调研中曾经问最早加入胡同游做车工的李师傅："你们刚来北京做这份工作，心里有什么感觉？"李师傅坦然地讲："做这个工作倒没觉得什么，就是来北京很激动，那时候开始有很多人出去打工，但你说来北京的，还是少数，而且我们是有组织的、有保障的，很激动。但你是不是拉黄包车的，蹬三轮车的，老家里没几个人知道，而且做这个工作能挣到钱，能给家里做贡献，这在老家也很光荣。"[①]

　　根据笔者的访谈和观察，这些山西小伙子并没有对"骆驼祥子"这个标签产生明显的反感，大多都欣然接受。其原因应该主要有两个方面：一方面，到首都北京工作的神圣感、与外国人接触交流的奇妙感和新闻传播的自豪感占据了他们思想和心态的主流，这让他们忽略了文化社会标签所隐含的意义；另一方面，老舍笔下悲惨的"骆驼祥子"的生活背景是民国时期的北平，而这群小伙子来自西北的黄土高原，不同的地域文化熏陶，使他们免于承受"骆驼祥子"这个标签的沉重压力，也就是说，他们并不很能感受到"骆驼祥子"这样的被压迫者的含义，反倒是因"劳动光荣""劳动人民最光荣"的意识而感到兴奋。

---

① 来自田野访谈，受访人：李师傅；访谈时间：2013 年 9 月 24 日；访谈地点：什刹海体校西门。

4.1.2　由车工成长为总经理：张跃荣的 20 年（1994—2014）

从山西来的这些车工，因为大多刚走出校园，还保持着比较强的求知欲，所以不少人在对本职工作渐渐熟悉之后，开始利用晚上的时间学习充电。他们报了计算机班、厨师班、美容美发班、英语班，有的还去驾校学习开车，在学习中不断谋划着新的工作和生活。后来一些人逐渐离开了胡同游公司，或者重新择业，或者回到家乡创业。对于大多数车工来讲，胡同游公司的工作经历是他们进入北京、了解北京、开阔眼界的一个平台，他们以车工和胡同讲解员的身份融入这个都市，有的继续留下，结婚生子，一辈子生活在这里，有的在获得了知识、经验、劳动报酬，开阔了眼界之后，回到家乡开饭馆、开商铺、办养殖场、买车跑长途等，也有重新返回什刹海做车工的，各有选择，但基本都比较顺利。

据第一批来到北京的车工张跃荣讲，跟他一起来的车工大概有 30% 留在北京，他们从事的行业总体还是以服务业为主。后来再来北京的车工留在北京的比例越来越小，这跟社会的多元化和就业机会的增加有关系。[①] 加上后来陆续来到北京从事胡同游工作，又离开胡同到别处就业的人，来自山西的车工群体已经有数百人了，很多人都还保持着联系，形成了他们在北京的一个重要交往圈，也是他们基于地缘和业缘形成的社交圈子。

据张跃荣讲，大体来说，回老家工作生活的人，性格可能相对比较保守，或者家庭情况要求他们不能远离老家。而留在北京的这些人，有些同样在做小生意，有些还在打工，大多属于性格不安分的，还想着寻找更多的机会"往上再走走"。

张跃荣是从山西来的第一批车工，出生于 1978 年。他当年刚从学校毕业来到北京做车工期间，利用业余时间报了培训班学习电脑、英语和

---

① 根据田野访谈，受访人：张跃荣；访谈时间：2013 年 11 月 14 日；访谈地点：什刹海。

企业管理。因为工作和学习十分繁忙，他从 1994 年跟着老师和同学们一起来到北京后，有 4 年多的时间都没有回山西。春、夏、秋胡同游旺季努力工作，冬季不忙的时候花大量的时间学习，还帮着一起筹备、经营冰场，用他自己的话讲，"一天到晚都很忙，一年四季都很忙，顾不上回家。那会儿我得努力往上爬，你不往上爬怎么办，为了生计、为了生存必须付出全部努力"。在笔者的访谈中，张跃荣多次这样描述自己的信念和工作状态。

另外一个不回老家的原因，也是为了逃避父母催婚的压力。在 20 世纪 90 年代初的农村，小伙子一从中学毕业，父母就开始张罗着说媒、相亲、筹备亲事，急着抱孙子。张跃荣的心很大，不想一辈子待在农村，借着胡同游的机会来到北京，北京这个大得多的世界让他应接不暇，而且乐在其中。

由于父母反复召唤，甚至还曾找到北京喊他回家，在北京连续待了 5 年零 4 个月之后，张跃荣第一次返回家乡，并在家人的安排和朋友的介绍下去相亲，相亲的对象在一年后成了他的妻子。结婚后，张跃荣把妻子也带到北京来工作，在西单商场里做专柜售货员。在张跃荣的眼中，妻子也是一位非常上进的人，做过很多行业，一直都不错。2002 年，儿子出生，张跃荣把母亲也接来一起生活。过了几年，母亲因为不习惯北京的生活把儿子带回了老家，因为父亲已经过世，他认为由儿子陪着母亲一起生活也是尽孝道，就没有阻拦。目前，张跃荣和他的妻子一起在北京工作，居住在公司提供的宿舍里。2014 年过年，张跃荣和他的妻子仍旧没有回老家，都要值班，一直到 3 月初，妻子才请假回家去看望母亲和儿子，他本人还是没有回去。

张跃荣从 1994 年 9 月来到北京什刹海的胡同里，就再也没有离开过，近 20 年的时间，他从普通的车工做到部门经理，再到总经理，他对自己的工作状态和收入都比较满意，并且一门心思考虑着如何把公司的业务做大做强。

张跃荣是胡同游 20 年发展历程的见证者、参与者，也是一个西北乡村来的中学毕业生通过胡同游的工作机会进入北京，并逐渐融入北京社会和日常生活的代表。他现在有稳定且值得骄傲的工作，有着基于地缘、业缘而形成的朋友圈，偶尔也在报纸、电视等媒体上露面，这种忙碌的状态使他获得了极大的成就感。笔者在 2014 年 3 月初再次找到他的时候，他说："最近特别忙，要进行新一轮的车工和导游服务技能培训，中旬就要上几个二三百人的大团，欧美团，我还没顾上布置下去，而且马上新一轮的特许经营招标工作就要开始，昨天我还去开了会，必须好好准备。"① 旅游这样一个行业，是开放而包容的，一个胡同游项目给了很多普通劳动者新的机会，对于像张跃荣这样能够把握机会并努力付出的人，生活的改变和社会阶层的上升流动完全可能实现。

4.1.3 随着三轮车胡同游一起成长

2021 年端午节期间，笔者再次约了张跃荣做访谈，当时他正骑着电动车穿梭在胡同游的线路上进行督查、指导。与笔者会合后，他的对讲机还在不停地响着，他一边注意着工作动态，一边与笔者聊天。7 年后，他依然是胡同文化游览公司的总经理，他先是兴奋地介绍着公司的发展壮大，除了三轮车胡同游，又发展了鸟巢片区的电瓶车游，还有温榆河公园的摇橹船，这几个团队有时候会一起团建。他的妻子早在几年前就回老家了，一是要陪着大孩子读高中、高考，二是要照顾新出生的二娃，如今二娃也已经要入小学了。他一个人就住在公司，那里既是办公地点，也是仓库，他住在那里一方面可以帮助看守，另一方面也节约了房租。

---

① 来自田野访谈，受访人：张跃荣；访谈时间：2013 年 3 月 5 日；访谈地点：北京什刹海体校西门的胡同文化游览公司办公室。

我问他是否这 7 年一直都在这个公司上班，他很自豪地肯定，而且说会一直干下去，只要这个项目还在、公司还在，他就会一直干，毕竟，各方面都已经轻车熟路，收入也能养家，生活过得还不错，基本上不会换工作了。这是一个从中学毕业就入京做什刹海胡同游车工，并将此作为终身职业的人。

4.2 从 2000 多人到 100 多人：大浪淘沙的车工队伍

如前所述，从 1997 年到 2000 年前后，什刹海胡同游进入鱼龙混杂的无序竞争时期，用于拉客的三轮车一度达到了 2000 多辆，有的还在车上装上电瓶以节省体力，在一定程度上影响了胡同游的文化特色和服务体验品质，其时，车工构成也极其复杂。

随着胡同游实施特许经营，根据空间承载量的计算，人力三轮车被控制在 300 辆。政府成立了专门的特许经营办公室对胡同游进行管理，"黑车"被取缔，由具有实力、资格的企业来经营，愿意继续从事车工职业的人应聘上岗。由此，胡同游的经营秩序大大改善，车工的职业、生存状况也开始稳定和提升。

从各个公司的统计资料来看①，结合笔者在什刹海长期的观察和了解，目前的车工主要是北方人，以山西、河北、河南、山东、甘肃、东北三省居多，有少量的北京本地人，也有极少量的四川人、湖北人、江西人，年龄大多在 35 岁到 55 岁之间，以农村户籍人员为主，几乎全是男性（"新后海八爷"中有两位女性硕士车工，体验了一段时间的一线服务

① 笔者曾参加过 2011 年年初的什刹海胡同游第二次特许经营招标的评审工作，得以见到所有公司的员工组成、财务状况及各项制度，但因这些资料属于企业机密，所以笔者没有拿到，但在与几位专家沟通过程中能够获得一些定性的信息。

工作）。他们大多是通过朋友介绍来应聘做车工的，经过面试、培训，考核合格后便上岗工作。他们中很大一部分是和妻子一起到北京来打工的，而孩子大多还在上学，交给老家的老人照顾，每年过年时回去，平时家里有事也会请假回去。什刹海胡同游的车工很多人在胡同的大杂院里租房住，为了节省房租，他们会把生活空间压缩到最小，多人合住或者把房子分隔成若干个小单元居住，据一位胡同里的老居民讲，前井胡同 3 号（其实已经不是一个院落了，而是一个小的居住片区），至少住着二百多户、五六百号人。[①] 他们平时基本上没有什么业余活动，结束工作之后大都回到租住房里休息。在夏天的晚上，常常三三两两相约出来喝点啤酒。笔者询问他们做这份工作的感觉，他们大都憨憨地笑称还比较知足，相对于建筑工人要轻松许多，只要勤动脑子、勤动嘴，常带笑脸，一般就会受客人欢迎，做这种跟人打交道的工作比纯体力工作要有意思得多。

2014 年前后，按照北京胡同文化游览有限公司的规定，每个车工每个月可以休息两天，家里确实有事要回去也可以请假，但时间不能太长，而且请假要扣基本工资。他们在冬季每天早上 7 点必须带着自己的车来到公司的集合等客点，下午 6 点收工，在这中间拉到客人的收入必须上缴，公司每个月给车工 500 元基本工资，拉每趟活儿有提成，客人给的小费完全归个人，而且他们在公司规定之外的时间出去拉活儿挣到的钱都归自己。当然，公司规定的考勤时间会根据季节调整，夏季会更长一些。在考勤制度、收入结算、车工管理方式上，每个公司都有所不同，但车工的大体收入差异不大。据粗略估计，每个车工全年综合下来的月平均收入会在 3000—5000 元之间，大多数在 4000 元左右，具体跟每个人的努力程度和讲解技巧有关系。

---

① 根据田野访谈，受访人：前井胡同的老居民张先生；访谈时间：2013 年 9 月 20 日；访谈地点：前井胡同。

图 4-1　笔者 2013—2014 年在什刹海田野研究的主要点位

　　胡同游的车工，是兼任驾驶员与讲解员的，蹬车是基本技能，体力好的能够蹬得快一点，在旺季的时候周转率较高，就能拉到更多的活儿。而且在公司规定的下班时间之后，体力允许的话还能拉点散活儿挣点外快。讲解则是千差万别，车工们的普通话水平、知识底蕴、表达能力和性格各不相同，讲得好的人能够传达给客人更多的文化知识，而且能够在聊天中与客人拉近距离，往往能够得到比较多的小费；而不擅表达的人，一般会跟客人保持距离感，比较难得到小费，所以收入会有差别。车工的讲解都是经过公司培训的，公司培训的蓝本是特许经营办公室提供给大家的统一解说词，每个公司又根据经验，或者请专家一起，对解说词进行改编、细化、优化和提升，形成总体一致又各有风格的讲解服务。车工在具体的讲解实践中，又会融入自己的理解，并根据观察到的客人的情况进行区别化讲解，善于言谈的车工还常把自己听到的奇闻逸事讲给客人听。根据杨利慧的研究，导游已经成为职业的神话讲述人①，

①　杨利慧. 遗产旅游语境中的神话主义——以导游词底本与导游的叙事表演为中心 [J]. 民俗研究，2014 (1): 27-37.

而什刹海的车工是陪同游客完成胡同游的导游，他们对于什刹海、胡同和北京文化传统的讲述会对游客的文化体验形成直接而深刻的影响，也会对他们的旅游心理、旅游记忆、体验叙事形成潜移默化的重要作用力。对于游客反映较多的有些车工瞎扯乱讲的情况，笔者曾询问过管理人员如何对付，回答说原则上规定不能乱讲，但车工为了跟游客拉近距离，有一些个人色彩的讲解在里面，公司一般也会默许，只要客人不投诉就不管。对于小费也是，公司规定不可以问客人要小费，但具体怎么做公司不管，只要客人不投诉就行。客人投诉跟拉私活儿一样，在什刹海是了不得的事情，一旦发现就会有非常严厉的处罚，尤其是　自管理比较规范的北京胡同文化游览有限公司，更是有多项监督管理措施。

图 4-2　车工们在进行主题为"如何让游客相信自己"的培训

为了提升车工的文化讲述能力以及在实践过程中即时调整的技巧，各个公司都经常组织培训，比如，2014 年 3 月 11—14 日，北京胡同文化游览公司对车工组织了一系列专题培训，包括拉活技巧、怎样让游客相信自己、礼仪服务、安全问题等，具有很强的实用性。

张丽君在以三轮车夫为主体的田野研究中指出，他们的口头讲述是在现代民俗旅游发展的环境中，在处于现代大都市中心的什刹海实践着的具有一定模式而又灵活生动的旅游口头表演。这种表演既是一种思维方式和交流方式，也是一种行为方式和获取经济利益的渠道，具有自我展演、文化表述、双向交流、实现经济利益和实践社会结构的多重性质。[①] 车工的讲解和服务，是胡同游对什刹海传统文化再生产的核心组成部分，也通过对游客体验产生的作用，反过来更进一步通过政府、媒体、学者、经营管理者对胡同游的下一步生产形成影响，进而落实到他们身上。车工本身是劳动力、表演者、传承者三重身份合一的都市民俗文化旅游资源生产主体。

到 2021 年 5 月 12 日，第五次特许经营招标结果公示后，什刹海片区从事胡同游的三轮车数量已经缩减至 180 辆，有个别车辆因为车工未到位，还在停车场闲置。目前的车工数量不足 180 人，有些人年龄大干不动就退休了，有些人在京另谋职业，有些人回老家再找工作了。笔者在田野研究过程中，遇到一个从 2000 年一直工作到现在（2021 年 6 月）的王师傅，他是从山西来的，来之后就进入了徐勇创始的，也是张跃荣所在的胡同游览公司，一直工作了 20 年。2020 年 1 月 24 日因为疫情被迫停业到 10 月 19 日复工，这大半年的时间，他也没有回老家，而是在北京天通苑地区送外卖。说起做外卖员的日子，王师傅觉得不如做胡同游车工，送外卖是纯拼体力的活儿，时间是第一要求，而且顾客的要求五花八门，很难全部回应。而做车工，只要蹬得动车，耐心地给游客做文化讲解，有礼貌提供服务，一般顾客都会满意。所以，相对来说，自己还是更适合做车工，况且挣钱也不少。据张跃荣讲述，在疫情期间有

① 张丽君. 都市民俗旅游口头表演研究——以什刹海胡同游的三轮车夫为考察对象 [D]. 北京：北京师范大学, 2009.

一批车工另谋职业，但是重新开工后，大多又回来了，大家对这个职业的认同感还是很强的。

另一方面，笔者于 2021 年的田野研究中，仍然发现有少量非特许经营车辆在胡同游的线路上穿行，车工也在熟练地"打活儿"（即招揽生意），价格弹性更大，但车辆就是普通的无篷电力三轮车。笔者随机访谈了三位车工，都是住在附近的居民，也都干了不短的时间。这是一个游离在合法经营体系之外的队伍，他们在线路、讲解和服务上，尽量靠近特许经营的服务，但是车辆、着装、配置的自由散漫性，还是对近 30 年来形成的相对稳定的"三轮车胡同游传统"造成了一定的破坏。

4.3 "后海八爷"品牌崛起

2008 年，三轮车胡同游开始实施特许经营，想继续从事该行业的车工们需要在获得特许经营权的 9 家企业中再就业，车工群体发生了规模最大的一次再就业分流。2010 年，有一家特许经营企业的女老板，在培训过程中发现有几位北京籍车工，操着纯正的京腔，还自小生长在什刹海，于是就把这些人聚集在一起，策划推出了"后海八爷"的胡同游品牌，众多媒体前来采访报道，引起不小的轰动，"后海八爷"一下子成了名人。

北京什刹海古韵风情胡同文化发展有限公司
对"后海八爷"的介绍单页 ①

刘春宏，文玩板儿爷。能说英语，会讲日语，站在那儿，就透着一股文化劲儿，在后海八爷里被人称为"文大爷"。

---

① 2014 年 6 月，笔者访谈古韵风情公司策划负责人时，公司提供。

常秀宁，笑眯眯的"侃二爷"。1959 年出生至今一直生活在什刹海，人称"侃二爷"，喜欢下棋，性格和善，永远都是笑眯眯的样子，不管遇见什么事儿，都有里儿有面儿！甭管什么客人，只要一接触他，就觉得心里舒坦。但是您可别把二爷想简单了，北京人儿的"蔫儿坏"说的就是二爷。二爷最擅长"胡同文化——转胡同"，操着纯正的京腔，一路上的北京市井文化、原住民的生活习惯、邻里之间，这一趟侃下来，老北京的那些事您绝对"门儿清"。

李三爷，好人缘"李三爷"，把您逗乐了容易，再给您聊哭了是他的本事。什刹海美不美，全凭李三爷的一张嘴！李三爷今年 61 岁，是土生土长的北京人。2003 年下岗后，为了养家做起了车夫。"现在做车夫的北京人少，大多数是外地人，没有统一的解说，有时会把一些胡同文化讲错，"李三爷说，"我感觉这是一种责任，我要以一个老北京人的身份，将准确的胡同文化讲给其他的车夫。"值得一提的是，李三爷也经常给公司的 70 多名车夫培训北京胡同文化。车夫们愿意听李三爷讲故事，故事记住了，生意更好做。

郝宝林，算盘珠子"郝四爷"，正经老北京，能吃好喝会算计。最初郝宝林觉得，做车夫是纯体力活，让人瞧不起。当时觉得在老街坊、老同学面前抬不起头来，但做上车夫后逐渐发现，这一行越干越有意思，不仅能挣钱养家，还能锻炼身体，更重要的是一种文化传播。

松广新，皇带子"松五爷"，正黄旗的八旗子弟。松五爷祖上是正黄旗的八旗子弟，虽然如今一个人拉扯一个闺女住在什刹海岸边一个普通的小院里，但五爷皇带子的脾气还在。"什刹海胡同谁不认识我？哈哈哈"，北京人"一站三道弯儿"说的是五爷，但"形浪而神不浪"说的也是五爷，五爷的"讲义气"可是在胡同里出了名儿的。三十年河东三十年河西，想当年他爷爷是坐车的，现在松五爷是拉车的。五爷带您"府邸文化——游王府"，从王府文化，到王府建筑，话里话外间，您一定能感受到"皇带子"的精髓所在。

李刚，"小诸葛六爷"，认为讲述什刹海的故事是最骄傲的事。2000年时搬到了北官房胡同的一个小院儿里。当很多位于湖边的，有着几十年历史的老房子都租出去了，并且变成了现在的酒吧和咖啡馆儿时，六爷说："对于我现在的工作我很骄傲和自豪，因为我可以跟客人讲述这里曾经的故事。"

杨法明，"京剧票友杨七爷"，你损他一句他有十句等着你，可是你要夸他一句他就傻眼了。套上对襟儿大褂，踏上千层底儿的布鞋，戴上黑边儿眼镜，一脸斯文的杨法明踱着四方步从大金丝胡同的斗室里晃悠悠地溜达到平安大街边儿上的旅游咨询中心。拿起抹布仔细掸了掸眼么前儿的这辆簇新三轮儿，再跟旁边的几个车工同行扯了会儿闲篇儿，杨法明当天的运气很好，趴了没多会儿就有两个小姑娘买票上车。就着秋日的凉风，穿行在风景如画的后海岸边，再拉着两个轻飘飘的"小姑奶奶"，杨法明兴致所致，一段儿"借东风"脱腔而出，竟惹得后座上一片巴掌声。杨法明得意地笑了。对于他来说，自己前半辈子的人生经历绝对不算是喜剧，但因为后半辈子在家门口谋上了三轮车工这份差事，日子开始向着喜剧方向发展。

吴砚军，"好掂勺的吴八爷"，能做几道老北京的拿手儿菜，聊痛快了，直接给你拉家去解解馋。"八爷"们大多就住在后海的胡同当中，聊高兴了，"爷"们会蹬着三轮把你拉回家，泡上花茶在大杂院里摆上马扎儿和你喝上一壶，再就手给您做俩家常菜。对于很多希望了解原汁原味老北京文化的人来说，这种乐趣，不是走马观花的胡同游所能享受得到的。

公司挖掘出每位"爷"独特的气质，给他们排次序、起名，格外强调他们老北京人的本地身份，并各有其文化代表性，正黄旗出身、什刹海边生长、京剧票友、老北京厨艺等等，还有突出文化底蕴与外语专长的结合，既个性十足，又是一个和谐的"爷"团队，每位爷手上的三轮车胡同游介绍单页都是量身订制，既有特许经营管理科要求的地图、线路、收费、简介等基本信息，又有自身作为"后海八爷"的介绍，对游客有不一样的吸引力。他们或站立，或行走，或蹬车穿行在什刹海，本身就是一道风景，具有"地道北京味儿"的"符号"。

图4-3 "后海八爷"人手一张的个性化介绍页（四爷郝宝林的介绍页，正面）

公司设计的彩色塑封宣传页，几位"爷"人手一张，宣传页正面的主体内容是对《北京晚报》相关重点报道的直接引用，而且左侧栏里特意强调了"报道媒体"，借用媒体的力量提升品牌的价值，这种营销手法颇为巧妙。每位"爷"手里的那份宣传册都是个性化设计，除了模板化的内容，两侧分别有一张自己的照片。

图4-4　"后海八爷"人手一张的个性化介绍页（四爷郝宝林的介绍页，背面）

宣传页上对"后海八爷"是这样描述的：

　　不久前，北京后海胡同里出现了一支由"老北京"组成的三轮车队。八位40后、50后的大龄中青年结成了"后海八爷"组合。蹬着三轮车，操着"京片子"为乘客细侃北京原生态。或许是被"国际化"浸润了太久，土生土长的北京人听"八爷"们侃大山都有些吃力。更为难得的是，"八爷"们住在后海的胡同当中，聊高兴了，"爷"们会蹬着三轮车把你拉回家，泡上花茶，在大杂院里摆上马扎儿和你喝上一壶。对于很多希望了解原汁原味老北京文化的人来说，这种乐趣绝不是走马观花的胡同游所能享受得到的……这"后海八爷"有下岗的，有买断工龄的，有内退的，有一个人拉扯孩子的，总之没一个富贵人家。把他们组织到一起，发给他们运营执照，一方面给他们找出路，另一方面他们身上与生俱来的老北京味儿其实也是地道的文化遗产。现如今，什刹海 300 辆三轮中，除了这几位爷，几乎就再没多少本地人干这行了。对于"后海八爷"组合的前景，八爷们的领导倍儿有信心。①

简短的包含北京方言表达方式的文字，凸显了后海八爷的地缘优势和他们本身所承载、携带的老北京文化，无疑给游客带来了极大的诱惑力。需要说明的是，"八爷"确有所指，但又不局限于他们八位，而是整个古韵风情公司的十多位三轮车工共用"后海八爷"这个品牌，放大其市场价值，成为 9 家经营公司中最有文化特色的车工团队。

从"骆驼祥子"到"后海八爷"，是一种典型的符号表征转换，这种表征转换让车工尤其是北京本地车工感觉扬眉吐气。三爷曾经愤慨地向笔者讲述过："我最讨厌别人叫我骆驼祥子了，什么新时代的骆驼祥子，乱七八糟的，瞧不起人，骆驼祥子是旧社会的底层，吃不上饭，活不下去了，才靠拉车过活。现在什么社会了，我们是那样吗？我们穷到那个份儿上了吗？我们有那么惨吗？那些媒体的记者一来就喊我骆驼祥子，我一听就不搭理他们。"在北京籍车工看来，"新骆驼祥子"这一符号化的称谓对他们是一种"污名化""人为边缘化"，也正是这种社会眼光，让他们很长一段时间里无法突破这种职业选择对心理造成的压力和障碍，影响到日常生活。而"后海八爷"的称号就完全不同，"爷"的称呼将三轮车工的身份赋予北京人尊崇的"爷"的概念，无形中提高了车工们的形象，更突显了车工们对于老北京文化的传承，也激活了他们身上宣传北京文化的责任心和自豪感。对于游客来讲，"新骆驼祥子"突显的是服

① 摘自后海八爷手中的宣传页，内容源于《北京晚报》2011 年 11 月 19 日，第 17 版。

务意识，"后海八爷"突显的是文化展演的本地基因和本土味道，满足的是不同年代、不同群体的心理需求。而媒体在 20 多年的历时性中，从对"骆驼祥子"的猎奇性符号宣传到"后海八爷"的传统文化推广，也显现了社会大众对于车工本人的尊重和对传统文化社区传承的期待。

另外一个值得注意的现象是，在"后海八爷"公司的宣传页上，还保留着最初由胡同游创始人徐勇所设计的"到胡同去"的口号，还添加了艺术字体的英文 To the Hu Tong，主要用以招揽外国人。

笔者寻访"后海八爷"经历了一个曲折有趣的过程。2012 年 12 月的一个下午，笔者到什刹海做车工个案寻访，在后海南沿遇到了郝四爷，由于时近黄昏没什么客人，他带笔者进行了一次从容的三轮车胡同之旅。笔者也从郝四爷口中得知了"后海八爷"的名号，当即决定把他作为重点跟访对象。但几个月后由于联系方式丢失，笔者多次来到什刹海向其他车工打听"郝四爷"，有些人根本不知道，有些人貌似认识但又假装不认识，还有些人敷衍地说他早就不干了，离开什刹海了。直到 2013 年 9 月，笔者不无遗憾地向张跃荣先生提起此事的时候，他告知笔者，郝四爷还在，就在前海东沿那里停靠待客，随时可以找到他。这一寻访过程的坎坷，让我充分感觉到车工之间的利益竞争关系，他们把我当成是可能使他们获利的客户资源而热情搭话，但发现无利可图甚至可能将利益导向其他个体手中时，立即表现冷漠，或者明显地说谎。而张跃荣作为另外一家公司的高层管理人员，因为与笔者在田野工作中建立的友情，而且大概也因为已脱离一线车工的群体，因此大度而慷慨。后来，在笔者与胡同游接待户建立联系的过程中，张跃荣先生也提供了诸多帮助，成为笔者在整个田野研究中的关键人物。

4.4　李三爷的记忆与表演

4.4.1　三爷胡同里的童年

2013 年 9 月，我再次见到郝四爷的时候，什刹海景区正处于淡季，游客较少，他把车放在等靠站，在一家民房里打扑克牌，他看到笔者的时候也一下子想起来了，像见到久别的老朋友一样，我们都很高兴。我提议请他一起吃饭聊聊，他爽快地答应了，让笔者在银锭桥等候，他先回家把车停下。他再回来的时候，已经换掉了土黄色的工服，身边还有一位年纪稍长的车工师傅，就是"后海八爷"中的"三爷"。在烟袋斜街北部的"烩面王"吃饭的两个小时里，笔者发现，三爷现在几乎是"后海八爷"的发言人，他出身书香门第，受过良好的教育，做过工会工作，善于表达，而且年龄较大，从出生到现在一直住在什刹海后海南沿，做胡同游车工也有 10 年的历史，所以从各个角度讲，他都能代表"后海八爷"发言。这可能也是郝四爷一定要带上他赴约的原因。

李三爷生于 1956 年，从出生起，除了到延庆山区插队那几年，一直生活在现在的院子里，只是这个院子已经今非昔比了。根据他的回忆和讲述，他们一家是 20 世纪 20 年代自爷爷那辈从河北辛集搬到北京的。爷爷在北京城里经商，生意做得很大，有布店、玉器店、古玩店、工艺品店等，大多在前门。后来，爷爷在什刹海后海南沿买了院子，一家人都在这个院子里生活，李三爷就出生在这里。三爷的爷爷奶奶一共生育了 5 个孩子，3 男 2 女，两个女儿在新中国成立前就病逝了，剩下 3 个儿子，都受过严格、良好的教育，并在各自的岗位上做出了令人瞩目的成就。李三爷的父亲排行第二，大哥作为长子继承和掌管家族全部产业。在新中国成立后的公私合营前夕，大家长安排长子到香港、东南亚继续经商，把家族事业开拓做大，之后大儿子就一直定居海外，1982 年才第一次回国探亲，前些年在加拿大去世。因为有这种"海外关系"，李家在

"文革"中还受到了很大的冲击。三爷的父亲是国家图书馆的研究员，ISSN 中国国家中心创建负责人李镇铭[1]，享受国务院特殊津贴专家，在中国学术研究界有极大影响。三爷的叔叔，曾经当过北京市的主要领导。李家三兄弟的成就在什刹海地区令人瞩目，传为美谈。

三爷出生的时候，李家大院还是独立的院落，他时常想起小时候在院子里乘凉，父亲给他们兄弟讲故事的情景。李家西侧隔壁是民国四公子之一张伯驹的旧居，再隔几家是曾任国家主席的杨尚昆同志家，李三爷说他小时候还经常看到杨尚昆在后海边上钓鱼。说起自己家院子以前的样子，他的表情仿佛又回到了儿时那温馨悠然的生活中：

> 小时候，我们家院子大，院子里有葡萄架，架子下面是石桌石凳，南边还有一个小土坡，我们大多数时间都在院子里玩。给我印象特别深的是，夏天的时候，我们用那种旧的木头板凳，两头各支一个，上面搭一个床板，我们就躺在院子里面乘凉，我父亲就给我们讲各种各样的故事，讲《西游记》，讲《水浒》，还讲什刹海周边的一些名人、历史和典故，就像讲故事一样，我们听得特别认真，记忆非常深刻。我从小就听这些，这也就是为什么什刹海的文化我知道得比较多的原因。[2]

1967 年的时候，因为成分不好，而且有海外关系，父亲被下放到湖北的"五七干校"。1968 年，政府把李家的房子收了，在院子里加盖了不少房子，分配给不同的人居住，李三爷的四合院生活在十多岁时戛然而止。

---

[1] 蒋弘. 记 ISSN 中国国家中心创建负责人李镇铭先生 [J]. 国家图书馆学刊, 2005 (4):79–82.

[2] 2014 年 2 月，笔者到李三爷家里访谈，他向笔者回忆了他的儿时生活和他的父亲，感人至深。

4.4.2　从国企工人到胡同游车工

"文革"后，李三爷开始读高中，毕业后到郊区插队。两年多后被分配到延庆的兵工厂，待了 6 年，厂子关门后回到城里的一个计量站工作，后来又调到北京啤酒厂干了 10 年，直到 2003 年春天下岗。当时，三爷的孩子正在读高中，妻子的收入微薄，不足以支撑家用，生活压力很大。

2003 年夏天过去，有人建议三爷，不妨也去蹬三轮拉客人搞胡同游，能挣一点是一点。经过激烈的思想斗争和感情挣扎，他接受了从体面的国有企业职工到蹬三轮车谋生的心理转变。十多年过去了，三爷回忆起他踏出的这一步，心情仍然难以平静，在跟笔者讲述时几乎眼泛泪花："我永远都忘不了 2003 年 11 月 11 日一大早，天有点凉，我推着我买的那辆二手车，拿上老婆给做的毯子，走出我家的大门，我老婆跟在我后面，我心里很不是滋味。"[①] 他刚开始蹬三轮时，生怕街坊看到他，遇到人都低着头或者躲开，果然有老太太点着他的头说："浮子啊，怎么就到这一步了？怎么就开始蹬三轮儿了？"[②] 他无言以对，以他们家的背景，主要是他爷爷置办的大院，尤其是他父辈们在商业、学术界和政界创造的辉煌，让他觉得去蹬三轮对不起他们，没法跟他们交代。2003 年，正是什刹海胡同游最混乱的时期，他就是个体经营者之一，凭借着老什刹海人的口音里流露出的北京味儿和他对什刹海的熟悉，他在众多的竞争者中有比较优势，很快便受到了游客的欢迎。随着社会的逐渐开放和观念的改变，再加上后海从事胡同游的人越来越多，三爷逐渐消除了心理障碍，开始喜欢这个新职业，在家门口依靠自己从小熟知的文化来挣钱，很有自信心和成就感。

---

① 来自田野访谈，讲述人：李三爷；访谈时间：2013 年 11 月 10 日；访谈地点：什刹海某饭馆。
② 来自田野访谈，讲述人：李三爷；访谈时间：2013 年 11 月 10 日；访谈地点：什刹海某饭馆。

郝四爷家也是民国时期从河北迁过来的，一直在鼓楼前做生意，他们家住在烟袋斜街，庆云楼的东侧，2007年斜街整修的时候，把他们家的房子进行了翻建。目前，四爷一家仍居住在斜街。承蒙四爷慷慨，被我的多次请求打动，带我去家里看了看。果然如他所说，他们家成了"孤岛"，一圈都是商家，只有他们家居住在中间。为了不菲的房租收入，他们把其中一间房租出去给一家卖烟斗的，一年租金十多万元，成了他们家的主要收入来源。他们一家三口则住在一间十多平方米的房子里，郝宝林顶住压力在平房上面加盖了一个小二层，这样他们家就变成微型复式房子，一层放沙发、电视，可以吃饭、看电视、聊天、休息，二层是卧室。郝宝林今年48岁，做胡同游的三轮车工也已经将近10年，妻子今年39岁，在一家大药房里售货，他们有一个12岁的女儿，在附近读小学，一家人其乐融融。车工的工作加上房租收入，让他们的小日子殷实幸福。

4.4.3 晋升"后海三爷"的从容与自觉传承

2008年，政府宣布对什刹海胡同游的三轮车实行特许经营，这对没有企业依托的李三爷、郝四爷们来说是一个巨大的冲击，意味着他们要在自己的家门口再次失业下岗。大家纷纷聚在一起想办法，最终他们委托李三爷为代表，写了诉状，到西城区政府去表达他们的心愿和诉求，他们申请作为独立个体，归什刹海风景区管理处直接管理，不纳入特许经营的招标企业中去。因为他们没有企业背景，而且不愿意给企业打工，想在政府的部门管理之下相对独立地运营，一样纳税，一样接受监督。但这一诉求没有得到满足，所有的车工，包括他们这些什刹海地区居民，要想继续从事胡同游，必须到经过招标获取特许经营资质的企业中应聘，经过考核合格后上岗。这个规定，对于三爷来说，又是一次重大的心理转型，做了大半辈子国家的人，到50多岁了还要给私人打工，这种心理落差很长时间才缓过来。

"后海八爷"刚刚包装出来的时候，里面没有李三爷，那时他还在别的公司上班，后来八爷中有一位辞职，有人推荐他加入了这个团队。一加入"后海八爷"，他就成了品牌代言人，接待过很多媒体和领导。他在第一次见到笔者的时候，象征性地询问笔者的访谈目的之后，就给笔者讲述了一个多小时关于胡同和胡同游的看法，大部分都是由长期的讲解经验形成的，也是在反复对媒体讲述的过程中练就的。他多次强调要把什刹海胡同游的优势、特点写进笔者的文章里，要把政府给他们改造水电系统、修路、架路灯这些事写出来，要感谢政府做的这些事情，"我知道你们这些来采访的目的是什么，好的一定得写进去"。①

三爷对于目前在家门口蹬三轮当"爷"的生活比较满足。自从他加入到"后海八爷"的团队以后，由于他对什刹海的熟悉、文化知识的积累以及健谈的优势，很得老板赏识，也受到其他车工的尊重。他根据自己的记忆并查阅相关资料，满腔热情地整理出了"三爷版"的什刹海胡同游讲解词，并给全公司的车工进行培训。"三爷版"的导游词与官方给出的标准导游词的最大区别就是字少，但是条理清楚，该有的文化内容都有，甚至还有不少官方版本缺少的内容。这种简洁、重点突出、讲述灵活的讲解词，带有明显的口述特征，三爷以自己的生活与知识积累将文化传统讲述给其他车工，其他车工也通过倾听的方式接纳，并经过自己的二次加工再讲述给游客。这种从记忆到口述再到讲述的讲解叙事，从故事文本的创作到故事展演，全程都具有鲜明的口头性，对于车工来说容易记住而且可以很自然地融入自己的理解进行个人性的口述表演，对于游客来讲，在具体的旅游语境中理解、感受得也自然，"口述"与

---

① 来自田野访谈，受访人：李三爷、郝宝林；访谈时间：2013 年 11 月 10 日；访谈地点：什刹海某饭馆。

"传统叙事"之间是天然般配的。而长达数万字的经过专家编写、政府审定的"专业版"胡同游讲解词，车工们普遍反映比较难记，一般都要通过比较善于讲述的人加工一下再给车工们培训。

三爷是一个认真、娴熟、善良、成功的什刹海文化传统承载者、讲述者和表演者，他既作为居民又作为从业者，以双重身份参与胡同文化再生产，因其对文化语境的深入理解和讲述技巧的把握，不断地在这个旅游场域中进行个性化的文化叙事。同时，他对那些讲解不认真甚至错漏百出，或者一味迎合游客的猎奇心胡乱讲解的车工非常反感。这就是共存于同一个生产场域，承担同样的功能，但充满着个性化的文化叙事，正因为这种多元化的差异性，每辆车、每个人都成为仅此一例的风景。李三爷说，一般只要客人不着急而且愿意听他讲，他都会慢慢地拉着客人走，给他们详细、深入地讲解，客人经常听得很入迷，到站了也不愿意下车。他以一口纯正的京腔讲述那些富有年代感、饱含细节的胡同故事，让客人入情入境，真正体验到什刹海的历史、文化以及鲜活的人物生活。有几次，他给客人讲他隔壁的邻居、民国四公子之一张伯驹的故事，把客人讲哭了。

2014年，三爷曾经非常认真地问过笔者，再过两年他就60岁了，就会有退休金，到时候他就不想蹬三轮了，他可不可以把自己从小到大的经历，尤其是小时候的胡同生活写下来，放到网上给大家一起看。当然，期待着一个什刹海人生活史自我表述的诞生！

2020年8月，由60余位土生土长的什刹海原住民撰写的文集《我家住在什刹海》由北京出版社出版，书中记述了新中国成立以来，他们在什刹海生活的亲身经历和所见所闻，记述了他们对胡同文化的感受。李三爷写作了一篇《风雨中的前行与感动》①，详细记录了自己下岗以后

---

① 赵书华，王德泉，主编. 我家住在什刹海 [M]. 北京：北京出版社，2020.343.

开始从事三轮车胡同游、做车工的心路历程。刚开始拉"黑车"的冒险经历，特许经营后加入"后海八爷"团队、老哥儿几个重聚的畅快，后来又根据公司的安排应邀去电视台接受采访、带着三轮车到多地参加旅游文化博览会，直到今日担任公司顾问、负责培训和考核车工队伍，在生于斯、长于斯的什刹海，学习、展演、传播基于三轮车胡同游的文化传统。

4.5 "后海小八爷"的品牌轰动与传承

几年之后，再见到三爷，刚一坐下，他就特别来劲地跟我说："嘿，你听说了吧，我们 2017 年搞了个'后海小八爷'，特成功。舆论很轰动，很多人专门跑来看小八爷，特意要坐一下他们的车。"一边喝着花茶，一边向我讲述起了这项特别的品牌传承人选拔培训上岗活动。

"后海八爷"团队在 2011 年成立的时候，平均年龄就已经接近 50 岁了，二爷甚至已经过了 60 岁。经过这几年的发展，企业带着大家摸索出一条与众不同的什刹海文化历史、民俗风情讲述方式，建立起了具有一定知名度和认可度的品牌。但是车工这个职业对体能的要求比较高，一般过了 60 岁就退休了。

从 2014 年开始，"后海八爷"品牌所在的北京什刹海古韵风情胡同文化发展有限公司就开始着手面向社会招聘接班人。当年给出的月薪为 7000 元，招来了第一批 6 名大学生，懂得英语，能够与外国游客交流，但是没办法全职工作，很快就又辞职了，最长的也没干够 3 个月。这次招聘在社会上引起了不少的讨论，大多数大学生还是认为车工是体力活，比较没有面子，也没有成长性。但也有一部分人认为车工除了蹬车之外，还要进行文化讲解和游客服务，也是有技术含量的。

2017 年, 公司组织了第二次大规模的社会招聘, 根据第一次的经验教训, 对招聘规则进行了调整, 月薪升至万元, 且不再要求户籍、学历, 甚至不要求全职; 但同时此次招聘对应聘者文化素养有了更高的要求, 要求应聘者要热爱北京, 对北京文化有浓厚的兴趣及认同感, 爱旅游, 还要有一技之长, 如具备唱歌、演奏、绘画、摄影、手作等技能。本次成功找到了 6 名符合条件的员工, 有 4 个是北京人, 有 3 个有海外留学经历, 能够熟练地与外国游客交流, 热爱老北京传统文化, 长期致力于文化传播。他们与胡同游的特殊缘分和文化契合, 从公司给出的宣传文案中可见一斑。

公司对"后海小八爷"的介绍文字[1]

王雪宜, 跨界雪姨, 不想做工程师的艺术家做了后海女车工。1985 年出生, 北京人, 曾到英国学习航天工程, 后到加拿大学习视觉艺术。现在进行绘本和插画艺术的创作。从理科生到艺术家再到"后海八爷", 有如此大的改变, 是因为雪姨天性中有更多的跳脱和猎奇, 不想规规矩矩地计算, 按部就班地生活, 而艺术和文化能让她更自由地创造和表达。另一方面, 对"后海八爷"背后文化传承与信仰的执着, 使她的艺术探索之路有了更多的灵感来源。理科出身的艺术家雪姨最爱"名人专线——会名人", 有理科奇人郭守敬, 也有文坛大咖郭沫若, 有国际名医也有民间烤肉王, 雪姨能告诉你什刹海众多名人逸事。

李歌吟, 马路骑士, 吟哥, 什刹海首位女车工。1987 年出生, 北京人, 先后毕业于北京服装学院新媒体与动画专业、意大利都灵美院版画专业, 现在进行自由创作、开展艺术课程与活动。因加入"大清

---

① 由古韵风情公司策划负责人于 2021 年 6 月提供。

邮政"北京明信片原创作家，开始与什刹海结下不解之缘。2017年12月加入"后海八爷"，成为首位什刹海女车工。吟哥最爱"美景打call——观美景"，凭着艺术天分，她发现了什刹海最美的拍摄钟楼的地方，找到了最古老的藻井，还痴迷于民国四公子的故事，跟着吟哥你能看到什刹海最美的风景。

张柘，画家师爷，长得最像艺术家的后海车夫。1987年出生，北京人，曾到意大利学习绘画，现在进行艺术创作。2017年12月加入"后海八爷"，成为"后海八爷"成员。师爷热衷于"府邸文化——游王府"，王爷、贝勒、贝子，他们的故事信手拈来，谁是"鬼子六"，谁是"铁帽子王"，没有人比他讲得更好。艺术创作看似与"后海八爷"无关，但也许有一天师爷会把这些看似无关之物衍生到他所创作的作品中。

张雷，二环车神，雷爷被评委会认定为唯一适合做一辈子"后海八爷"的人。1982年出生，山东人，喜欢户外运动，热爱骑行，骑行累计超过10万公里，车技酷炫并有丰富的骑行经验。他十分喜爱北京文化，在什刹海生活十年的他，认为什刹海就是心中的挚爱净土。这里的一草一木，这里的日出和日落都是他的最爱，什刹海是他心目中的乌托邦。"食客专享——品美食"是他最拿手的本领，吃过"武吃"，最爱酱羊脑，还能附赠买烧饼秘籍，如何在什刹海吃得与众不同，首选雷爷。"后海八爷"对于雷爷来说，是一份"最纯粹的工作"，他享受在这个绿树成荫、碧海蓝天的地方，轻松、自由、愉快的氛围。未来的他决定用三轮车刷新他的里程记录，用最真诚、最直接的交流方式，让更多的人了解真实而美丽的什刹海，远离那些各种会议与加班的城市工作，有更多的时间热爱生活和陪伴家庭。

石垒，美男子小四爷，喜欢雕刻的"后海小刘烨"。1988年出生，北京人，从小生活在什刹海周边，10岁起学习西洋乐器，也对美声情有独钟，还从事过演员工作。热爱传统文化并坚持核雕木雕工作，2016 年成立个人工作室，致力于传统匠心与文创产品的开发。出于对传统文化的浓厚兴趣，小四爷认为作为年轻人不仅要传承和发扬老一辈人留下的文化和技艺，更要发挥年轻人的优势，通过活力和创新来传播社会正能量。小四爷打小住在什刹海，深知什刹海那些不为人知的景点，"美景打卡——观美景"，他讲的都是那些"十分钟年华老去"的故事，他能从千年"天桥"讲到百年浴池，也能从"北京一夜"讲到"钟鼓楼"，因为他的家就在什刹海。

郭梁，语言达人郭一瞪。精通四国语言的漂泊画家，梦想就是在什刹海叶落归根。1984 年出生，北京人，毕业于北京工业大学机械工程系，及意大利都灵美术学院绘画系。出国前郭梁几乎从未离开过出生地，过着一种乏味平和的生活，但是生活将他推向了远方，推向大海和高山，他渴望路途上的故事，也渴望交流，精通四国语言的他，天生的耐力和语言天赋给了他优势，他沿着丝绸之路搭车旅行，也曾经在伊朗的德黑兰度过难熬的斋月。最后他回到了北京，带着许多不同的身份在什刹海的海边安顿下来，他白天在前海和后海流汗，为别人讲北京人的悲欢离合，此时是车工，傍晚回到积水潭的工作室里，就变成了画家和写作者，他将来还想去摇船，也想在酒吧里轻轻唱给陌生人一首异国的曲子。对他来说，什刹海即是大海，此时便正是春暖花开。

公司首先组织对"后海小八爷"进行了系统的培训，包括蹬车技能、讲解技能、服务技能、经营规则等多个方面，李三爷作为总教头，联合几位老车工，对他们进行了毫无保留的教习。在这个过程中，不管是公司，还是老"后海八爷"都已经把胡同游作为了文化遗产在传承，主动地采用师傅带徒弟的方式，在各项技能上予以传习，在职业道德上进行规范和引导。5 位年轻化、高学历、海归派、艺术性的"爷"们上岗，迅速吸引了各路媒体的眼光，电视台、报社以及多个新媒体蜂拥而至，"后海小八爷"迅速走红，也引得许多市民专门来后海寻找这几位胡同游的传承人。其中，两位高颜值的海归"女八爷"李歌吟、王雪宜最受媒体瞩目，在百度、微博、抖音上搜索"后海小八爷"，便会有大量的关于她们的报道。

抖音上一条关于李歌吟的视频，她自我介绍为"北京人，兼职在什刹海蹬三轮车的青年艺术家"。她大学学习版画，后又在意大利学了 4 年画画，回国后，成立了自己的工作室。出于各种机缘巧合，来到什刹海，加入"后海八爷"团队，蹬起了三轮车。根据需要，每周来工作 2—3 天，其他时间继续画她的版画、当她的老师。做车工的经历给她的艺术创作带来不少灵感，也给她的生活增添很多乐趣。

在抖音上也搜索到一条关于王雪宜的视频，标题为"蹬三轮的海归美女"。说是小时候就经常到什刹海这边玩儿，觉得这是一个历史和文化的中心，在网络上看到"后海八爷"这个招聘项目，开始觉得蹬三轮车这件事情挺好玩、挺新鲜的，于是就来应聘了，没有觉得这是个体力活就有损尊严。身边的人因为了解她的性格，也没觉得多意外。她觉得在什刹海蹬三轮车并不是丢人的事情，也不是一个高学历的人就不能干的事情，这个职业恰恰是一个需要有一定文化积淀的工作，她们的加入也能让更多的年轻人看到，让他们也加入这个队伍，为传承老北京文化、传播什刹海文化尽自己的一份力。

对于王雪宜这样的一个"小八爷"来说，当胡同游车工，谋生已经不是目的，与车工的身份相伴而生的所谓"低人一等、丢面子"等顾虑统统都不存在，她们更多的是将其作为一种生活体验、文化沉浸，她明确表示："我要把我做'后海八爷'的这个经历，我的感受，融合到我的绘画当中去，我每天在这当中，聆听它的故事，然后用我的插画、绘本，把它给讲出来，我想做一本关于什刹海的绘本，讲述什刹海最美丽的故事。"① 她认为什刹海文化中有本土的中原文化，有外来的蒙古族文化，还有皇家文化、市井文化，还有世界的文化和影响，在传承的过程中不断地在吸收营养，所以它是一个深刻而丰富的文化系统。王雪宜的自我定位仍然是一个文艺工作者，她的目的是更深入地了解老北京传统的历史、文化、故事，并用自己的能力去传承。

石垒是"小四爷"，从小生活在什刹海周边，10岁起学习西洋乐器，吹萨克斯，之后又到一家事业单位工作，业余时间做核雕木雕。他热爱老北京传统文化，热爱什刹海，听说"后海八爷"团队招聘新人，毫不犹豫就报名了。他女朋友是他的第一位乘客，陪他一起练习讲解技能，还计划骑着胡同游三轮车拍婚纱照。而且石垒对文化研究的目光不仅限于什刹海，还想扩展到整个北京中轴线。石垒是年轻的三轮车工中很特别的一个，带着热爱、情感与追求，来做三轮车车工，更是将其作为文化研究、传播的重要途径，并以此为傲。

现在，老"后海八爷"中除了李三爷退出一线，担任公司顾问之外，还有三位在继续做车工，而"后海小八爷"在承担了一年左右的一线蹬车工作外，日常也回归到了自己原本的领域，或是美术，或是音乐，或是雕刻，或是另外创业。在公司有重大接待任务或宣传活动时，他们会回到什刹海参与进来，作为文化传承的代表性力量，对于车工社会形象的优化和胡同游文化品质的提升以及胡同游的文化传承，起到了一定的作用，同时，他们也在利用自己的方式，通过创作，不断传播什刹海和老北京文化。在这个过程中，什刹海胡同游与高知识高颜值的"小八爷"群体之间互相促进、互相助力，"后海小八爷"的出现，大大提升了胡同游的知名度和热度，而什刹海胡同游的从业经历，也对他们的艺术创作

---

① 引自抖音平台上"城视集"栏目录制的介绍王雪宜的视频。

产生了重要影响。

2021 年 6 月 8 日下午，在笔者对三爷的访谈过程中，北京卫视一个栏目组的制作人寻来，协商即将在什刹海录制的一期节目的展示内容和重点，也特意提到了"后海小八爷"，希望他们能出镜。节目组认为"后海小八爷"既有传统文化传承，又有时尚国际化符号，更容易把节目做得灵活、有特点，更加符合当下观众的观看期待和消费心理。

4.6　公司："后海八爷"胡同游
民俗文化的主导生产者

"后海八爷"和"后海小八爷"的品牌不是凭空而生的，而是由企业发掘，联合专家、媒体共同策划，经过政府主管部门什刹海景区管理处特许经营管理科批准，由游客、社会大众等共同构建而成的，品牌所在的企业北京什刹海古韵风情胡同文化发展有限公司（以下简称"古韵风情公司"或"公司"）在其中起到了主导性和主体性作用。

4.6.1　企业主导的传统文化再生产与传播

北京什刹海古韵风情胡同文化发展有限公司，成立于 1997 年 11 月 9 日，2009 年 4 月 7 日变更为现在的名称，是什刹海地区人力客运三轮车胡同游特许经营连续五期中标的企业。笔者曾经长期对胡同游特许经营的 5 家企业，尤其是两家较大企业进行跟访和观察，发现古韵风情公司在京味儿文化传承、胡同游服务品质、胡同游运营机制探索等方面都有独特的创新，是什刹海胡同游文化再生产的重要力量。

表 4-1 古韵风情企业大事记 ①

年 份	大 事	具体情况
1997 年	公司前身	什刹海胡同文化的独特魅力，早在 90 年代初就已被外国背包客发现，并逐渐形成了几十辆人力车的小规模胡同游雏形。柳荫街胡同文化发展有限公司恰在此时成立。
2007 年	公司改制	十年间，什刹海景区三轮车已发展至近千辆，造成经营无序。我公司入资柳荫街胡同游文化发展有限公司，力图通过自身的规范化管理，在全面改制的同时，探索胡同游规范运营的新模式。
2008 年	参与并中标首期特许经营招标	为净化景区旅游环境，政府部门实施的首期特许经营中，我公司作为中标企业之一，严格践行景区管理处的相关要求，做到规范管理、资质齐全，并率先主动吸纳 9 名京籍车工。
2009 年	公司更名	为扩大品牌宣传力度，柳荫街胡同游文化发展有限公司正式更名为北京什刹海古韵风情胡同文化发展有限公司。
2011 年	参与并中标第二期特许经营招标	参与第二期特许经营招标，作为 9 家中标企业之一，我公司严格履行投标承诺，按照规范路线行驶，规范导游讲解，全面提高员工素质，提升服务品质，争做什刹海文化的守护者。
2014 年	参与并中标第三期特许经营招标	参与第三期特许经营招标，作为 7 家中标企业之一，我公司严格遵守价格体系，深化导游讲解，加强文化建设，确保安全运营，与景区和谐共处，共建宜居社区。
2017 年	参与并中标第四期特许经营招标	参与第四期特许经营招标，作为 5 家中标企业之一，我公司通过"后海八爷"品牌的打造和推广，树立行业文明标杆，维护景区秩序，营造美丽旅游环境，共促景区品质提升。

① 2021 年 6 月，由北京什刹海古韵风情胡同文化发展有限公司策划负责人提供，从中可以看出公司对于胡同游品牌建构的主体地位，公司在胡同文化的再生产与传播中起到非常积极、主动的作用。

年　份	大　事	具体情况
2017 年	"后海小八爷"招募	通过"后海小八爷"的招募、培训、传播，汇聚了 6 名各具特色的北京高素质青年，在传承老八爷文化的同时，树立了北京新青年的正能量、新风尚，成为新时代"北京精神"的代言人。
2018 年	探索胡同游产品新模式"步行团"	利用"后海八爷"和"后海小八爷"的文化传播优势，我公司与寺库等高端跨界平台合作推出了独具特色的"步行团"，通过将传统三轮车与步行讲解的有机结合，解决了胡同扰民、交通堵塞、游览时长等诸多问题，获得了市场极好反响。
2019 年	引入专业管理及销售团队	在原有稳定、规范的团队基础之上，我公司顺应市场变化及发展，引入了具有专业管理能力、旅游行业资源、产品设计提升能力的管理团队，使我公司进入良性发展快车道。
2019 年	优化提升"后海八爷"服务体系	进一步优化"后海八爷"服务标准，优化调整价格，并明码标价、杜绝议价，让更多的游客体验到高品质的胡同游。
2019 年	以优质服务带动市场转变	扩大"后海八爷"队伍，成立了"团八爷"，采取预约制，使散客及团队实现"零等待"；同时，为保障安全行车，保证统一讲解质量，车队配备了专业导览讲解器，极大提升了胡同游安全优质服务的口碑，从而间接带动胡同游市场服务转型、服务规范良性发展。
2020 年	积极配合防控防疫相关工作	依照上级主管部门要求，我公司积极履行企业社会责任，配合前期业务关停和后期复工复产，贯彻落实各项防疫要求，实时监控所有员工健康状况及返京离京信息，并实时上报；积极捐款捐物，慰问社区志愿者；筹措资金，保证员工生活无忧、团队稳定。

从古韵风情公司生成、发展的历程可以看出，这是一家伴随着胡同游大潮诞生的企业，在 2008 年开启的特许经营中成为"正规军"，而且

特别强调"吸纳了 9 名京籍车工"，体现了社会责任感，也恰恰是这一点，成为激发企业创造"后海八爷"京味儿服务的核心资源。企业大事记中也特别强调了连续 5 次中标什刹海胡同游特许经营招标，这既是企业实力的象征，也是对政府管理叙事的积极响应。

2010 年到 2011 年，该企业策划、打造、推出"后海八爷"品牌，引起行业和社会的较多关注，什刹海胡同游文化再生产被有意识、有计划、有组织地开展。2017 年，通过"后海小八爷"的招募、培训、传播，汇聚了 6 名各有特点、各具优势的高学历青年，利用"后海八爷"和"后海小八爷"的文化传播优势，与寺库等高端跨界平台合作推出什刹海胡同游的"步行团"，通过将传统三轮车与步行讲解的有机结合，解决了胡同游扰民、交通堵塞、游览时长等诸多问题，胡同游也开始进入多元化的创新探索时期。

表 4-2 什刹海古韵风情公司的品牌构建历程（由企业策划负责人提供）

年 份	阶 段	品牌构建事件
2007—2009 年	品牌孕育	参加韩国哈拿多乐旅游博览会，与韩国旅游市场达成战略合作
		成为北京奥运"伦敦之家"指定胡同游接待公司
		与民俗画家杨信订制胡同游专属画作及 logo
		与清华美院合作，设计胡同游服装
2010 年	品牌创立	"后海八爷"前期研讨、立项
		"后海八爷"品牌创立
		"后海八爷"参加世博会
		与台湾团队参加文化创意博览会
2011 年	线下推广	"后海八爷"媒体宣传
		"后海八爷"名人接待
		参与什刹海整合资源营销活动

续表

年　份	阶　段	品牌构建事件
2012 年	线上推广	什刹海胡同游官网正式上线
		什刹海胡同游官方微博正式上线
2013 年	文化输出	"后海八爷"组建文化培训团队
		"后海八爷"对外输出文化培训课程
2014 年	品牌推介	"后海八爷"传承人专家研讨及论坛
		"后海八爷"传承人招募及社会调研
		知名京味儿主持人阿龙参与"后海八爷"传承人意向合作
		参加 2014 年北京国际旅游博览会、CIBTM 等
2015 年	品牌提升	"后海八爷"列入国家旅游局京杭大运河官网
		台北故宫设计团队梳理胡同文化，设计全套 VI
		搭建票务电子化管理平台
2016 年	跨界合作、互联网 +	"后海八爷"以什刹海景区代言人身份参与北京国际设计周，串联什刹海优质商户
		与国际品牌 tripadvisor 达成什刹海地区战略合作伙伴关系
		与京杭大运河沿线的"船娘"品牌交流学习，促进什刹海景区属地特色文化品牌对外交流
		与国内最知名青年互动平台 Someet 倡议成立"胡同记忆拯救协会"，拓宽景区发展新格局
		"后海八爷"商标注册成功
		赴日本与大阪车夫交流学习
		"后海八爷"进驻阿里巴巴商城
		建立"后海八爷"自媒体平台
		"后海八爷"传承人入驻什刹海
2017 年	品牌衍生	打造中高端 VIP 服务理念，创立"后海小八爷"品牌
		成为什刹海胡同游览最具创新力、传承力的品牌

续表

年　份	阶　段	品牌构建事件
2017 年	品牌联合推广	联合著名配音演员季冠霖开展"什刹海有声读物"文化主题活动，普及什刹海文化知识
		联合知名品牌"造作"开展"什刹海会客厅"文化主题活动，为游客提供文化交流空间
		参与北京国际花植节，联合宋庆龄故居开展"文化美学"文化主题活动
		参与北京国际设计周，联合知名品牌 Someet 及什刹海游船开展"什刹海看海人"文化主题活动
2018 年	品牌联合推广	参与北京市旅游发展委员会举办的"长城好汉活动"
		联合公益组织"阳光少年基金会"开展"关爱留守儿童"公益活动
		联合著名网红朱微微，开展"什刹海感恩有你"公益活动
		参与北京国际设计周，联合知名品牌喜马拉雅 FM、什刹海游船开展"什刹海朗读亭"文化主题活动
		参与北京国际设计周，联合知名运动品牌"咕咚"开展"守护一片海"公益活动
2019 年	品牌联合推广	联合知名品牌"穷游"开展"行走的记忆"文化主题活动
		联合知名品牌"寺库"开展"中轴线的北京"文化主题活动

4.6.2　生产"后海八爷"品牌

谈起"后海八爷"的发现和品牌初衷，古韵风情公司策划部的负责人说，2010 年公司的一次培训会上，发现几个操着北京口音的车工特别能聊，台上的专家讲得精彩，这几个人变成自己语言说出来更精彩，于

图 4-5 古韵风情公司设计并使用的"后海八爷"标志（古韵风情策划负责人提供）

是公司就注意到了他们。第二天就请来《北京晚报》的资深记者作为专家，参与到品牌建设讨论中，凭直觉判断，如果以京腔京韵为特色，推出"后海八爷"的三轮车胡同游品牌，将会成为一个热点，极大地增加胡同游的吸引力。说干就干，公司一方面对外联系媒体宣传报道，一方面开始对这 8 位京籍车工进行形象包装。因为特许经营对车工的穿着有明确规定，所以他们只能在细节上下功夫，比如给每位"爷"配备鸡毛掸子，在客人上车前仪式性地清扫，给每位爷配备斜挎的小书包，给每位爷衣服的袖口、口袋边缘增加明黄的镶边儿等，以使他们区别于其他的一般车工。

古韵风情公司还专门编写了《"后海八爷"品牌故事》以便于传播、识别。

（1）面对传统市场的故事

"三轮转胡同，后海有八爷。"

胡同似一本本历史线装书，装载着北京城的历史变迁！地道的老北京三轮车，载您徜徉在具有浓郁京城民风的胡同里，游王府，观故居。几度流年，斯人斯物大多久已不存，但胡同却见证了这一切，听"后海八爷"讲述沉淀千年的胡同故事！

如果您想了解什刹海，感受老北京文化，那您就去什刹海前海逛逛，路边上那一排干净整齐的三轮车就是"后海八爷"。

冬天手持拂尘掸车相迎，夏天手摇蒲扇微笑等候；

挽着皇家气派的袖口，踏着北京风情的撒鞋；

时不时地来个段子，亮亮嗓子……

一年365天无冬历夏，"后海八爷"都会在那等着您！候着您！迎着您！

（2）面对年轻市场的故事

在什刹海，有这样一群老人——

他们生于斯长于斯，有的是"黄带子"的子孙，有的是张伯驹的邻居……

他们每天都做着同样的事儿，便是蹬着三轮车，载着第一次见面的"熟人"逛胡同用京腔京韵讲述着最正统、最有趣的历史文化。

他们认为："吃了吗？"是老北京人的"礼儿"，带着那股子亲切；

这是每一个老北京人嘴里常念叨的话，透着那骨子"局气"；

他们是什刹海三轮车工；

他们喜欢讲这里的人、事、历史和旧时街巷里的叫卖声……

他们会带你品尝最北京的美食，炸酱面、驴打滚儿、豌豆黄……

他们这辈子有过很多称呼，杨掌柜、李馆长、松老爷……

但他们更愿意称自己为："后海八爷"！

从名称、穿着、行为方式、口音方言、讲解内容、手持的宣传单等各方面，公司都对"后海八爷"作为独立设计与包装，并经由媒体和大众的传播，获得了不小的轰动效应。这种成功无疑是最好的鼓励，公司又积极推动"后海八爷"到电视台做节目、走进各类文化和旅游博览会，重要的团队接待也优先安排八爷。经过几年的发展，"后海八爷"成为古韵风情公司最大的竞争力，也是其进行传统文化挖掘、传承、再利用等再生产中的经典成果。在访谈过程中，公司策划负责人给笔者提供了他们品牌构建的主要行动，从中可以看到企业在什刹海传统文化的旅游再生产中所进行的努力。

4.6.3 再造"后海小八爷"品牌

2017 年，公司与媒体合作，公开发布招聘"后海小八爷"的信息，出人意料的是，社会反响极大，一星期之内就收到了 500 多份报名信息，大多数都是本科以上学历，有的还熟练掌握外语，还有非常突出的特长。他们的求职目的也非常多元化，有不少人都是出于对胡同文化的热爱和对传统文化传承的责任心而来。这个情况超出了公司的预想，于是公司立即认真严肃回应，进一步发布明确的招聘计划，按照标准筛选简历，举行两轮面试，然后培训、试用上岗。经过长达半年的努力，构建出了第一期由 6 个人构成的"后海小八爷"新团队，高学历、高颜值、高艺术修养，还有两位女生，统统成为吸引媒体和大众眼光的要素，什刹海胡同游又一次成为社会热点。公司对于新的八爷团队的定位更多是文化传承，跟他们形成的是兼职合作关系，每个月来蹬车五六天、参加公司重大活动，其他时间自由。小八爷个人将蹬车作为文化体验，作为艺术创作和职业生活的灵感来源，公司也希望新的团队通过自己的艺术创作、文化传播将什刹海文化、胡同文化传承下去。双方在什刹海胡同游这个载体上达成了协作，各自实现更多样的目标。

表 4-3 "后海八爷"品牌的媒体宣传记录（由古韵风情策划负责人提供）

时　间	推广主题
2019 年 12 月	中央电视台《一千零一夜》拍摄
2019 年 10 月	接受马蜂窝旅游平台《什刹海代言人》人物专访
2018 年 8 月	接受澎湃新闻《新派八爷》人物专访
2018 年 1 月—4 月	旅游卫视、《北京晨报》、澎湃新闻等 30 余家媒体对《京城首位女车工》的主题采访
2018 年 3 月	北京电视台《记忆》栏目对"后海八爷"人物专访
2018 年 1 月	接受《城视集》"后海小八爷"人物专访

续表

时 间	推广主题
2017 年 12 月	北京电视台、中新社、《北京晚报》等 20 余家媒体对"后海小八爷"招聘会采访
2017 年 12 月	接受二更视频《京城之暖，始于人情》人物专访
2016 年 11 月	《中国新闻周刊》"守候老北京胡同最后的荣耀"栏目采访
2016 年 10 月	北京电视台新闻频道拍摄"拯救胡同记忆"活动
2016 年 9 月	北京国际设计周，"后海八爷"参加"北望南吴今日景"活动
2015 年 5 月	参加 CCBTF（中国上海国际商务及旅游高端论坛）
2014 年 4 月	《旅游》杂志拍摄什刹海攻略"后海八爷"
2014 年 2 月	甘肃电视台采访"后海八爷"《99 中国行》
2014 年 2 月	台湾中天电视台拍摄"后海八爷"及胡同
2013 年 12 月	《大王小王》采访"后海八爷"
2013 年 10 月	新华社采访"后海八爷"
2013 年 5 月	参与《旅游卫视》拍摄什刹海
2012 年 8 月	《人民日报》记者采访"后海八爷"中的"胡同李三爷"李三爷
2012 年 6 月	江苏卫视《非常了得》邀请"后海八爷"文大爷参与活动
2011 年 11 月	参加北京国际旅游消费展
2011 年 2 月	《中国日报（China Daily）》记者采访"后海八爷"

4.6.4 持续的民俗文化再生产

统一的形象、规范的讲解、京腔京味的特色、标准化的管理，使"后海八爷"成为什刹海胡同游的形象代表，公司一直在持续打造"后海八爷"品牌。

"后海八爷"目前以接待国内高端散客为主，系统详细讲述胡同文化、老北京人身边的故事，将"风土"与"人情"合二为一，将导游、地接与车工三位一体，将北京人包容厚德的精神行之以路、传之以礼、语之以详。他们是文化消费者与胡同之间的桥梁和纽带，是什刹海穿针引线的文化传播者。这支队伍代表的是北京文化被"活化"的展现。

在访谈中，策划负责人拿出公司的工作计划，准备继续提升"后海八爷"的品牌形象，增加具有老北京文化属性的人物配饰，同时打造一个全新的"后海八爷"站点，通过老北京生活场景的再现，打造一个什刹海胡同游的"地标"。同时，持续加大力度打造"后海小八爷"品牌。

相比较而言，"后海八爷"是老北京当地人，是行走的胡同记忆；而"后海小八爷"的定位则是新北京文化体验向导，他们不仅是三轮车夫，更是具有北京温度的阳光青年，吃苦耐劳等传统美德与时尚潮流在他们身上相融合。

在公司的计划里，"后海小八爷"将全由年轻人组成，他们具备大专以上学历，熟练掌握至少一门外语，认同传统文化，并以传承及宣传什刹海文化为己任。经过全方位的军事化培训、文化培训、讲解培训、礼仪培训、外语培训、驾车技术培训，他们将以具有朝气的形象、全新的服务理念、优秀的文化素质、良好的精神面貌，展现崭新的胡同游品牌形象。"后海小八爷"是"生活式旅行"制造者，他们将带领游客体验什刹海热气腾腾的市井气息、大隐于市的诗意生活……他们是胡同记忆的拯救者，什刹海文化的传承者和守护者，他们可根据客人需求，以建筑、历史、文化、艺术、宗教等多种主题形式，为客人展开个性化讲解；他们是胡同游服务标杆的树立者，他们将以专业化服务，无微不至地呵护游客全程，为游客留下深深的感动和对什刹海美好的记忆；他们是什刹海胡同游攻略的践行者，他们可以更深入地与游客交流互动，为客人美拍、带领客人探索好吃的好玩的；他们是什刹海旅游新形象的代言人，他们是游客的车夫、导游、本地向导，更是游客的贴身管家和朋友。

公司策划负责人介绍，"后海小八爷"的概念和群体不局限于现有的特许经营三轮车车工，他们还将扩展到热爱老北京胡同文化的广泛阶层。他们中除了有志男青年，还有"女汉子"，更有外籍年轻人，甚至还有更多的社会志愿者和名人。他们每个人都是单独的自媒体，会逐渐凝聚属于他们风格的粉丝，这些粉丝会因为他们而爱上什刹海。"后海小八爷"项目，还将通过与各类院校合作，营造什刹海的胡同文化教育基地，一方面补充高校非遗类教育实践课程，一方面宣传推介什刹海胡同游。"后海小八爷"还将以团队形式，参加各类国际性文化活动，如北京国际设计周、The Color Run、其他有影响力的公益活动等，通过年轻旅游形象的塑造，达到推广胡同游品牌的目的。

古韵风情公司还在胡同游中率先实行了团队游领队制，六辆车一组，队长带头，使用讲解器讲解，整队游客统一使用耳麦收听，既保障了车队的交通秩序，还保障了讲解的品质，同时降低了多人同时讲解带来的噪声干扰。而且，该企业在绝对不允许三轮车私人承包的前提下，分析自身车工的特征，按照是否京籍分组。针对京籍车工，充分利用他们京腔京味儿的优势，安排他们主要负责接待散客及外事活动，且仍然采取集中管理的措施，遵守定点、定时、明码标价的制度；而针对非京籍车工，则实行专接旅游团队、统一安排、不得接待散客的政策，并且给接待团队的车工取名为"团八爷"，与"后海八爷""后海小八爷"形成京味儿品牌系列。通过以上分工管理，虽然管理成本增加，但做到了团队接待井然有序、散客接待服务高标准，互不争抢，发挥了各自特色，创造了较高的服务质量。

面对特许经营车辆数量的持续减少和胡同游品质提升的市场需求，公司在八爷品牌打造之外，也在不断尝试新的产品。公司负责人给笔者介绍过一个2013年的案例，由公司牵头，联合什刹海荷花市场的星巴克、后海冰场，组合出了先领咖啡、再坐三轮车游胡同，再到冰场溜冰的后海旅游体验产品，推出了几个月，共有1000多对年轻情侣选择了这款产品，公司初尝产品创新的成果。后来，公司还推出了步行游胡同，针对亲子团、研学团，开发深度游产品，仍然由"后海八爷"为专项游客提供最具京韵京味儿的讲解、导引服务，反映也不错。只是这样的尝试在目前的大环境下尚未常态化。

在访谈交流中，公司提出一个目前比较担忧的问题，就是"后海八爷"品牌的知识产权保护问题。常常有同业公司在对旅行社沟通对接的时候也打着这个品牌，甚至当散客在街边咨询时，也有车工直接说"我就是八爷团队的"。遇到这种情况，公司都会积极地与同业进行沟通交涉，及时纠偏，一方面希望政府在管理中更加重视知识产权保护的落实；另一方面也希望同业能够尊重知识产权，进行良性合作。文化创新行为在文化传播与传承中的知识产权保护，确实是一个日益凸显的问题。

小　结

本章考察梳理了什刹海胡同游车工群体的形成，以及其构成、工作方式、收入、业余生活、职业转型等，探讨车工经历对他们价值观和人生观的影响，并选择张跃荣这个在后海胡同游中坚持了近30年的个案，来呈现从外地到北京来从事胡同游车工职业对个人生活的全面影响，发现车工是他们进入北京的平台和跳板，他们以此为起点建立自己的交往圈、学习圈，并为将来的择业、创业以及家庭生活、个人发展打下基础。然后重点以北京车工组成的"后海八爷"团队为个案，考察车工的符号化表征从"新骆驼祥子"到北京"爷"的变化，以及北京籍尤其是什刹海社区居民车工自我身份认同的变化，并对比了外地人与本地人对表征符号认知的巨大差异。对李三爷的深度研究，则更系统全面地考察了胡同游对于什刹海居住生态、居民就业、生活方式、文化感受的影响，表述了胡同游参与的个人生活史。通过对什刹海胡同游三轮车工的考察，本章认为：

第一，车工是三轮车胡同游得以开展的主体，他们既是什刹海胡同文化的阐释者、传播者，也是胡同民俗文化旅游的对象和资源。在媒体、游客等"他者"的眼中，车工也是北京这个传统与时尚兼备的国际大都市的民俗主体。尽管车工在整个胡同游的建构中处于相对劣势的地位，但正是他们在舞台上主导对于游客的什刹海民俗文化表演，具有鲜明的个性化与即时性特征。

第二，车工是一个非常复杂的群体，他们在政府和企业的约束下，把自身文化（包括家乡、家庭、知识积累、个人性格）、对北京和什刹海的理解、对社会的看法等，都自觉或不自觉地融入到日常实践中，在一次一次的拉车跑线儿的过程中进行着个性化的旅游展演。车工通过从事胡同游工作，有的实现了从乡村到城市的流动，有的实现了职业转型，不管怎样，胡同游都改变了他们的生活，并通过他们，把这种影响回传、反馈到他们的家庭、邻里和地域社会。

第三，尽管什刹海胡同游的车工数量比较庞大，但并没有因为从事同样的行业而形成一个业缘群体，他们的行业联系更多地让位于他们所属企业的利益。加之先天地缘因素的制约，他们相对分散，没有形成集合的声音，车工这个主体在都市民俗文化再生产中的权力行为和文化展演就显得更加个体化、多样化。

第四，由于条件的局限，车工对于什刹海胡同游的参与是被动的、弱势的。在胡同游的开展中，他们成为其他利益主体标签的对象，成为什刹海胡同游中文化符号的象征，"后海八爷"便是代表。

第五，经过将近30年的发展，什刹海胡同游已经从北京传统文化旅游的新产品，在自觉、不自觉中变成一项有年轻人愿意主动传承的文化遗产。企业、车工、媒体、游客、社会大众共同推动胡同游的文化传承，车工从一种单纯谋生的职业群体，逐渐分化出一个文化体验、传承、传播的群体。以"后海小八爷"为代表的青年人，选择以三轮车胡同游为媒介，体验什刹海的民俗文化，并进一步参与文化建构和再生产。"后海小八爷"的身份和标签给了他们传承的便利和动力。

第六，以古韵风情公司的深度考察为个案，发现企业是什刹海民俗文化再生产中最为积极的主导性力量。如果说政府的叙事行为主要是"规训"，那么企业的叙事行为主要是"建设"，出于经济利益、可持续发展和社会责任，企业一直保持着对消费趋势和旅游市场敏锐的观察力，尤其是其中比较优秀的企业，对于社会消费大潮中文化热点的把握非常快速而准确，然后投射到什刹海民俗文化的旅游生产中，对产品宣传材料、车工服务行为方式、讲解词及讲解方式、文化延伸体验等进行调整和创新，以更好地符合游客期待。当然，获得特许经营权的不同企业表现并不一致，有的积极建构，有的跟随，有的消极运行，呈现出比较大的差异。

第五章 "北京人家"与
"私宅勿闯"： 居民的生活叙事

　　什刹海的胡同是当地居民赖以依存的生活空间，具有社区共享性，同时，也有生活的私密性，是民众地方感、社群认同的重要依托。胡同游的发展，是将胡同从民众的生活空间转变为主客共享空间的过程，这一过程的深入必然伴随着对于生活空间的侵蚀，并将他们卷入到旅游发展中来。

　　对于一般的社区型旅游地来讲，居民对于旅游开发的态度存在一个演变的过程，往往可能从最初的惊喜，到过度开发带来诸多问题之后的热情降低，如果没有及时的干预调解，有可能会出现对抗。居民作为在什刹海的生活主体，对于胡同旅游的态度从　开始就是不一致的，现在更是体现出了多元化、个性化的特点，这主要与居民自身参与胡同游的程度直接相关，也受其家庭状况、个人性格等多方面的影响。本章在历时性地考察居民对待胡同游态度的基础上，重点以柳荫街2号接待户为个案，呈现了居民对胡同游的参与方式及由此而产生的态度及行为。当地居民对于胡同游的认识和态度有一个变化的过程，但不同于西方人类学家惯常关注的"旅游殖民化"下的居民态度，什刹海居民主要是利益导向的。他们在政府的规定和经营者的要求下，策略性地利用自己的资源参与旅游经营，生产出表演化的"前台"，而对于私人化的"后台"空间则严格保护。"前台"与"后台"之间的界限也随着主体力量的变化而不断变化，总体上，居民生活着的民俗文化"后台"越来越具有张力。

5.1 摄影师尝试进入胡同内部

"文革"时期，城市社区居委会把政治可靠、认真负责的本社区居民组织起来，套上"联防"字样红袖章，对社区治安、社区居民日常行动以及外来人口情况进行监督，因为一般都由老年妇女组成，曾被俗称为"小脚侦缉队"，这种情况在 20 世纪 90 年代仍然在部分地区存在。

20 世纪 80 年代末，开始有摄影师、文化学者和一部分外国人进入北京旧城的胡同里参观、拍摄，他们就常遇到民间"小脚侦缉队"的监视和盘查，一段时间内，胡同在人员结构和空间界限上非常保守。胡同的封闭性阻碍了开放属性的旅游业的发展，这也意味着，一旦冲破了空间上的束缚，旅游业会对原本宁静的胡同生活产生巨大影响。

以徐勇为代表的摄影师们逐渐走进胡同，最初也常被"小脚侦缉队"盘查，随着来的次数增多，加之政治环境逐渐宽松，他们甚至能够前往居民家中参观。徐勇在发现胡同旅游的商机，开始谋划、申请、筹办中国第一个胡同游项目的同时，在与居委会沟通后，通过居委会与居民协商，筛选了一些条件比较好的、愿意接待游客的家庭，将之纳入到游览线路中。所谓的"条件比较好"主要包括几个方面：家庭居住条件较好，比较宽敞，游客来了有地方站、有地方坐；家庭卫生条件比较好，尤其是接待餐饮和住宿的家庭，要有独立厨房、自动冲洗的卫生间；家庭成员尤其是负责接待的人员素质要比较高，个人形象也要说得过去。

在胡同游筹划阶段，胡同居民对接待游客尤其是外国人这件事情都持比较怀疑的态度，甚至有些抵触。在那个年代，中国人对于外国人尤其是欧美人抱有非常复杂的情愫，一方面是对欧美资本主义生活的想象、向往和崇拜；另一方面是对与外国人交往的未知、担心、排斥甚至是鄙视，这种复杂的情愫纵横交织，很难厘清。尤其是对于长期生活在胡同里的普通居民来讲，很少有人能独立建构"接待者"这个高难度的角色，在旅游开发之初,面对进入胡同的大量外国人,他们几乎手足无措。胡同游的策划者为了让胡同游的过程更加有深度,实现游客与本地居民的常态接触和交流,就向居民宣传文化开放、文化交流的好处及其收益,一家一家去做工作,最终才说服了第一批接待户,这些居民抱着试试看的态度将信将疑地打开了自家的大门。

5.2 洋人进家:部分家庭成为胡同游接待户

旅游是一种涵化的形式,它会带来目的地的社会文化的变化,对旅游目的地社会及居民造成一定的文化影响。① 在旅游活动中,不同社会文化发生接触会带来跨文化的沟通,胡同游刚刚兴起时的游客多来自西方发达国家,胡同居民往往会受到一些外来文化的冲击,这在一定程度涵化着长久处于封闭状态的胡同文化。

在什刹海的胡同里,条件较好又有接待意愿的居民住户被挑选出来后,经过居委会审查批准,又经过简单的培训和准备,于 1994 年 10 月 4 日,和胡同游三轮车一起开门迎客。

胡同游的策划经营者虽然说服了胡同里的民众,但内心深处依然是忐忑不安的,对于胡同游刚开始时的艰辛,徐勇这样回忆道:

> 像什刹海这样的一个开放的生活社区,与公园的很大不同在于,利益主体过于多元化,三轮车胡同游进入门槛比较低。像这样的旅游项目就是智取,通过智慧取胜,以小博大,形式比较简单,但是它的思想并不简单,做一些开拓性的工作太复杂了。老百姓由不理解到

---

① 吴忠军. 文化人类学方法在旅游规划中的应用 [J]. 桂林旅游高等专科学校学报, 2002, 13(1):39-45.

理解，需要经历一个很长的过程，北京人和南方人还不一样，有一种"大爷"的性格，我管什么外国人来到我院子里参观，根本不接待，他们要是把艾滋病带过来怎么办——一开始大家都是这样想的。所以你动员老百姓的家庭餐馆参与，一开始都不接待。做了大量的工作之后，他们才参与进来，也从中尝到了好处，这个好处不仅是经济上的，还有情感上的，有很多外国游客和老百姓之间建立了非常友好的关系，从此结为朋友，家庭与家庭之间的朋友，被外国人邀请去国外旅游，孩子被外国家庭担保去国外上学，胡同幼儿园被外国旅游团赠送礼物，类似这样的事情太多了。因此，胡同游的展开促进了整个胡同从整体环境到院落卫生再到老百姓精神文明的改变。所以，胡同游的社会意义是非常大的，不是现在看起来的那么简单。①

第一批参与进来的居民有 30 多户，他们根据接待内容又被分为几类：第一类是只接待参观，进行简单的交流；第二类是接待参观之外，还进行书法、绘画等传统文化现场展示；第三类是接待参观，并接待餐饮；第四类是接待参观，也可以住宿。在这 30 多户中，第一类最多，其次是第二类、第三类，第四类较少。究其原因，一是因为胡同里的住宿空间本就非常有限，二是很少居民家庭能够达到住宿接待的要求。

2000 年以前，在来到什刹海参加胡同游的游客中，有相当一部分要进行深度参观体验，进入居民家是他们最感兴趣的内容，他们在看到居民家里的蜂窝煤、主人的大茶缸、风筝、鸟笼甚至织毛衣这些生活的细节时都兴奋不已，往往喜欢问东问西。主人的年龄、工作、收入、孩子、娱乐生活等，都让他们感到新鲜。这种新鲜一方面是胡同居民的生活不同于他们的日常生活而带来的差异性吸引力，这种对差异性的寻找和感

---

① 来自田野研究访谈，受访人：徐勇；访谈时间：2013 年 11 月 20 日；访谈地点：北京朝阳望京。

受，是旅游欲望和旅游行为产生的根本动力之一；另一方面，是由于这个时期的游客一般都是外交工作人员、文化交流人员或者媒体人员等，对北京都有着"东方神秘古都"的复杂想象，当这种想象遇到现实，往往让他们有更加丰富的体验和更加多样化的问题。在游览结束后，很多客人都会申请在院子里与主人家合影，而且会记下这个院子的具体地址。而后，在一两个月甚至更长一段时间后，在胡同里居住了大半辈子或许从未出过北京的居民，会收到来自美国、英国、法国、以色列、日本等国家游客的信件，里面是他们与这些外国客人的合影和亲笔写的感谢信。在这些接待户中，有一些还与外国人建立了长期的联系，其中有一家人的孩子就由胡同游接待中认识的美国人做担保到美国去留学，两家人后来一直保持联系。

与外国人平等亲密的交流以及来自境外的问候，还有实实在在的合影，很快地提升了这些接待户的文化自信心和自豪感，这些接待户在胡同居民里的形象地位也有所提升。他们得到了更多的关注，也有了更多的谈资，还能从接待活动中获得一些经济收益。而且，胡同游经营工作也开始用获得的收益为胡同做一些回报，比如请人进行卫生净化、环境美化，给胡同里的学校捐款等，受到了很大的欢迎。见到这么"丰厚"的回报，逐渐有更多人申请做胡同游接待户。胡同游的接待真正地进入了"供大于求"的阶段，经营者的选择余地增大，也有利于提升接待质量。

5.3 私宅误闯：对私人空间的保护——界限形成

居民态度总是与居民对旅游影响的感知联系在一起，包括居民对旅游带来的经济影响、社会影响和环境影响的感知与态度，对旅游产品的感知与态度，对旅游发展的关注度、对旅游开发的支持程度等。[①] 随着时间推移和胡同游的持续开展，什刹海居民对于在胡同里经营旅游这件事的态度开始出现分化，而且差异越来越大，但总体上他们认为胡同游已经扰民了。

胡同游的扰民体现在以下几个方面：一方面是大量的三轮车在狭窄的胡同里穿梭，既挤占、压缩了居民的行车行走空间，也造成了安全隐患；另一方面，三轮车尖利的刹车声、车工高声的讲解、游客的呼朋引伴、询问和评价等，都造成了很大的噪声污染。随着城市建设的加快和产业空间布局的优化，胡同内的居民逐渐以白天也要居家的老人和孩子为主，而车工、导游、游客使他们饱受困扰。另外，由于大量的胡同游、酒吧、商铺等商业经营业态的入驻，大量的从业者在胡同里租房居住，造成了胡同人口数量激增，远远超过了房屋的承载力，一定程度上恶化了居住环境，也增加了治安的风险。

还有一个至关重要的问题，就是游客肆无忌惮和毫无礼貌的"窥视"甚至"偷窥"，让居民感到隐私被侵犯。一些游客毫无约束的"凝视欲望"和"凝视行为"越过了可以被展示的"前台空间"[②] 而进入到旅游展演的后台，在毫无通知的情况下进入到未参与旅游经营的居民日常生活领域，会让居民觉得受到侵犯。尤其是如果游客端起相机随意拍摄或者指手画脚地议论，居民更是无法忍受。美国著名社会学家欧文·戈夫曼将拟剧理论运用到人与人的相互交往中，"前台"是表演的、供观摩和互动的开放空间，而"后台"则是个人生活的真实空间。在什刹海胡同游开发的语境下，什刹海的时间和空间被大量外来者共享，居民可以让渡的只有"前台"：作为谋利空间和社会公共空间的表演空间；而作为生活空间的

---

① 王德刚，于静静.旅游开发与居民感知态度影响因素实证研究 [J].旅游科学，2007 (21): 49-56.
② 〔美〕戈夫曼.日常生活的自我呈现 [M].冯钢，译.北京：北京大学出版社，2008.

后台，是没有让渡出来的居民私人空间。旅游经营中的前台、后台界限分明，如果游客贸然进入后台，必然会引起居民的强烈反感。

旅游目的地居民在旅游开发过程中的获利程度差异很大，直接参与业态经营、直接获得就业机会的人由于获利最多，所以持欢迎态度；因为旅游开发带来的环境优化、公共服务提升，其获益者其次；既未从旅游经营中获得经济收益，也没有明确感受到公共环境服务福利的人往往最容易产生抵触情绪。2014年春，笔者曾问一些当地居民"胡同游给我们带来了什么"，听到的基本上都是抱怨，噪声、人员杂乱、交通安全隐患、隐私被偷窥等，只有在笔者问及"你觉得开展旅游，对你的生活有什么好的影响"时，居民才会提起："也有啊，不过就是修了些干净点的公共厕所，房子的外墙面粉刷了一下，不过里面没管，该咋样还是咋样。"

在金丝套区域，很多院门口都贴着"私宅勿闯"之类的醒目提示，明确地告知游客这是私人生活空间而非为游客开放的公共空间。类似的各式各样不乏个性化的口号，已经成为什刹海胡同的一道特殊景观。游客在看到这些提示后，能非常清楚地意识到这个空间对于自己的"禁止性"，另一方面也能感受到"主人"对自己的不欢迎甚至反感。在游客的意识中，他们来参观的胡同，包括了胡同里的建筑、胡同里的景观、胡同里的生活，这里的居民应该抱着热情好客的基本态度。而突然看到的抵触告示，会给游客带来不小的心理冲击。据笔者在现场的观察，大部分的游客都会注意到这些提示，其中有一半的人会在看到时瞬间收敛他们的笑容，有的还会念出来甚至专门拍照。但这种状况，随着整个社会对于隐私保护意识的提高和游客文化心态的转变，也在发生变化，在随后的2021年、2022年，笔者再去胡同中，观察游客看到这些告示后的反应，已经平淡很多了，也基本都能理解和接受，很多人还会快速反思自己的言行有没有侵犯到居民的隐私，或者打扰到居民的安静生活。主客之间的理解和包容也逐步增强。

　　此外，在游客的心中，胡同是作为北京文化的象征而存在的，但当理想的胡同遭遇现实的尴尬时，往往会不自觉地表现出强烈的落差，这在一定程度上加剧了胡同民众的不满。在笔者居住的南官房胡同 27 号四合院，墙外挂着两排电表，车工往往会在这里停车，然后用手指墙上的电表说，墙上有多少个电表就证明里面居住了多少户人家，这时候大多数游客都会发出清晰的感叹声，对大杂院的生存条件深表同情。每天上午笔者打开窗户，坐在屋里就能反复听到这些讲解与感叹。笔者从这些惊讶中听到了同情甚至轻视，想必常年生活在这里的居民也能听出来这些惊讶中所蕴含的情绪，自尊心和自信心会受到很大的影响。曾经就有胡同里的大爷跳出来，指着三轮车车工破口大骂，让他们不要瞎说，注意点口德，尊重别人也是尊重自己。

图 5-1　南官房胡同 27 号，胡同游中"门当户对"文化点的讲解处，笔者曾租住于此

　　由于以上所谈到的种种原因,胡同游的商业经营、游客的文化消费给居民的日常生活和空间权利造成了非常大的干扰。2006年,前井胡同居民联合起来,把路堵起来,并轮流守护,禁止胡同游三轮车通行,发生了比较激烈的对抗。后来,街道办进行干预,重新划定了胡同游路线,把前井胡同从胡同游的线路中去掉,才平息了这场纷争。自此,前井胡同相对安静了,但仍在路线上的胡同"就继续倒霉"。① 还常有居民投诉酒吧街夜间的噪声问题,每次都有人来查看、处理,但他们走了之后一切照旧。

　　目前的大部分居民对于胡同游带来的车流、人流、噪声流、凝视流(车工、游客的观看、凝视甚至窥探)都已经习惯,甚至麻木,也调适了自己在新空间结构中的状态。与其说是主动的调试,不如说是在无奈地适应:"政府要搞这个胡同游,咱们能有什么办法呀,日子该怎么过还得怎么过,嫌吵咱就少出门,窗户玻璃用隔音效果好点的就行啦。"② 什刹海地区这片传统的居住为主、店铺商业为辅的稳定空间,变成了流动的、多主体共享的变化空间,有些居民是主动共享而在旅游、商业经营中获利的,但对于大部分民众而言,这种转变实际上是对其既有生活空间的侵占。

　　旅游学家巴特勒(Butler)1980年提出"旅游地生命周期理论",他将旅游地的发展划分为六个阶段:开发期、探索期、发展期、稳定期、停滞期、衰落期或复苏期。③ 随着旅游地旅游发展所处阶段的改变,当地居民的态度也会随之发生一定的改变,但是相对于各个旅游地发展阶段的相似性来说,不同旅游目的地居民态度的改变存在 定的不确定性,

---

① 前井胡同一位老大爷对笔者口述,来自田野访谈资料,时间:2013年11月8日;访谈地点: 什刹海前井胡同。

② 来自田野访谈,访谈对象:南官房胡同27号院的多位居民,访谈时间:2013年10月至2014 年3月;访谈地点:南官房胡同27号院。

③ BUTLE R. The concept of tourist area cycle of evolution: implications for management of resources [J]. Canadian Geographer, 1980 (14):5–12.

受个人因素和其他外部因素影响较大。

　　总体来讲，目前，什刹海居民对于胡同游的态度呈现多元化和相当大的结构稳定性，这种稳定性是经历了历时性的不断调适，在交叉、对抗和妥协中形成的暂时性状态。居民群体对胡同游有着共同的认知，即胡同游确实扰民；但与此同时，由于利益相关性或其他原因，不同的居民采取了不同的行为。他们在自己的生活空间内通过内在心理调适和不同的外化行为，最后达到了与胡同游、酒吧等新经营业态的整体共处。

表5-1　胡同里不同居民对于胡同游的态度对比简表

居民群体分类 （按参与胡同游与否）	是否认为胡同游扰民？	对抗行动	妥协、合作行为
未参与胡同游的本地居民	是	"私宅勿闯"警告式提醒；堵路；投诉；牢骚抱怨	避让；分时间共享；忍耐、默认
参与胡同游的居民（车工、旅游接待户、租房给旅游从业者的）	是	选择性抱怨：选择抱怨内容、抱怨时机、抱怨对象	尽量利用自家的空间、人力、文化资源开展旅游经营，从中获利
车工、酒吧员工等职工	是	基本无	作为一种职业，参与旅游、商业经营活动
其他租户	是	"私宅勿闯"警告式提醒	默认、接受

5.4　前台与后台的分隔与互渗：以柳荫街2号为例

　　柳荫街2号的院子里有10户人家，一进门南北两侧的方家和赵家是胡同游的接待户，他们主要的接待内容是餐饮，请外国游客"吃中国菜"。因为两家都有一个将近30平方米的房间，可以作为集体活动的场地，在当下的胡同民居里非常难得，所以，又经常作为旅行社带外国游客学习书法、绘画、画脸谱、剪纸、象棋等中国文化的场所。2014年前后的那些年，3—6月和9—11月是他们最忙的时候，几乎每天都有来自欧美日韩等各个国家的客人到他们这里来吃饭、学手艺，甚至经常有安排不开的时候。

方阿姨是土生土长的上海人，20多岁在内蒙古巴音郭楞插队的时候认识了后来的先生，两个人感情很好，后来她跟先生一起回到了北京。方阿姨50岁从交通部的工作岗位退休后不久，就开始在自己家里进行胡同游的餐饮接待。不算自己后来加盖的房子，政府分给他们的是3间房，为了接待方便，他们把其中两间房之间的墙拆掉，形成了独具竞争力的一个大开间，而他们就住在自己加盖的二层阁楼里面。方阿姨个子很高，性格爽朗，爱笑，乌黑浓密的卷发在后面扎起一个辫子，干活儿手脚特别麻利。2014年方阿姨的先生63岁，退休前是首钢集团的干部，他自出生起就生活在柳荫街2号，是地道的老北京，如今这个房子就是他的父母留下来的。他退休后就跟方阿姨一起搞家庭接待，女儿有空的时候偶尔也回来帮忙，这样老两口既锻炼了身体，又增加了一些收入，感觉很是满意。

2014年2月的有一天，笔者到方阿姨家访谈，遇到一个旅游团正在家里吃饭，先生掌勺，阿姨打下手，并为客人端菜、送水，还要与带团的导游沟通，忙得热火朝天。这个团是来到北京后拼合起来的，来自墨西哥的最多，也有法国的、英国的、德国的，一共48个人，拼合后又一分为二，称为"AB团"，一个在方阿姨家，一个在赵阿姨家。方阿姨家这个团的导游姓胡，30多岁，是北京一所高校英语专业本科毕业，十多年来一直在做英语导游，经验非常丰富，几乎走遍了中国的名山名水

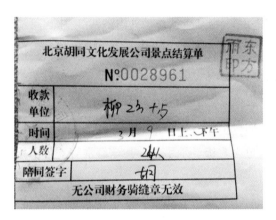

图 5-2 方阿姨与北京胡同文化发展公司的结算单

名城，与外国游客打交道也都是轻车熟路。笔者见到他的时候，他正一个人坐在小客厅的小桌子前吃饭，桌子上是方阿姨特意用小盘子给他盛出来的几样菜，他一边吃，也还要不时停下来走到大厅里，给正在吃饭的团友介绍新上的每一道菜，听他们对于菜品的评价，并帮助方阿姨为他们端茶倒水，既是讲解员又是服务员，还是方阿姨和客人之间的翻译。胡导以一口地道的美式英语与这些游客进行毫无障碍的沟通，加上他外向的性格、娴熟的沟通和良好的服务技巧，他与自己的游客相处得非常愉快，客人对他也特别信赖，有什么问题都叫"Hu"，他总是马上就出现在这些身处异国他乡的客人眼前。笔者见到有人问他什么是蒜薹，他解释了一会儿，然后就到阿姨的厨房讨要一根生蒜薹，拿进屋里跟客人讲述了一阵，引得客人哄堂大笑，然后这场新鲜的中国式宴饮又愉快地进行下去。

午餐基本结束之后，方阿姨迅速地洗手擦手，说着"我得过去跟他们聊会儿"，从笔者身边飞快走过。笔者坐在隔着玻璃门的小客厅，听方阿姨跟来自好几个国家的客人对话，胡导做翻译。方阿姨先介绍了自己家的基本情况，包括院子的历史、院子里住的人口、自己的家庭成员和月收入等等。她语言流畅，声音洪亮，语速偏快，而且始终带着笑容，又时不时跟着游客一起大笑，讲述的场面热烈而温馨。她特意提到了她的家乡上海，建议客人也到上海去玩一下，当得知这个团队下一步的行程就是到上海之后，她略显兴奋，游客也因为了解到她来自上海而表现出惊呼和赞叹。

胡导在向客人进行翻译和转述的时候，会添加一些细节，以便于客人理解。笔者注意到，方阿姨讲每一年政府都会涨一次退休金，物价提高的话还有物价补贴，自己还上了大病保险，生活无忧无虑，非常好，而导游在翻译的时候，说的是"由于货币贬值的原因，政府会给他们涨退休工资"。方阿姨向游客说因为房子是国家的，所以他们每年还要向政府缴纳 500 元的租金，立即就有客人提出："听说北京的房租非常贵，一个月就要好几千块，这里的房子怎么可能这么便宜？"阿姨说房租高的都是楼房，像他们这种老房了就便宜。导游在翻译中也增加了一些社会背景的介绍，说明了私人租房跟政府租房的区别，以便于客人理解。还有客人询问阿姨家有几口人，有没有孩子，每个月收入有多少钱，暖气是怎么供给的，平时都到哪里去玩等，方阿姨都一一作答，热情、耐心而详尽。据笔者了解，方阿姨的回答都是真实的，没有什么隐瞒。后来有一个客人问到有关西藏的问题，说西藏被中国政府严格控制，像阿姨这样的普通中国人是不是不可以到西藏去。当胡导将问题翻译过来之后，阿姨说："这个问题我不会回答。"胡导说："那我来说吧，你就不用说了。"于是胡导就自己向游客进行了讲述，说实际上中国人可以随意、自由地走入西藏，他就有很多朋友在西藏生活、做生意，都很愉快。这些客人提问积极而有秩序，都是举手提问，对于得到的答案都有所回应，方阿姨显然已经习惯了这种交流方式，而且可以娴熟又大方得体地与游客进行沟通。客人们在离开方阿姨家的时候都真诚地向她表达了谢意。胡导因为经常带客人来吃饭，所以跟方阿姨很熟络，临走时还预约了下个团的时间和客人数量。

吃过饭、聊过天之后，导游带着游客登上了早在门口恭候的三轮车，车队浩浩荡荡地沿着柳荫街去往恭王府，方阿姨开始和先生一起收拾屋子。

政府对胡同游接待户的管理比较严格，经常检查，而且不能有客人投诉。方阿姨讲，一般接待客人吃完饭之后她都要跟他们聊一会儿，前几年的客人很多都是家庭小团队，还会要求合影，并留下地址，过段时间还把照片从国外寄过来，而且很多都给小费。现在的客人大多不会要求合影，而且也不给小费了，以方阿姨的理解，"现在外国也是经济危机，他们的经济条件也不怎么好，肯定也是没钱，有钱他们都给了"。[①] 饭后的沟通都是阿姨聊，先生不参与，聊的内容没有人管，想聊什么都行。

> "外国人特别逗，什么都问你，你对毛主席的看法啊，对'文化大革命'有什么感受，乱七八糟，我们都是该说的就说，不该说的就不说，这点自觉还是有的。"方阿姨笑呵呵地跟我讲。
>
> 我对她讲述的内容是否有政府的管理和约束感到很好奇："那什么是该说的，什么是不该说的，有人来约束你们吗？"
>
> "没有啊，自己就知道什么该说什么不该说，干吗要把不好的东西告诉外国人啊，让人看咱笑话咱心里好受啊，也不能让外国人瞧不起咱们。再说了，'文化大革命'那些事儿都过去了，说它干吗，哪个国家还不走点弯路啊，有什么好抱怨的。这国家你也不能给说得乱七八糟的，政府也没有要求，但是我们自己愿意说什么我们自己也清楚，该怎么说怎么说呗，都自由。"[②]

方阿姨夫妇一边跟笔者聊天，一边麻利地收拾 4 张桌子上的残局。虽然目前生意不错，但限于居住条件、体力等诸多因素，他们并不打算扩大规模。如果来的人数实在太多，他们便和对面的赵阿姨合作，一起分担。方阿姨和赵阿姨家关系很好，正因为如此，旅行社才把客人带到

---

① 来自田野访谈，受访人：方阿姨夫妇；访谈时间：2014 年 3 月 5 日；访谈地点：什刹海柳荫街。
② 来自田野访谈，受访人：方阿姨夫妇；访谈时间：2014 年 3 月 9 日；访谈地点：什刹海柳荫街。

他们这里来。普通游客的餐饮标准是 25 元，一般都是家常菜，每顿饭都有饺子，高端一点的团餐标准是 35 元，会增加虾、牛肉之类的好菜。方阿姨和赵阿姨两家经常在一起探讨接待经验，一起想办法对付旅行社、导游或者其他经营者带来的一些麻烦和刁难，两位阿姨是老街坊又是经营伙伴，相处得非常愉快。

方阿姨家有 3 间房，因为产权上属于公房，他们只有使用权，所以每年还要向房管所缴纳 500 元房租，对他们来说，这点钱也不当回事。而且因为是公房性质，所以房子哪里破了漏了，都是房管所来维修，近年"煤改电"政策实行后政府还有取暖补贴。但这些公房根据居民用途的区别，向房管所缴纳的租金差异很大。如果居住，房租很低；如果改成商业经营，租金就要高得多。方阿姨介绍，像几十平方米的房子如果自己住，一年就交三五百元；如果改成商业经营，就需要缴纳 1 万元左右。笔者所了解的车工郝四爷家，把一个 15 平方米左右的房子租出去，因为是在烟袋斜街黄金位置，所以一年的租金收入就有十多万元，这其中有 1 万元左右是要交给政府的。现在，房租收入已经成为郝四爷家综合收入中比例最大的一块，也是他们能够稳定生活、保障孩子上学的定心石，所以他们才甘愿最大限度地压缩自己的生活空间。

虽然租房的收入更高，但方阿姨仍然愿意继续当下的经营方式和生活。在她看来，如今他们都已经退休多年，孩子也成家了，没有什么经济上的压力了，所以宁可少挣一点，也还是要有一个宽敞的家，孩子们回来有地方待，而且自己也有个事情做，免得整天闲得无聊。方阿姨精明干练、热情大方，既有上海人的精致又有北京人的豪爽，经过多年的旅游接待，已经变成集厨师、服务员、讲解员及经理人于一身的重要的什刹海传统文化展演者。她向游客所展现出来的什刹海居民生活真实鲜活，同时，她作为居民而拥有的后台空间又受到了较好的保护，这就是她的文化叙事，经政府审批过、与旅行社合作多年、多次演练实践过、与生活空间紧密相连的民俗文化再生产，源于区域文化，又个性十足。

胡同游的接待户基于对经济利益的诉求，有限地让渡自己的空间和时间，从事游览、餐饮、住宿、活动经营，在这种状况下，作为旅游表演和互动生产的"前台"与作为日常生活的"后台"之间有相互交叉和渗透，全靠经营者自身的智慧和平衡，才维持了空间交叉与互渗情况下的生产生活稳定性。

车工郝四爷给笔者讲过一个故事：在金丝套地区，有一个大院内生活着两个家庭，其中一个家庭的男人是三轮车工，每天都骑行在胡同与海子之间，载着各式各样的游客游览老北京的传统文化和什刹海的风景。有时兴起，还把客人带到家中参观，并顺带着售卖一些小商品。他的工作带来的嘈杂和混乱引起了大杂院里另外一个家庭的不满，那家女人经常公开抱怨，有时还破口大骂。终于有一天，这个男人忍受不了，与愤怒的女人发生了激烈冲突，产生了严重的后果。[①] 我没有去查证这个故事的真伪和发生的时间，它比较典型地说明了同一类叙事主体内部不同个体之间，由于在旅游开发中获益程度不同，而对旅游活动表现出的巨大差异性反应，甚至是主体内部冲突。故事中的车工作为旅游从业者，并没有获得在家进行旅游接待的经营权，也就是并未和与其共享院落空间的邻里之间，关于空间的使用达成一致，在其邻居竭力想保持后台空间的私密性、抗拒被窥视的情况下，车工仍然按照自己的意愿将自己的房间作为前台，同时也连带着共享了与邻里共有的院落。在这个状态下，游客与车工共同跨越了空间的界限，而有时候这种界限具有极大的权利价值和心理意义，以致引起邻里居民的激烈反抗，酿成了悲剧。

---

① 这是前几年发生的一件真实的故事，车工姓曹，老什刹海人，据大家说他是一位非常内向、不善言辞的人，那天实在是被逼急惹恼了，情绪失控做了极端的事，毁掉了两个家庭。这个故事基本上什刹海的三轮车工都知道。

5.5 从"奥运人家"到"北京人家"：政治"叠写"强化旅游空间生产

胡同里的居民对胡同游有着各不相同的态度，胡同游的接待户对于游客的态度也是复杂的。这些接待户一方面对更多的游客进入自己家翘首以盼，希望可以借此增加接待收益，对于胡同里开展旅游这件事表示支持；另一方面他们对于不会进入居民家中的游客，尤其是国内游客又表现出漠视甚至一丝怨气。

2008年北京奥运会前夕，什刹海的居民及其房屋住所因为一项"奥运人家"的政府公开招募行动而受到全世界的关注。

5.5.1 "奥运人家"受到全球关注

为了迎接全球体育盛事，更好地向世界展示北京的传统文化和良好的发展现状，2007年北京市就开始酝酿一项独特的接待项目——"奥运人家"，让外国游客进入普通老百姓家中居住，与老百姓一起生活，这是一种基于文化自信的加大开放。政府相关部门对参与接待的"奥运人家"有着严格的检查、评定和管理。2008年3月28日，地方标准《奥运人家标准与评定》颁布，其中规定，奥运人家（Olympic homestay）是指"2008年北京奥运会期间，用家庭自有房屋、设施、设备，为奥运会境外观众、旅游客人提供住宿接待与服务，取得'奥运人家'标志的北京市城区家庭或民俗旅游户"。[①] 该标准中对于接待标准的要求共包括5个领域：房屋设施要求、住宿条件要求、餐厨条件和烹制食品要求、环境和卫生要求、家庭礼仪和文化氛围、安全要求。[②]

---

① DB11/Z 526−2008, 奥运人家标准与评定 [S].
② DB11/Z 526−2008, 奥运人家标准与评定 [S].

"奥运人家"的评定采取公开、自愿原则，先是由家庭向街道提出申请，并填写《奥运人家评定申请表》，区奥运人家评定委员会负责受理报名，会同所在地街道办事处、派出所对申请表及相关情况进行审核和批准，报市奥运人家评定委员会，最终由市奥运人家评定委员会统一公布。"奥运人家"的评定是由旅游管理部门会同公安、工商、卫生、质监等部门统一管理，若出现投诉或其他影响接待的事故，则会取消资格并收回"奥运人家"标志。

图5-3 "奥运人家"标志和"奥运人家"瓷盘

从2008年3月底到4月底，一个月的时间，北京市共有1118户家庭申报，最终评定委员会确定598户"奥运人家"，其中东城区59户、西城区33户、（原）崇文区56户、（原）宣武区12户、朝阳区300户、海淀区102户、丰台区20户、石景山区16户。但最后发现，实际上最受外国人追捧的接待家庭基本都在老城区，外国游客都倾向于居住在传统的生活区，与本地居民生活在一起，尤其是什刹海的胡同、四合院聚居区，这是本来倾向于朝阳区、海淀区的组织者都始料未及的。当时，在媒体上大肆报道的第一批"奥运人家"入住者的代表德国夫妇皮特和西蒙娜，入住的就是什刹海大金丝胡同 12 号。① 大金丝胡同 12 号王志熹一家早在 2003 年"非典"结束后就开始加入胡同游接待了，在 2008 年之前主要是接待参观、聊天、吃中国菜、包饺子，2008 年奥运会期间又成为世界关注的"奥运人家"。在什刹海，北京奥运会期间得到极大关注和欢迎的"奥运人家"，还有南官房胡同 39 号、小金丝胡同 33 号等。

奥运会期间媒体的大量报道，政府的密集关注，让"奥运人家"倍感光荣，这大大提升了居民的文化自信心和家庭自豪感。奥运会结束之后，他们继续从事胡同游接待业务，而且奥运会期间的光荣经历通过照片、视频和文字讲解被放大展示出来，引起后来游客的频繁惊叹和称赞。显然，"奥运人家"及其携带的社会、文化荣誉，是政治、重大事件、媒体对胡同游施加的重要影响。奥运会结束后，其他的"奥运人家"大多都恢复了之前的工作和生活，而什刹海的这几户仍然继续经营着胡同游的接待活动。

5.5.2 世界城市中的"北京人家"

2010 年，北京市提出了建设"中国特色世界城市"的发展目标。所谓"中国特色"，历史悠久、传承有序的传统文化是其中的重要部分。基于这样一个大的城市发展背景，2010 年年底，北京市旅游局又组织了"北京人家"的评选与挂牌活动，将其作为常态化的旅游经营单位进行管理与激励，在奥运会期间"奥运人家"的基础上进行优化筛选，比如要求必须是城区独立、自有、自主四合院，接待人员为房主或者在院里连续居住 5 年以上，而且同时要求主人与客人同时居住在院内。这是在房屋权属、生活化的现状、经营主体情况等所做的严格要求，目的是为了引导游客进行深度的北京生活体验，避免过度市场化和开发泛滥。

---

① 文静 . "奥运人家"首迎老外，400 元住一晚 [N]. 京华时报，2008-7-31.

2011 年 8 月，（原）北京市旅游发展委员会（原"北京市旅游局"重组更名为"北京市旅游发展委员会"，2019 年重组为"北京市文化和旅游局"）正式为 21 家四合院住宿接待品牌挂牌"北京人家"，其中什刹海有 4 家：大金丝胡同 12 号"金丝居——四合院民居"、大金丝胡同甲 33 号"四合院民居"、南官房胡同 39 号"四合院民居"、金奖胡同 9 号"四合院民居"。非常有意思的是，在这一批 21 家四合院中，只有什刹海的这 4 家还备注为"参观接待户"，意为这几处四合院除了住宿接待功能外，还作为景点接待参观，一院两用。除了由于这几个院落历史和文化价值相对特殊外，最主要的还是由于什刹海胡同游项目的整体带动效应。

表 5-2　第一批"北京人家"名单^①

名　　称	地　　址
北京胡同人酒店	东城区南锣鼓巷小菊儿胡同 71 号
胡同印（北京）酒店	东城区北下洼子胡同 17 号
怡尔国际商务会馆	东城区灯笼裤胡同 1 号
北京阅微庄宾馆	东城区东四四条 37 号
北京秦唐府客栈	东城区南锣鼓巷前鼓楼苑胡同 7 号
北京杜革酒店	东城区前圆恩寺胡同 26 号
北京吉庆堂宾馆	东城区北锣鼓巷纱络胡同 7 号
侣松园宾馆	东城区板厂胡同 22 号
瑞之路酒店	东城区箭厂胡同 48 号
北京雍汇雅居宾馆	东城区北新桥三条 46 号
福禄四合院宾馆	西城区松树街 24 号

---

① 引自原北京市旅游发展委员会网站。

续表

名　　称	地　　址
福禄四合院宾馆	西城区兴华胡同 42 号
春秋园宾馆（西园）	西城区西四北 6 条 11 号
莲花青年旅舍	西城区西四北七条 29 号
积水园宾馆	西城区四环胡同 29 号
远东饭店	西城区铁树斜街 113 号（北院）
北京"广济·邻"国际青年旅舍	西城区赵登禹路白塔巷 2 号
四合院民居（参观接待户）	西城区金奖胡同 9 号
金丝居——四合院民居（参观接待户）	西城区大金丝胡同 12 号
四合院民居（参观接待户）	西城区大金丝胡同甲 33 号
四合院民居（参观接待户）	西城区南官房胡同 39 号

笔者在田野调查中发现，因为在什刹海胡同游线路上的位置优势比较明显，而且停车方便，所以南官房胡同 39 号和大金丝胡同甲 33 号被三轮车工推荐的频率非常高。一般车工都会以"奥运人家""北京人家""现在保留最好的四合院""唯一一个正宗的四合院""萨马兰奇来过的四合院""奥运会期间住过很多外国人的四合院"等诱人的标签来介绍这两家接待户，大部分游客都会被此打动而去参加这个门票 20 元的四合院参观项目。两家四合院分别与不同的胡同游公司签订合作协议，而且由于四合院经营者与车工的交情、给予的"感谢费"的丰厚程度不一样，所以车工会非常鲜明地建议他的客人参观其中的一家，车工常冠以"唯一""最好""最正宗"等界定以突显其稀缺性。如果是从旅行社来的团队游客，一般都会预先确定好旅程的每一个节点，车工可以自主推荐的空间几乎没有，由游览四合院产生的抽成费用会被旅行社和胡同游公司

分享，车工不参与利益分配。另一方面，由车工推荐而得的返回奖励全部归车工所有，因此，车工往往会非常卖力地向自己拉的散客推荐四合院，因为这些交易是现场进行的，现金对于车工的激励作用非常明显。

大金丝胡同甲 33 号为北京市文物保护单位，始建于明朝天启年间，距今已有 400 多年的历史，明称"静海寺"，清代变为"槐宝庵"，是什刹海边众多寺庙中的一个，明清两代均为皇家寺庙，清末成为民居。原建筑为三进院，现在作为"北京人家"进行接待的甲 33 号为其中一个院落。院中三间带廊北房保留原有格局，略有改建，另有东西厢房和倒

图 5-4　大金丝胡同甲 33 号的"奥运人家"标牌证书

图 5-5　大金丝胡同甲 33 号"北京人家"证书

图 5-6　接待所获感谢状（一）

图 5-7　接待所获感谢状（二）

座各三间，并有东西耳房及跨院，占地面积约 500 平方米，建筑面积约 300 平方米。院内按照传统四合院特点又布置了天棚、鱼缸，种植了石榴树、葡萄、爬山虎等植物，还有太湖石、试金石、旗杆石、柳叶石，既具文化体验价值，又富生活气息。

　　据主人介绍，这套房子是他们家祖上在新中国成立初买下的，后来收归国有，"文革"结束落实政策后，又还给他们家了。这套房子在奥运会前期参加"奥运人家"申报，被批准授牌之后才开始正式进行住宿接待的，经营状况不错，除了每天有不少客人来参观外，在东西厢房开辟的五间不同风格的客房也很受欢迎，目前是他们一个家族在集体经营这个四合院。主人张靖先生向笔者讲述，东厢房那间婚房是在奥运会之前，有一对哈佛大学的新婚夫妇到中国来度蜜月，在这里住了半个月，他们特意为这对新人设计了中式新房，让这对美国夫妇非常激动，后来还多次介绍朋友到他们家住宿。从那以后，这间房子就没有再改动过，就作为一个主题客房，主要用来展示，如果客人住不下了，才收拾一下用作接待。在这个四合院中，那对哈佛新婚夫妇已经成为重要的故事之一，被主人反复地向新的客人讲述，这些外来者、外来文化显然已经融入本地叙事，共同构建着胡同游的吸引力。另外，主人在向客人讲解这座房子的历史的时候，都会特别强调正房三间屋顶的绿色琉璃瓦，结合中国传统的建筑等级制度，向客人描述绿色琉璃瓦的等级仅次于紫禁城的黄色，告诉游客这个院子最初的主人是一位王爷①，几乎所有的中国游客都对此非常感兴趣，而且大多愿意相信这种叙事。实际上，这个院子在明清两代是皇家寺庙，所以建筑等级相较一般民居要高，在可查的典籍上，这个院子是从来没有住过王爷的。另外，主人不断地通过"从这个院子里挖出来的石头、台阶、铺砖及其刻字、花纹"等突显这个院子的神秘性和高贵的传统，多次提到"这个东西只有在紫禁城里才有"②，引起游客的不断惊呼和相机的频频闪光。在旅游者普遍对于四合院故事充满丰富想象的要求下，主人尽量在可信的范围内编织一些能够吸引人的故事，以增加院落历史的神秘性和传奇性，进而提高游客的游览满足感和体验满意度。在这里，主人既是物业的继承者，又是经营者；既是讲解员，又是故事讲述人，他们所讲是根据现存的遗迹和实物，为游客量身定做

---

① 根据笔者田野观察，观察时间：2013 年 10 月、11 月；地点：什刹海大金丝胡同甲 33 号。
② 根据笔者田野观察，观察时间：2013 年 10 月、11 月；地点：什刹海大金丝胡同甲 33 号。

的一个动人的北京地道四合院的故事。他们的叙事是经营所需，通过有策略、有选择、有重组、有演绎、充满符号性、标签性的讲述，满足游客的文化预期或时空猎奇的期望。他们自身也在实际的讲述中不断地、潜在地提升着文化自豪感和身份自信。

5.5.3 政治"叠写"构建新的叙事

什刹海的居民对于游客包括外国人的接待实际上是从1994年胡同游发起之后就开始的，到了奥运会期间，借由政府发起、组织、评定的"奥运之家"而进入大众媒体、普通民众甚至国外人士的视野，政府推动、媒体推广，让这些接待户尤其是四合院搭上了一条"政治的""历史的"大船，使胡同游迅速走向世界。奥运期间的经历、接待的各种富有光环和故事的客人、奥运时期获得的奖励和认可，都成为这些院落的重要故事，成为他们对外叙事的基本内容，也是对外进行宣传营销的重要符号化标签。后来的"北京人家"遵循同样的原理，把具有世界共同话语的"奥运"改成在创建"中国特色世界城市"时代下的"北京"，包含了丰富的政治、社会、全球化信息。

政府将这些本已在进行游览接待的四合院纳入国家话语层面的"奥运人家"和城市话语层面的"北京人家"，这是政治力量对于民间活动的"叠写"（superscription）①，这种叠写影响了民间活动的发展轨迹，成为他们后来叙事的重要内容。由于这种"叠写"，政治、媒体、社会以及其他的叙事行为都对胡同游的个体展演产生了极大的影响力。

---

① "叠写"是杜赞奇在1988年提出来的概念，是指将国家权威置于与宗教的一种动态关系中。梁永佳将其用于分析大理白族绕三灵申报非物质文化遗产的过程及其意义，认为绕三灵非遗化的过程是官方在地方意义之上的"加封"，国家权力对于地方文化的这种叠写是有限的，不能完全覆盖其地方性意义，参见梁永佳：《"叠写"的限度：一个大理节庆的地方意义与非遗化》，《宗教人类学》（第四辑），2013年9月。

5.6　空间之争：胡同游线路的
缩减与三轮车的"刹车革命"

2021年笔者再去什刹海，跟进五家特许经营公司的运营，发现三轮车行车线路发生了较大的变动：一是最大限度地统一，"后海八爷"所在公司所经营的游览路线起点在平安大街上的北京游客咨询中心，基本走的是后海北沿，从后门桥到宋庆龄故居再返回；而以胡同文化游览公司为首的其他四家公司，主要走的是小环线，也就是逆时针从什刹海体校沿前海西侧过银淀桥，往西到小凤翔胡同、柳荫街、恭王府，再回到起点。二是原来线路中的金丝套、南官房胡同、北官房胡同等居民密集生活区已经划定为三轮车禁行区。

笔者就此事问起后海三爷、五爷、张跃荣以及随机访谈的其他两位车工，回答基本一致，说是胡同深处道路狭窄，有大量居民生活，成批量的三轮车通过，常常堵塞过往交通，而且在几个重要的观看、讲解点停下来讲解，也会对居民生活、休息带来干扰。这个矛盾长期存在，近几年愈演愈烈，居民不断向什刹海街道办事处反映，并在门窗处公开张贴拒绝参观的告示，甚至还有现场跑出来打断车工服务的。后来，政府就重新划定了三轮车胡同游的线路，禁止进入居民集中居住的胡同深处，只允许绕着商户集中的外圈同向行驶。面对随之产生的游客深度参观胡同生活的需求，也出台了应对办法，就是在胡同口把游客放下，三轮车在另一端出口处的主路上等待，游客步行参观胡同。根据张跃荣和后海三爷的观察和统计，自从胡同深处禁止三轮车通行后，真正要求在胡同口下车步行游览的游客极少，他们大多只会在宋庆龄故居、恭王府等景点景区处下车游览。因此，三轮车胡同游又作为一种线路导向，引导着大量的游客沿着更加宽敞、更加开放，商业和服务更加集中的外圈活动，内部与外部、生活与生产（旅游服务业）互相支撑，又相互独立。

胡同的路权之争，是一个典型的利益相关者斗争、协商的过程，趋势就是居民的生活主张越来越得以彰显，三轮车胡同游这种外来的、商业性的功能，越来越受到严格的规训，在限定的空间、限定的时间内活动。2008年特许经营之后，三轮车胡同游的运营时间就已被严格限定，早上一般从7点半至8点开始，但晚上5点就必须全部收车。近年来，每逢节假日，就要求下午2点收车，停止运营，因为根据大数据预测，下午2点以后将迎来散客高峰，要把路权充分让渡给自由行的散客。2021年6月高考期间，因为什刹海片区有一个考点，因此所有三轮车都随着考试时间停运四天。

笔者于2021年春在胡同内部连续进行了一个星期的观察，尤其是在2014年曾经住过的南官房胡同，那里也是当年胡同游的必游线路，如今已划入禁行区，确实安静了许多，人流量也减少了很多，只有零星的个别散客安静地走过，偶尔左右张望观察，偶尔翻看手机，偶尔低声与同行者交谈。之前贴在各家各户门上的"私人住宅""禁止窥探"之类的醒目的告示已经基本消失，而路上停的也大多是私家车或自行车。特别值得高兴的是，几乎每一条胡同，在围墙下面、老百姓的房前屋后，都有长条形或圆形的花盆之类的容器，里面是老百姓自行种植的花草或蔬菜，问过他们得知，这些容器是政府提供给居民使用的，一方面增加绿化、美化景观，另一方面也方便群众。从这一槽一盆的蔬菜花草中，我们都明确感受到了胡同里的生活在回归，居民的日常正从院子里延伸到院子外，主商业区以外的胡同逐步回归到居民的生活中，本地人重新成为主导，什刹海的生活传统变得更加从容。

居民与三轮车胡同游的空间之争还有一个特别典型的案例：三轮车刹车。老式的三轮车多为手动刹车，在停车时会发出尖利、绵长的金属摩擦声，在胡同穿行时，尤其是遇到有团队乘坐的车队时，大家先后刹车时发出的此起彼伏的高亢之声，日积月累，形成对居民的强烈干扰，这一点连三轮车工自己都承认。居民先是忍耐，后来开始站出来，在家门口对车工进行劝告、警告甚至谩骂，再后来，他们有一部分人团结起来，不断找社区、街道反映问题。终于，特许经营办公室统一对三轮车的刹车进行了改造，装了盘式制动器，以最大化地减少噪声，也对车工的操作行为进行了规范，尽量避免急刹车，避免在居民集中生活区长刹车。与此同时，各家公司，或者车工自身，也都摸索出了不同的降噪妙法，有的往链条上涂油，有的在车闸处捆绑布条，而我所知的最特别的方法出自从业 20 年的王师傅，他将路旁绿植的叶子放在链条和刹车盘之间，据说能够非常有效地降低噪声，而且可避免上油等方法带来的刹车失灵等风险。很显然，这种技能，慢慢地便会成为一种能够传承的胡同游三轮车使用传统，而且是"发明的传统"。

小　结

对于大半辈子都居住在这里的居民来说，什刹海是他们的家，四合院或者大杂院是他们的住所。因为旅游业的开展，大量外地人包括外国人涌进来，在给他们扩展眼界、给一部分人增加了收入之外，也多多少少干扰了他们的日常生活。他们中的一部分人会根据自己家的情况，调整生活和工作状态，一部分人甚至全部地出让自己的生活空间，与游客有偿共享，从而换取自己所需要的回报。

然而，另一方面，胡同里的居民对于自己时间和空间的让渡是有界限的，空间的公私之分非常明显。公共空间或者展示空间，也就是旅游表演的"前台"，是允许游客进入或看到的，甚至在经营者的引导和诱惑下，他们会主动吸引游客观看；但私人生活的空间，也就是"后台"，包括私人不愿意被分享的态度、故事，是被居民严格保护的。"后台"不欢迎,甚至抵触、拒绝游客窥探,他们大多会明确提醒和告知,甚至在前台表演过程中直接打断,进行呵斥,表达不满情绪。

总体来讲,居民对于胡同作为社区内部空间、院落作为居民私人空间的捍卫程度,对于胡同游的态度在总体一致的情况下又有差异,而且是变动的,根据他们利用自己及家庭的资源参与胡同游并获益的情况,存在着明显的分化。尽管他们承认胡同游的开展确实干扰了他们的生活,但在收益面前,他们却愿意根据政府的要求、社会趋势所向而在合理的尺度内进行时间和空间的有限让渡,并最终参与到整体的旅游发展中来,凭借着对本土文化的掌握,赋予了胡同游日常生活的气息,为胡同游增加了"本真的味道"。

随着 2008 年什刹海胡同游实施特许经营,超过千余辆由什刹海本地居民经营的三轮车被取缔,随着之后外国游客比例的下降,居民参与胡同游的机会大大减少了,从胡同游中直接受益的群体数量在减少,因而对于胡同作为社区资源和居民生活空间的优先性,被更多地主张和呼吁。他们有直接干预、向社区和街道反映、拨打政府服务热线等多种方式表达诉求,通过特许经营管理科对胡同游进行更加严格的规训,缩减行车路线、强化交通规则、降低刹车噪声、降低车辆密度、压缩运营时间、规范文化讲解等,居民的生活空间逐渐回弹,旅游经营和表演的"前台"在不断缩减、不断规范。企业和车工在"前台"与"后台"界限的变迁中相对弱势,但他们通过提升讲解内容的文化品位、优化车工服务礼仪、使用电子讲解器等科技手段,提高文化表演的质量,尽力保持胡同游的文化生命力和经济收益性,在自己所能共享的时间和空间内继续保持积极的文化再生产。

第六章　游客凝视：游客的体验叙事

　　与旅游活动的生产经营主体不同，游客对民俗文化的生产大多是以隐性的方式开展的。在以市场为导向的旅游开发中，游客的体验直接决定了旅游运营中各项元素的呈现，从某种意义上来说，在文化生产的环境下，旅游产品的开发是文化生产者对于游客体验引导、反馈的结果，并在此过程中将其内化为旅游产品的本真性的过程。[①] 因此，对什刹海胡同游的考察，离不开对于游客体验的关注。本章在田野研究的基础上，结合旅游文本分析，重点对什刹海的游客结构、游客体验进行梳理，分析作为旅游活动主体的游客与经营者、居民、政府、媒体之间的互动关系，并在此基础上分析其在什刹海胡同游建构中的作用。游客通过游览过程中的行为表现和游览后的体验叙事，对旅游语境下的民俗文化再生产施加作用，游览过程中的表现会促使表演者即时调整表演策略，而游览结束后的体验叙事则会影响到下一次再生产。而且游客的需求和期待，也常常被生产者"想象"，并自觉转化为一种权力参与进旅游的文化再生产。

---

①　Jarman N. Displaying Faith: *Orange, Green and Trade Union Banners in Northern Ireland*[M]. Inst of Irish Studies, 1999.

6.1 胡同游游客结构的变化

什刹海胡同游始自 1994 年 10 月，到 2000 年前后，主要或者说唯一的经营者一直都是以徐勇为首的北京胡同游览公司。这个阶段的游客基本以外国人为主[①]，最初主要是由各国驻华大使馆以及居住在中国的外籍工作人员介绍、组织而来，后来则以旅行社组团的形式居多。这个时期的外国游客主要来自欧洲和北美，其中以色列人给徐勇留下了非常深刻的印象，他们几乎走到哪里都带着笔和本，边听导游讲解，边做记录，当时的经营者、导游，甚至车工都非常敬佩他们，愿意为他们讲解更多的历史文化。后来，日本团队也逐渐多起来。在游客的来源上，呈现出以欧美游客为主导到欧洲、美洲和东南亚游客并驾齐驱的局面。在胡同游的组织方式上，主要是以旅行社组织的团队游客接待为主，散客接待为辅。在胡同游发展最初的五六年里，基本上是以展现、传播北京城市历史文化、胡同民俗文化为主，受众以文化素养比较高、对深入体验老北京平民生活持有很浓厚的兴趣的游客为主。因此，在这个阶段，以文化人徐勇为首的经营团队倍受鼓舞，想了很多办法来提升胡同游的品质、深挖老北京文化，带这些游客到老百姓家聊天、做饭、吃饭，到郭沫若故居做文化沙龙，到宋庆龄故居外的草坪上做小型音乐会等，文化交流的氛围特别浓厚。

到了 2000 年前后，随着中国经济的迅速发展，大众旅游蓬勃发展，大量普通民众开始走出家门，参加旅行社组织的旅游或与亲人、朋友一

[①] 在旅游数据统计中，对于游客来源的一般分类是以是否出入境为标志，分为境内、境外，中国香港、中国澳门和中国台湾在旅游统计中算作境外。但是在什刹海的旅游接待中，从业者和接待户没有境内外的概念，只有国内、国外的区别，他们统称为"外国人""中国人"。因本研究是基于田野作业的以主体为线索的民俗文化的再生产研究，所以就采纳民间约定俗成的分类，以是否为中国人分为国外游客、国内游客。

起到各地走走看看，胡同游也一样面临了汹涌而来的国内游客。游客量的增长、胡同游发展带来的较高利润、市场管理的不规范、经济结构改革产生大量年富力强的下岗职工等原因，导致什刹海的无照经营三轮车数量激增，既有个体经营的，又有以企业形式经营的。这些不具备合法经营资质的三轮车的涌入，打乱了什刹海胡同游的秩序，也让来自五湖四海的游客无所适从，什刹海胡同游经营中开始出现拉客、抢客、宰客、欺客等不良行为，使胡同游的品质参差不齐。这种状况反过来也影响了游客的结构和旅游体验，在这个时期，国外的高端团队逐渐减少，逐渐发展到 2008 年奥运会后以国内游客为主的情况。胡同文化游览有限公司总经理张跃荣先生介绍[①]，在 2000 年前后，胡同游国外游客与国内游客的数量比例是 7∶3，而到了 2014 年前后则变成了 3∶7。表面上只是一个数字的颠倒，但在很大程度上反映出游客对胡同游产品设计、服务品质、文化呈现等诸多变化的反馈，这对胡同游今后发展的文化策划、产品设计都产生了重要的影响。

2008 年什刹海胡同游实施特许经营管理后，胡同游的秩序有了质的改变，品质也开始回归，并根据当下游客的兴趣点和需求点不断调整和创新游览产品、提升服务质量，并在经营方式上进行改革，一方面加强与旅行社的合作；另一方面加大自身宣传，尤其是自媒体宣传，争取散客市场。按照三轮车的数量推测，目前什刹海由正规三轮车承载的胡同游年游客接待量为 75 万人次左右，加上一些小三轮车以及其他渠道进行游览的人数，什刹海胡同游年游客接待量约为 80 万人次。由于全球化进程的加快、信息化时代的便捷、消费型社会的推动，胡同游的游客数量增长迅速，但也由于受政治、环境、气候、交通、安全等多方面的影响，旅游的敏感性不断显现，国外游客的数量和品质明显下降。游客来源结

---

① 根据访谈内容，受访人：张跃荣；访谈时间：2013 年 12 月 10 日；访谈地点：北京什刹海。

构整体经历了由国外游客为主到国内游客为主、由团队游为主到团队与散客并重的过程，游客的兴趣、关注点也发生了很大的变化，从国外游客对中国传统文化的整体兴趣，到国内游客对"老北京文化""北京胡同"的好奇与探索。

6.2　国外游客的关注点与体验重点

　　那个时候游客的素质都很高，以欧美、日本游客为主，一开始他们和三轮车工打交道的时候感觉就非常好，那时候的三轮车工不像现在的三轮车工一样和游客瞎掰，他们是很淳朴的，话语不多，都是中国人的经典面孔。那时候没有国内游客，他们不进胡同，对老百姓的生活也不需要了解，那都是自己过的日子，也不会把胡同当成一个景点来看。①

　　在什刹海胡同游的游客结构中，尽管国外游客的数量一直在减少，但他们一直都表现出与国内游客不同的兴趣点、关注点和游览体验。需要注意的是，这些数量庞大的国外游客也不总是保持一致，来自不同文化背景、不同文化程度、从事不同职业的游客之间都有较为显著的差异，在胡同游发展的十多年里，他们的关注点也发生了很大变化。

　　最初驱使国外游客到胡同去的原因在于对中国传统文化和普通市民生活的浓厚兴趣，很大程度上可以称作是一种文化探索、交流行为，他们在欣赏传统的文化空间、建筑之外，对普通居民的日常生活更加关注，对墙上写的"小四是王八"之类的涂鸦很感兴趣，对大杂院里的

---

① 根据访谈内容，受访人：徐勇；访谈时间：2014 年 1 月 10 日；访谈地点：北京朝阳望京。

大爷大妈有几个孩子、每年有多少收入、到哪里去看病很感兴趣，对筷子、饺子、贴画很感兴趣，对政府的防火防盗提醒很感兴趣，此时的他们大多带着一种好奇心和敬畏心，渴望与中国人交流，那个时候的导游也会非常认真耐心地跟他们讲解、翻译、解释。那个时期的游客还习惯于给服务人员小费，而且出手比较大方，三轮车工和接待户都尝到过这种甜头。

图 6-1　一群美国游客在柳荫街 2 号方阿姨家学习中国书法（2014）

其实当时很多人担心胡同游会对北京形象带来负面影响，担心把不好的一面暴露给外国人，担心老百姓把自己家的事情同外国人说。没想到外国人看到的老北京人的生活，很正面。因为经过十几年的改革开放和城市建设，老百姓家里的条件都改善了，冰箱、彩电都有，虽然居住环境还不够宽敞，几代同堂的情况也有，但外国人觉得老百姓生活很温馨、很自然，外国人会联想到自己的城市，自己的生活方式。所以他们聊得都很正面，看到的也都是老百姓好的生活，老百姓讲的也都是好的一面，没有人同外国人发牢骚。所以这样的沟通、交流效果就特别好。[①]

　　这些国外游客结束他们的胡同游之后，大多会将自己的游览体验写出来，分享给亲人朋友，还有很多游客将他们的旅游体验上传到网络媒体上。在最初的这些游客中，有很多是外交人员、媒体人员和文化交流人员，他们对于胡同文化本身以及由胡同看到的中国文化、中国的转变、中国的发展等非常感兴趣，胡同游让他们真正走进中国老百姓的生活。因此，他们传达出去的基本上都是正面的、令人兴奋的信息。这种舆论对于胡同游的后续发展意义重大。

　　这种状况随着什刹海胡同游的大规模发展逐渐发生了变化，国外游客的比例持续下降，而且游客的综合素质（包括文化水平、文明程度、消费行为等，胡同游公司、车工、接待户的惯用说法是"档次"）也在下降。出现这一状况的原因一方面是什刹海的改造和发展，逐渐消解了原本胡同文化的一些本真性味道。另一方面是胡同游品质的下降，胡同游产品逐渐大众化甚至低端化、快餐化、模式化，也促使比较高端的游客不再选择去什刹海。反过来，车工、导游和接待户觉得新游客的各方面不如人意，也会影响到他们对产品优化和服务提升的积极性，从而损害了胡同游的品质。

6.3　国内游客的关注点与体验重点

　　国内游客关注到胡同游并有规模地参与进来是在 2000 年左右，并表现出如下一些特点：

[①]　根据访谈内容，受访人：徐勇；访谈时间：2014 年 1 月 10 日；访谈地点：北京朝阳望京。

一是与国外游客相比，吸引国内游客的并非胡同生活，而是以恭王府为代表的王府大院和具体景点。这与中国人长期受到的历史教育、阶级教育以及相关题材历史电视剧的传播影响有紧密关系，他们对过去的贵族生活充满着好奇，成为驱动他们来到什刹海的重要动力。

二是国内游客对三轮车的外观以及三轮车作为一种运营工具很感兴趣。"骆驼祥子"的文化符号使国内游客对于三轮车和车工很感兴趣。为了满足游客们的好奇心，也为了强化游客的身份优越、经济优越感，三轮车车工自己常常高喊："来，坐一下黄包车啊，骆驼祥子带您逛逛胡同。"这也在不断强化"人力客运三轮车"这种明显怀旧的文化联想，加深了游客的体验和感受。但有趣的是，大多数游客对于黄包车的印象是在看民国电视剧的时候形成的，应该是两个轮子、由人拉着跑的，而不是像现在这样三个轮子、由人蹬的。在笔者做田野调查时，遇到过一个来自河南南阳的大家庭，带队的是 50 岁左右的母亲，她听说笔者是学生，就很认真地问我："黄包车不是应该是人拉的吗，怎么这里的是三轮车呢？"我向她简单地解释了一下人力客运车的发展和演变，然后说："如果现在还用人拉，那不是很辛苦吗？"这位母亲恍然大悟地说："也对，要是人拉的，估计没人好意思坐了。但这样的车不能叫黄包车，也不像啊。"①游客对于黄包车、三轮车的概念区别不是很清晰，但只要是人力的，就会引起一些对旧时候的联想和文化共鸣。

三是国内游客对北京的大杂院居住环境深表同情，进而产生了一种自我优越感。四合院是中国传统的居住形式中最具代表性的一种，也是北方地区主流的居住形式，四合院蕴含了中国传统的伦理文化、阶层文化、利益文化、家庭文化，甚至从一个四合院里可以看到整个国家。所以，游客来到胡同，最想看到的东西之一就是四合院，记忆中的、想象

---

① 来自笔者的田野调查经历，访谈时间：2013 年 9 月；访谈地点：什刹海恭王府外的一个小饭馆。

中的四合院。但是什刹海，乃至整个北京的四合院早已"物是人非"，多已变成大杂院，剩下的几处游客可以进去的四合院都是收费景点，早已没有了日常生活的气息。游客在这里能看到的，就是坐在三轮车上听车工讲述那辉煌的过去，再随着车工的手指，数院落的外墙上悬挂的电表数量，车工们强调：有几个电表，就表示这个院子里住了几户人家。笔者常常能听到游客的惊呼或者叹息，对于皇城脚下的这种居住条件难以接受。进而他们会迅速比照自己的居住条件和日常生活，这种明显的差异能够增强他们的自我优越感，通过对异文化的接触反观自身，也是旅游的一种重要的意义所在。

四是国内游客游览体验的"符号化"特征更加明显。什刹海是汉族聚居的地方，而且也是生活着的社区，所以在文化的民族性、时代性上与国内大多数游客自身差异性不大，但游客对于差异性的追求又很强烈，基本上集中在这些符号上：灰墙灰瓦、大杂院、王府，细部来讲就是：人力三轮车、密密麻麻的电表、杨尚昆主席的住所、和珅府、康熙题写的著名的"福"字等。与国外游客对于涂鸦文化、日常生活、建筑、雕刻等的关注有很大区别。

表6-1　国外游客与国内游客关注和体验的差异比较（2013年12月）

项　目	国外游客	国内游客
兴趣点	胡同、居民生活、日常文化	王府、名人故居、稀奇的东西
细节关注点	建筑、饮食、家庭构成	三轮车、大杂院、和珅府、"福"字
记忆点(从游记及照片看)	生活细节	整体，纪念式或者猎奇式的
旅游行为	喜欢跟居民交流 一般要求专业导游讲解 尊重生活环境，不大声喧哗 习惯给小费	不跟居民交流 很少请导游 喜欢问车工或导游奇闻逸事 很少给小费

对于国外游客来讲，整个什刹海都是新鲜的；对于国内游客来讲，只有王府、名人或者意想不到的大杂院居住状态才能引起他们的兴趣。以下是笔者 2014 年 3 月与从事胡同游近 30 年的张跃荣的一段访谈对话，国内外游客关注点的差异从中可见一斑：

> 代：在导游词编排和线路设计中，您有没有针对国内旅游特意设计的一些内容，国外的人有书法、剪纸、中国菜什么的，国内的呢？
>
> 张：国内只要语言上的吸引。
>
> 代：语言上的吸引？
>
> 张：名人故居，只能提一些这个，说一些文化什么的，国内游客对这些不感兴趣。
>
> 代：就是喜欢猎奇，看和珅家是吧？
>
> 张：对，就是这种宋庆龄故居、郭沫若故居、梅兰芳故居，你要提什么四合院，他一看这北京的四合院，还没我家院子大，根本不买账，那没办法，现在就是大杂院，确实就是这样。可欧美人一看，他们以前生活在这个地方，一个家族一个大院子，这么多人挺热闹，夏天坐院子里面多温馨啊。中国游客不看重这个。①

2021 年，笔者再次与张跃荣谈起该话题，他说他发现了很有意思的变化，就是国内游客这几年也开始越来越重视人文环境，尤其是年轻人，会更加尊重大杂院的生活状态，理解这是由历史形成的，也会特别喜欢看胡同里的人的居住、交往、休闲生活，开始更多地关注建筑和景观的细节，也不再轻易评价或大声喧哗，整体素质越来越高，这让从业者和居民也越来越舒服。放在一个长时段来看，单就国内游客来说，也发生

---

① 取自笔者的田野访谈，受访人：张跃荣；访谈时间：2013 年 11 月 23 日；访谈地点：北京什刹海。

了很大的转变，每一个当下都不一样，这也正是文化再生产的魅力所在。

6.4 什刹海游客体验调查分析

为了进一步了解游客通过胡同游对于北京传统文化的体验，笔者采用了抽样问卷的方式进行了样本调查。问卷调查主要针对国内游客，于2013年10月上旬与中旬集中进行，共发放问卷260份，其中214份为有效答卷（回答完整、前后无明显矛盾），以下为该次问卷调查的分析。游客在什刹海的旅游过程一般都是连贯的、完整的，并不会自觉地把旅游对象区分为胡同游、酒吧街游、王府游等，本次问卷在调查地点的选择上分布较广，问题的设计也是围绕什刹海整体而言的，在成果的分析中又重点突出其中的胡同游部分。

6.4.1 游客的人口学特征

运用SPSS18.0软件 [1] 对有效问卷的被调查对象的人口学统计特征进行了描述性统计分析。结果显示，就被调查游客的性别来看，男女比例为54.7：45.3，男性游客的数量稍多于女性游客。被调查对象以中青年游客为主，24—44岁的游客占总调研对象的63.8%。就月收入水平来看，月收入在2500—5000元的游客最多，占总体游客量的41.7%；其次是月收入水平为5000—10000元之间，占总体的32.6%，月收入水平低于2500元或者高于10000元的游客相对较少。就受教育水平来看，绝大多数的游客具有本科及以上学历，占总体游客量的71.6%。就职业差异来看，专业文教技术人员的游客数量最多，占总体的33.8%；其次是学生

---

[1] SPSS（Statistical Product and Service Solutions），"统计产品与服务解决方案"软件，是世界上最早的统计分析软件，也是目前最广泛运用的数据统计与分析软件。

群体，接下来就是企事业管理人员和服务销售商务人员，分别占总体游客量的 13.4% 和 11.5%。在本次问卷调查中，就客源市场的空间分布特征来看，绝大多数的游客是来自外省的，占总体游客量的 81.2%，本地游客占总体游客量的 18.8%，（其中，北京市其他地方的游客，占总体的 14.6%，老城区的游客占总体游客量比重为 4.2%），也就是说，游客量随着客源市场空间距离的增加而增加，呈现出一种距离递增效应。

表 6-2　什刹海地区人口学统计特征简表（2013 年 10 月的问卷调查，以下皆同）

基本情况	细分类别	有效百分比（%）	基本情况	细分类别	有效百分比（%）
来自地区	北京老城区	4.2	受教育程度	大专及以下	27.3
	北京市其他地方	14.6		本　科	55.1
	外省市	81.2		硕　士	12.8
性　别	男	54.7		博　士	3.7
	女	45.3		其　他	1.1
年　龄	24 岁以下	21.6	职业	公务员	7.6
	24—44 岁	63.8		企事业管理人员	13.4
	45—60 岁	10.3		文教技术人员	33.8
	60 岁以上	4.2		服务、商务人员	11.5
月收入（元）	2500 以下	16.7		工　人	3.8
	2500—5000	41.7		农　民	2.5
	5000—10000	32.6		离退休人员	1.9

续表

基本情况	细分类别	有效百分比（%）	基本情况	细分类别	有效百分比（%）
月收入（元）	10000—20000	8.3	职业	学 生	17.8
	20000 以上	0.8		其 他	7.6

从以上分析可以看到，目前什刹海的国内游客中，来自外地的占了绝大部分，其中以中青年、受教育水平较高、中等收入者为主。在职业上，文教技术人员和学生是比较突出的两大类群体。什刹海胡同游作为一项具有深厚文化底蕴、鲜明文化特色的旅游项目，显示出了强烈的文化吸引力与异地差异性。

6.4.2 游客出游目的

大多数游客来什刹海旅游是为了感受老北京文化，其次是来此观光和看风景，来此休闲泡吧会友的游客相对较少，此购物的游客最少。约有四分之一的游客来什刹海观光、看风景的同时，还来此感受老北京的文化。少数游客来此休闲泡吧会友的同时，感受老北京的文化。根据出游目的的差异，可以将什刹海地区的游客分为文化型游客、观光型游客和休闲型游客。其中本地游客来放松休闲的多，外地游客则大多将感受老北京文化放在第一位。

表 6-3 游客出游目的

	感受老北京文化	观光看风景	休闲泡吧会友	购 物	随便走走
感受老北京文化	119				
观光、看风景	56	112			
休闲泡吧会友	11	14	28		
购 物	1	2	0	2	
随便走走	17	15	4	0	48

6.4.3　游客对什刹海北京味儿的总体感觉

在被调查游客中，40.1%的游客认为什刹海能够代表传统老北京文化，在什刹海旅游，他们能够较多感知传统老北京文化；17.4%的游客能够深刻感受到老北京文化；36.8%的游客在这里能够感觉到一点点传统老北京文化，5.6%的游客则没有感觉。就不同区域差异而言，外地游客与本地游客对在什刹海能否感受到传统老北京文化存在较大差异，大多数的外地游客认为什刹海能够代表老北京传统文化。

表6-4　不同区域游客对传统老北京的感知

	本地游客	外地游客	合　计
深刻感受到	8	29	37
比较多地感觉到	14	71	85
有一点感觉	14	64	78
没什么感觉	4	8	12
合　计	40	172	212

基于旅游目的的不同，游客对于什刹海承载老北京文化的期待也不同，感知上也存在较大差异，其中，观光型游客和文化型游客感知比休闲型游客要显著，观光型游客的感知最为强烈。

6.4.4　游客对传统文化符号元素的体验

通过问卷调查发现，游客对什刹海传统文化旅游符号的体验主要集中在胡同、四合院、恭王府、三轮车、老字号和银锭桥等。值得注意的是，游客对什刹海整体空间氛围的感知相对高于酒吧和寺庙，说明什刹海整体空间布局和环境氛围也是一种旅游景观符号，对广大游客产生旅游吸引力。

游客对什刹海不同的传统文化旅游符号的体验也是存在差异的，由下表可以看出，游客对胡同、四合院、恭王府、三轮车和老字号这几个传统文化旅游符号的感知最为显著，验证了孙九霞的研究观点，即游客凝视具有选择性，在民俗村内，游客凝视只是带走"他所希望看到"的那一部分民族符号。[①]旅游凝视不仅是一种视觉体验，同时也包含了其他感官体验，如嗅觉、听觉、味觉、触觉等。[②]很多游客到什刹海，尤其是到了烟袋斜街，都会品尝中华老字号烤肉季的烤肉。游客感知体验到的什刹海传统文化旅游符号是什刹海的标志性景观，它们是北京历史遗留的产物，同时也是被经销商大肆宣传的旅游符号。厄里认为存在两种特别的旅游凝视方式，即浪漫的旅游凝视和集体的旅游凝视。浪漫的旅游凝视包括被看作欣赏原汁原味的自然美景，集体的旅游凝视则包括大量人群的参与，正是多数人的交互作用建构起了旅游的氛围。因此，从游客体验视角来看，游客对什刹海传统文化旅游符号的凝视是一种集体凝视。

表 6-5 游客对什刹海最能代表北京传统特色的元素感知

	胡同	四合院	三轮车	老字号	银锭桥	酒吧	恭王府	寺庙	整体空间氛围
胡 同	157								
四合院	89	117							
三轮车	54	44	65						
老字号	47	27	17	60					
银锭桥	24	16	10	10	32				
酒 吧	12	5	5	4	0	14			
恭王府	62	46	28	22	15	6	81		
寺 庙	5	4	4	2	5	0	3	7	
整体空间氛围	22	16	13	10	5	1	10	3	35

① 孙九霞. 族群文化的移植："旅游者凝视"视角下的解读 [J]. 思想战线, 2009, 35(4):37-42.

② John Urry. The Tourist Gaze[M].London:Sage, 2002.

　　凝视是旅游者主体的行为，旅游者类型的差异影响旅游凝视的内容。[①] 旅游凝视的功能在于空间的建构旅游者凝视引起旅游地文化向"舞台化""表演化"方向发展成为一个与居民生活状态存在巨大差异的地方。[②] 统计分析发现，整体上来看，文化型游客对什刹海传统文化旅游符号的感知体验要显著高于观光型游客和休闲型游客；具体而言，在什刹海传统文化旅游符号中，游客对什刹海的胡同的感知最显著，其次是四合院，再是三轮车、老字号和银锭桥等旅游符号。

表 6-6　不同类型游客对什刹海传统文化旅游符号体验差异

	胡同	四合院	恭王府	三轮车	老字号	银锭桥	酒吧	寺庙	整体空间氛围
文化型游客	101	67	44	39	38	16	8	4	20
观光型游客	82	68	54	44	24	18	7	3	18
休闲型游客	56	40	26	25	31	12	4	1	16

　　"游客凝视"不是一种孤立现象，也不是一种单纯的旅游现象。事实上，激发这种游客凝视消费活动的东西，已经变成了一种综合性的文化工程。[③] 就不同区域差异而言，外地游客与本地游客对在什刹海能否感受到传统老北京文化存在较大差异，大多数的外地游客认为什刹海能够代表老北京传统文化。就外地游客而言，不同的外地游客体验差异较为显著，约 35% 的外地游客认为什刹海比较能够代表老北京传统文化，30%的外地游客则持相反的观点。就游客类型而言，文化型游客和观光型游

---

① 周宪 . 现代性与视觉文化中的旅游凝视 [J]. 天津社会科学 , 2008 (1):111−118.

② 张秀娟 ."旅游凝视"视角下的民族文化建构研究——以广南县"世外桃源"风景区为例 [D]. 昆明 : 云南大学 , 2012.

③ 周志强 . 从"游客凝视"到"游客化"——评《游客凝视》意识形态批评的理论贡献 [J]. 文化与文学 , 2010 (1):138−142.

客认为在什刹海比较能够体验到老北京传统文化，而休闲型游客的感知体验则不相同。

表 6-7　不同游客在什刹海对老北京传统文化体验

	深刻感知	较多感知	少许感知	没什么感觉
本地游客	8	14	14	4
外地游客	29	71	61	8
合　计	37	85	78	12
文化型游客	26	50	40	2
观光型游客	18	51	39	4
休闲型游客	8	28	33	7
合　计	52	129	112	13

6.4.5　游客最喜欢的什刹海景点

什刹海旅游经营中，很多旅游景点，如恭王府、名人故居等都是历史遗存的建筑，是具有京味风韵的传统文化符号，现已开发成为著名的旅游景点。恭王府是迄今保存最完整的王府建筑，里面很多建筑和装饰都具有深刻的传统文化底蕴，受到广大游客的喜欢。烟袋斜街商铺建筑都是仿古式建筑，售卖各种具有老北京特色的物品，且其装饰独具特色，受到游客的喜欢。银锭桥虽然是经过多次整修复建，但是"燕京八景"之"银锭观山"享有盛名，且银锭桥是前海和后海的分界标志，桥旁竖立"银锭观山"指示牌，很多游客喜欢在此拍照，受到游客的喜欢。广福观虽然是位于烟袋斜街正中央，但是，其建筑体量较小，且不对游客开放，游客对其感知不显著，故对其喜欢程度偏低。

表6-8　游客对什刹海景点的喜欢程度

景　点	喜　欢	有效百分比（%）	景　点	喜　欢	有效百分比（%）
恭王府	是	58.4	宋庆龄故居	是	16.8
	否	41.6		否	83.2
广福观	是	4.2	银锭桥	是	38.3
	否	95.8		否	61.7
烟袋斜街	是	43.5			
	否	56.5			

6.4.6　游客对符号元素之间协调性的感受

对"您觉得什刹海的建筑、酒吧、商铺、人群这些元素之间协调吗"这一问题的统计分析结果表明，从游客的视角而言，总体上游客认为什刹海建筑、酒吧、商铺和人群之间比较协调。尽管酒吧是外来文化符号，但是什刹海前海和后海沿岸的酒吧整体外部建筑和装饰风格与周边地区相和谐。

表6-9　游客对什刹海的建筑、酒吧、商铺、人群等元素之间协调度的感知

协调感	有效百分比（%）
非常协调	7.5
比较协调	46.9
一　般	33.3
不协调	12.2

6.4.7　让什刹海更有北京味儿的途径

从游客的视角来分析如何使什刹海变得更有老北京味道。调查结果

表明，大多数游客认为首先是留居于此的老北京人，其次是增加一些具有老北京传统文化的参与性活动，第三是增加一些能够代表老北京传统文化的文化表演。

表 6-10　使什刹海更有老北京味道的途径

	增加文化表演	留住老北京居民	增加文化景观	增加参与性活动
增加文化表演	73			
留住老北京人	26	98		
增加文化景观	21	20	40	
增加参与性活动	30	23	21	78

6.5　游客凝视的文本叙事：基于游记文本的分析

游客会对游览中所体验到的文化、景观、服务等进行表达，包括口头、文字、图像和身体表达，也就是体验叙事，分为游览中叙事和游览后叙事。在游览进行的过程中，游客会根据自己看到、听到、感受到的内容产生即时性的反应，包括表情、语言、行为等表现，会立即传达到在场的旅游表演主体那里，表演者据此进行适当的叙事策略调整，以更好地迎合游客的需求，获得更好的旅游服务效果。一般来讲，与游客在游览行为中同时在场的主要是车工，有时候会有专门的导游，若在接待户家里则会有主人在场，车工、导游、接待户是否能够快速把握住游客的即时反应，并富有技巧地调整叙事策略，是影响游客体验质量，同时也影响他们收入的重要因素。

图 6-2　一名英语导游正在南官房胡同为游客讲述 "门当户对"

如图 6-2 所呈现的，一名中国导游正在向 6 名西方游客进行胡同文化讲解，其中有一个非常有意思的细节：

"在中国古代，讲究门当户对，要结婚的男女双方的家庭要在社会地位上是相当的，以他们家大门门廊上的门当数量来衡量，两个的嫁给两个的，四个的嫁给四个的……"导游讲到这里的时候，经常会向游客进行提问："请问门当是两个的女孩儿可以嫁给门当是四个的男孩儿吗？"

小伙子大声回答："不能。"神色得意，以掌握到中国传统文化的一点内部知识而开心。

"答案是：可以。"导游坚定地讲。西方游客面面相觑。

"两个门当的女孩儿嫁给四个门当的男孩儿可以当情人，在中国古代叫妾，只是不能做妻子。"随着导游的解惑，西方小伙哈哈大笑，愉悦地跟着她继续探索胡同文化的奥秘。

这也是笔者在多次田野中第一次听到这样的讲解，显然这与听众来自西方文化语境有直接关系，导游会根据游客的知识背景、按照自己的

想象和判断，并结合游客的现场回应和体验表现，进行随时调整的、个
性化的讲解，游客在游览过程结束之后的体验叙事，主要是通过向其他
人讲述、回忆，有些人会在博客、微博、微信、论坛等社交平台上分享
自己旅游时拍摄的景点图片、游记、趣闻等。基于旅游过程、旅游体验
而进行的图像、语言、文字、身体等多种方式的感受表达，就是游客的
体验叙事。研究体验叙事，对于观察游客在旅游过程中的文化交流、文
化感知以及对自身价值观、世界观的影响有重要意义，同时，也是政府、
媒体、经营者进一步反思、提升旅游项目质量的重要信息来源，也是研
究旅游目的地文化变迁的重要依据。雅吉（Yagi）通过旅游博客来研究
游客间的互相凝视和影响。① 陈伟霞和李舒新通过对田子坊游客博客内容
的研究，得出田子坊游客的"旅游凝视"主要体现在三个方面：对弄堂
风情的凝视、对创意元素的凝视和对开放氛围的凝视。② 本章主要选用马
蜂窝旅游网站（http://www.mafengwo.cn/）上与什刹海相关的游记和图片，
来对游客的体验叙事进行分析，其中对游记的照片分析以定量分析为主，
而网络游记分析主要采用定性分析软件 ROST CM③ 进行分析。

截至 2013 年 12 月 31 日，在马蜂窝官方网站上，以"什刹海"为关
键词进行相关游记搜索，共有 1425 篇游记和大量的相关照片。本章以
2010 年 1 月 1 日至 2013 年 12 月 31 日作为选取的时间范围，删除不在此
段时间的相关游记，并且删除内容关联不大的游记，最后筛选出有效分析
游记 67 篇和照片 1025 张作为研究样本，采用内容分析法对有效游记和照
片进行分析，以便更深入地了解游客对什刹海传统文化符号的感知体验。

---

① Yagi C. *How tourists see other tourists: Analysis of online travelogues* [J]. The Journal of Tourism
　　Studies, 2004, 12(2):22−31.
② 陈伟霞，李舒新. 基于网络博客的田子坊旅游凝视研究 [J]. 乐山师范学院学报，2011, 26(12):
　　52−55.
③ ROST CM 全称 ROST Content Mining，是一组功能联系紧密，可相互智能协作，无缝操作的
　　软件及插件包，最终形成能够依据一定范式进行人文社科智能化学术研究的数字化研究平台。

6.5.1 游客什刹海游览体验叙事的词频分析

将从马蜂窝官方网站上筛选的有效游记文本内容复制到一个新建的 word 文档中，并另存为 ROST CM 词频分析软件能够识别的 .txt 格式的文档，再采用 ROST CM 软件对 .txt 格式文档进行深度的内容分析。ROST CM 具有统计分词和词频等功能，可以根据使用者自定义的词典对一个文档中所有的词及词频数进行统计，该软件可以对词频分析后的结果进行过滤，以过滤无关词频，并提取文档中的相关的高频特征词。

使用该软件进行词频分析之前，首先要阅读筛选出来的所有游记，设定一个与描述什刹海传统文化相关的自定义词典，如胡同、四合院、烟袋斜街、酒吧等，以保证分词和词频统计结果的准确。使用软件分析出文档中词频的初步结果，把具有相同描述意义的不同词频归并为同一个词频，如，"水面""水域"和"水道"可以统一归并为"水面"；"万宁桥"和"后门桥"可以统一归并为"万宁桥"；"下午""或许""形成"等一些在已筛选的有效游记文档中常见但又与游客对什刹海旅游感知体验关联性极低的词频纳入过滤词表。过滤与什刹海传统文化无关的词汇，选取词频数较高且与什刹海传统文化相关的词汇，获取样本的高频特征词及其频次，如下表所示。

表 6-11　研究样本的高频特征词表 [①]

关键词	频　次	关键词	频　次	关键词	频　次	关键词	频　次
什刹海	241	万宁桥	26	小　吃	29	历　史	23
老北京	146	烤肉季	22	京　城	29	元　朝	21
烟袋斜街	66	荷花市场	19	南锣鼓巷	28	文　化	16
胡　同	64	滑　冰	17	西　海	22	清　朝	15

① 基于 2013 年前马蜂窝游记上什刹海相关游记分析。

续表

关键词	频　次	关键词	频　次	关键词	频　次	关键词	频　次
王　府	63	花　园	15	鼓　楼	21	著　名	12
银锭桥	61	宋庆龄	15	大　街	17	传　统	12
酒　吧	50	大　门	14	北　海	15	热　闹	11
水　面	38	门　当	8	积水潭	15		
荷　花	34	四合院	7	海　子	12		
冰　场	34	全聚德	5				
故　居	28	三轮车	5				

从该表可以看出，高频词主要集中在"什刹海""老北京""烟袋斜街""胡同"等传统文化符号，还有与什刹海相关的文化符号，如"京城""南锣鼓巷""积水潭"等。此外还有一些形容什刹海的词汇，如"历史""文化""著名"等。词频统计分析结果表明，游客对什刹海旅游体验印象最深刻的点或元素有：什刹海、烟袋斜街、胡同、王府、银锭桥、什刹海水面、荷花市场、名人故居、万宁桥、烤肉季等。此外，虽然酒吧是外来文化符号，但是游客对此提及较多，说明酒吧已经成为什刹海的特色符号之一。

游记分析发现，游客除了描述什刹海传统文化符号外，还提及与之相关的符号元素，如什刹海的历史渊源之积水潭、海子等；与什刹海相邻的传统文化符号元素，如南锣鼓巷、地安门外大街、鼓楼等。

6.5.2　游客什刹海游览体验叙事的社会语义网络分析

构建游客对什刹海体验叙事的社会语义网络图，可以更清晰地呈现游客对于什刹海的代表性词汇及其相互间的关系。使用 ROST CM 文本分析软件对有效游记进行社会语义网络分析，分析结果表明，游客对什刹海游览叙事的核心词汇是"什刹海"，其次是"老北京""胡同"等。由此可知，游客在游记中，将整个什刹海作为一个传统文化符号，而"胡同""烟袋斜街""银锭桥""万宁桥"等都是整个什刹海中最重要的符号元素，这与前面什刹海商业和旅游经营中呈现出来的传统文化符号元素是一致的。

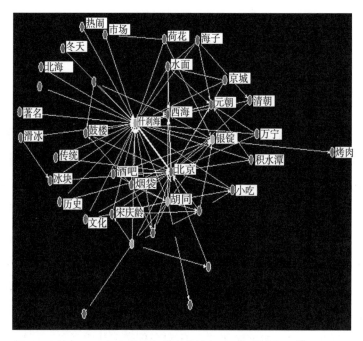

图 6-3　基于 2013 年之前研究样本的社会语义网络分析图 ①

通过对马蜂窝游记上 2018—2020 年有关什刹海的游记与 2013 年之前的游客进行对比分析，如下表所示。

---

① 基于 2013 年前马蜂窝游记上什刹海相关游记分析。

表 6-12　基于 2018—2020 年研究样本的高频特征词表 ①

关键词	频次	关键词	频次	关键词	频次	关键词	频次
北　京	394	建　筑	55	著　名	38	望海楼	20
什刹海	302	烟　袋	53	景　区	37	四合院	20
胡　同	127	故　居	52	宋庆龄	35	荷花市场	20
后　海	105	前　海	52	乾　隆	33	皇　家	20
烟袋斜街	94	王　府	51	小　吃	33	元　代	19
历　史	77	酒　吧	49	中轴线	31	广化寺	16
鼓　楼	74	银锭桥	49	钟鼓楼	30	会贤堂	15
南锣鼓巷	66	西　海	48	积水潭	30	冰　场	15
文　化	63	中　国	47	传　统	23	滑　冰	14
公　园	63	水　面	44	钟　楼	22	圆明园	14
清　代	62	地安门	42	火神庙	21	烤肉季	11
恭王府	56	故　宫	40	景　山	21	全聚德	11
北　海	56	古建筑	11	金锭桥	11	三轮车	10

　　从该表可以看出，这些高频词主要集中在"北京""什刹海""胡同""后海""烟袋斜街"等传统文化符号，还有与什刹海相关的文化符号，如"南锣鼓巷""北海"等。此外还有一些形容什刹海的词汇，如"历史""文化""著名"等词汇。词频统计分析结果表明，游客对什刹海旅游体验印象最深刻的点或元素有：什刹海、后海、烟袋斜街、胡同、王府、银锭桥、什刹海水面、荷花市场等。

　　近年来，游客对什刹海的文化符号聚焦在什刹海、后海、烟袋斜街、胡同、名人故居（宋庆龄）、前海、酒吧、银锭桥、王府、什刹海水面、

① 基于 2018—2020 年马蜂窝游记上关于什刹海游记分析。

西海、小吃、火神庙、望海楼、四合院、荷花市场、冰场等；"后海""建筑""前海""中轴线""望海楼""广化寺""会贤堂"等是与什刹海相关的新增的符号元素。

　　使用 ROST CM 文本分析软件对有效游记进行社会语义网络分析，分析结果表明，游客对什刹海游览叙事的核心词汇是"什刹海"，其次是"烟袋斜街""银锭桥""酒吧""什刹海水面"等词汇。由此可知，游客在游记中，将整个什刹海作为一个传统文化符号，而"烟袋斜街""银锭桥""酒吧""什刹海水面"等符号元素仍是整个什刹海中最重要的符号元素。

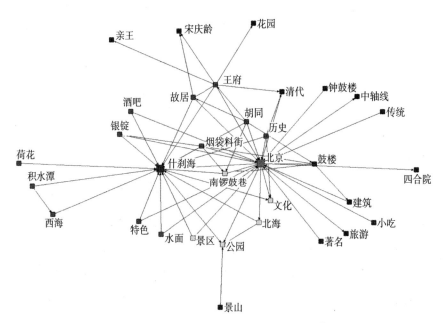

图 6-4　基于 2018—2020 年之前研究样本的社会语义网络分析[①]

[①]　基于 2018—2020 年马蜂窝游记上关于什刹海游记的分析。

6.5.3　游客对传统文化符号之间的关联性分析

进一步分析这些传统文化符号元素之间的关联性，可以将它们分为两大模块，即核心模块和相关模块。核心模块由什刹海、银锭桥、王府、胡同四个传统文化符号元素。相关模块则由烟袋斜街、荷花市场、王府、名人故居等符号元素。由下表可以看出，核心符号"什刹海"与相关符号中"老北京"关联度最强，表明大多数游客在很大程度上体验到什刹海是老北京传统文化的代表。与什刹海相关的符号有烟袋斜街、银锭桥、什刹海水面、胡同、荷花市场、名人故居等。值得注意的是，核心符号元素"什刹海"与相关符号"酒吧"的关联强度是 17，比王府、荷花市场、名人故居、万宁桥等传统文化符号元素的关联度要高，这说明外来符号元素"酒吧"已经成功进入什刹海，并且给广大游客留下深刻印象，成为该地区代表性元素之一。核心符号元素"胡同"的相关符号元素主要有"四合院""酒吧""烟袋斜街""名人故居"等。

核心符号元素与相关符号元素之间关联强度依次是"什刹海""银锭桥""胡同"和"王府"。也就是说，在游客的游览体验叙事中，游客感知的传统文化符号元素主要就是这四个核心符号元素。分析结果表明，作为相关符号元素的"烤肉季"虽然是什刹海商业经营中的中华老字号，但是在游客对于核心符号元素什刹海与相关符号关联度分析时，烤肉季并不是核心符号什刹海的相关符号元素，一定程度上说明游客并不认为烤肉季是什刹海商业经营中的传统文化符号元素。然而，在对核心符号元素银锭桥进行分析时，发现银锭桥与烤肉季之间有一定的关联度，而银锭桥又是核心符号元素什刹海的关联度较强的相关符号元素之一，因此，可以说烤肉季是核心符号元素什刹海的间接相关符号元素，二者之间呈现间接相关关系，进而可以认为是烤肉季是什刹海商业经营中的传统文化符号元素之一。

表6-13　游客感知传统文化符号元素关系简表
（基于2013年前马蜂窝游记上什刹海相关游记分析）

核心符号	相关符号	关联强度	核心符号	相关符号	关联强度
什刹海	烟袋斜街	21	银锭桥	烟袋斜街	10
	银锭桥	21		胡　同	9
	水　面	21		酒　吧	7
	胡　同	20		荷　花	6
	荷　花	18		烤肉季	6
	酒　吧	17		故　居	5
	冰　场	17	胡同	酒　吧	8
	王　府	13		烟袋斜街	7
	荷花市场	13		故　居	7
	滑　冰	11		四合院	5
	故　居	8		宋庆龄	5
	万宁桥	7	王府	故　居	8
	郭沫若	5		花　园	8
	宋庆龄	5		宋庆龄	7
				大　门	6
				胡　同	6

近年来的数据分析显示，核心符号元素为：什刹海、胡同、王府；相关符号元素为酒吧、什刹海水面、烟袋斜街、银锭桥、故居等。由下表可知，与核心符号元素"什刹海"相关联符号主要有王府、胡同、酒吧、什刹海水面、烟袋斜街、银锭桥和故居等，其中关联符号"酒吧"要高于其他传统符号"什刹海水面""烟袋斜街""银锭桥""故居"等，说明游客对"酒吧"的接受程度较高。核心符号元素"胡同"相关联的符号

主要有：王府、历史、故居，说明游客对"胡同"的关注主要是关注胡同里的王府和名人故居，以及胡同的历史。核心符号元素"王府"相关联的符号主要有：清代、故居、亲王、宋庆龄，说明游客对"王府"的关注主要是关注王府的历史与名人。相对而言，游客对核心符号元素"银锭桥"的关注程度逐渐削弱，对传统商业经营符号诸如烤肉季的关注程度也在降低。

表 6-14　游客感知传统文化符号元素关系简表
（基于 2018—2021 年马蜂窝游记上什刹海游记的文本分析）

核心符号	关联符号	强　度	核心符号	关联符号	强　度
什刹海	王　府	40	胡　同	王　府	29
	胡　同	37		历　史	24
	酒　吧	32		故　居	26
	水　面	32	王　府	清　代	27
	烟袋斜街	31		故　居	41
	银锭桥	27		亲　王	25
	故　居	28		宋庆龄	28
	西　海	24			
	历　史	35			
	文　化	24			
	景　区	27			

6.5.4　游客旅游照片中的体验叙事分析

游客在某一旅游地旅游时，通常会通过摄影镜头将该地具有代表性的或自己感兴趣的旅游景观拍摄下来，这是反映游客在旅游目的地旅游体验的一种重要指标。对旅游照片内容进行分析，一定程度上可以反映游客对旅游目的地的感受及其图像表达习惯。从上部分筛选出的游记发布的所有照片中，进一步筛选出什刹海地区的旅游照片作为分析对象。分析结果（如下表）发现游客拍摄的旅游照片的主体内容从数量上排序，前五位依次是：什刹海的水（含水面、游船、冰场）、烟袋斜街、恭王府、酒吧、三轮车。

表6-15　什刹海旅游照片的主体内容统计简表（前16位）

照片主体内容	数量	照片主体内容	数量
什刹海的水	382	中华老字号	15
什刹海冰场	162	胡同	14
烟袋斜街	139	火神庙	13
恭王府	82	万宁桥	12
酒吧	47	烟袋斜街指示牌	10
三轮车	39	旅游导览牌	9
烟袋斜街牌楼	19	荷花市场牌楼	5
银锭桥	15	奥运人家四合院	4

游客对于什刹海的水的关注、感受、记忆和怀念占据了绝对的主流地位，这源于什刹海的水在北京城中的历史地位、景观价值以及比较优势。就近百年来说，什刹海的前海、后海、西海，在文人墨客的文章和书画作品中频繁出现。什刹海夏季海边纳凉、冬季冰场溜冰，几乎成为一代又一代老北京人的历史记忆。叶京在1999年创作的电视剧《梦开始的地方》，这个"地方"就是什刹海冰场。剧中描述："五湖的，四海的水，不如什刹海的冰场美。"

烟袋斜街形成并兴盛于元代，到明、清、民国一直到现代，都是北京城内著名的商业街，在老北京流传有"东四、西单、鼓楼前"的俗语来形容商业旺地、市井宝地，所谓"鼓楼前"指的就是烟袋斜街一带。2000 年，西城区开始对烟袋斜街进行整治、保护和抢救，改造后的烟袋斜街再现出老北京传统建筑风貌，并形成了以经营烟具、茶具、民族服装、服饰、古玩等为主的业态风格，并引进现代时尚休闲元素，激活了商业街区在本地休闲人群和外地文化体验消费人群中的影响力。近几年，以烟袋斜街、南锣鼓巷、前门大街为代表的传统街区休闲成为一个消费热点，也不断推动着烟袋斜街吸引力和影响力的提升。

恭王府，曾经作为乾隆时期大臣和珅的府邸。随着《铁齿铜牙纪晓岚》等一系列清史剧的热播，和珅以"史上第一贪官"的名号在中国民众心中印象深刻，所以，其府邸也成为外地人来北京旅游的重要兴趣点之一。导游词以及导游讲解、车工讲解中，大多会有"恭王府，也就是和珅府，大贪官和珅的家"之类的表述，游客立即就有了比较清晰的概念，也能勾起游览欲望。恭王府旅游不断地强化推出其"三绝一宝"，即西洋门、大戏楼、福字碑和满园的"福"字，对游客的感官、心理产生了巨大冲击，也强化了游客的游览记忆，因此成为游客体验叙事中非常重要的一个元素。

什刹海的特色酒吧街兴起于 2003 年春夏，那时候"非典"的急速传播限制了北京市民的活动，拥有宽阔水面和室外空间的什刹海就成了小资、夜生活群体的聚集地，后来，政府又颁布过一系列鼓励支持政策，经过 10 年的发展，已经形成了北京除三里屯以外的又一个重要的酒吧集聚地。酒吧进入什刹海一直有比较大的争议，持保守甚至反对态度的主要是文化学者和本地居民，学者们主要是从地域文化的延续性、商业业态的协调性等角度提出质疑，而本地居民则认为酒吧带来的噪声极大地干扰了他们的夜间休闲，而且酒吧人群的多样性也给当地治安带来了风险。但即使有这些声音的存在，什刹海酒吧还是被大量的北京休闲消费群体和外地的体验人群所钟爱。

再有一个就是"三轮车"了，就是胡同游项目。色彩设计较为独特的三轮车、着装统一的车工、规模穿梭的车队、充满符号诱惑的劝导、以猎奇为主的讲解等，都让这种旅游形式吸引眼球，并给游客留下比较深刻的印象。

就目前的状况，国外游客对烟袋斜街和三轮车胡同游最感兴趣，国内游客对恭王府和酒吧相对最感兴趣，其中本地人更倾向于喜爱酒吧，外地人留恋恭王府。而什刹海的水则是所有人心目中的区域灵魂，只是对此不自觉的人群把它当成了景观，喜爱玩乐的人群把它当成了一个项目，而对于老北京人来说，什刹海的水代表了什刹海，是他们的血脉和记忆。

正如游客的体验叙事中所体现的那样，水、街、王府、胡同、酒吧，是什刹海最迷人的标识，分别代表兴起与命脉、市井商业、贵族王府、平民生活以及时尚消费文化，是什刹海多元、鲜活的生命力之所在。而这些元素在旅游人群或者外来人群中的兴起，始自20世纪90年代初发起的胡同游，可以说是胡同游激活了什刹海的活力密码，也是胡同游串联了什刹海的精华元素，游客对于什刹海的体验借助了胡同游，也助推了胡同游。他们的体验叙事，也将成为其他游客选择到什刹海来、来的时间、来的方式、来的目的的重要参考，助推了他们的旅游预期，同时，也对政府管理部门和旅游经营者的旅游策划、设计、经营与管理提供了宝贵的依据和参考，能够从生产者和消费者两方面角度考虑，全面地促进什刹海胡同游的再生产。

小　结

本章基于参与式观察、人物访谈、抽样问卷调查和网络文本统计，梳理了游客的游览行为、游览体验以及文本叙事，历时性地梳理了胡同游不同阶段游客结构的演变，及其关注点、兴趣点、游览行为、游览反馈的变化。并对比境内外游客，发现政治、经济、文化大环境和社会转型、消费习惯等，从整体上决定了游客的关注点和体验性，而文化差异性、生活状况对比、知识素养等又影响到游客个体的游览行为和游览体验。游客是社会大众的一部分，游客的文化消费心态和行为会随着社会一起变化，通过历时性的观察，可以发现游客对于什刹海胡同游生产出来的民俗文化，较少从本真性上去质疑，更多的是结合文化元素与自身的文化追求与素养进行品味，更加在意自身的体验，并非所有游客都是来怀念传统的，越来越多的年轻人来这里体验时尚，寻找文化灵感。

　　游客是旅游过程中最坦白、最直接的凝视力量，他们作为消费者的角色也在游览行为实施时从幕后走到台前，他们在过程中的反应，包括语言、表情、行为、文字等，都会被生产者敏锐地捕捉到，并立即影响那一刻的文化生产。他们在游览结束后，通过各种方式表达他们的旅游体验，进行多样化的体验叙事，又通过公共媒体或其他渠道传播出来，进一步增强了旅游地形象和文化传统的影响，他们的叙事内容也会被其他各个生产主体密切关注，游客也因此通过富有权力价值的游览叙事进一步参与到文化再生产中。游客个体的差异化体验叙事更多地影响到即时性的文化生产行为，而游客群体性的游览叙事则会对文化生产施加更大的作用力，这在胡同游的经营企业和接待户、车工那里已经得到了明确的反映。所以，多元复杂的主体是在交相互动中共同参与生产，共同构建流动的什刹海旅游空间，只是这种互动具有很强的不对等性。

第七章　"皮影戏"与"冰蹴球"：什刹海的非遗传承创新

　　什刹海作为北京老城的核心区域之一，数百年来一直居民众多，构成复杂，文化交流与商业活动繁荣，形成了独特的文化空间，传承着丰富的非物质文化，有岔曲等民间曲艺，戏法等民间游艺，鬃人、彩塑、风筝、鼻烟壶、宫毯、补绣等民间手工艺，民间表演与手工艺结合的皮影戏，还有烤肉季、桂香村、护国寺清真小吃等老字号美食，蜚声全国的还有什刹海冰场的各式运动和相伴而生的什刹海冬日浪漫。本章选取了什刹海的皮影酒店作为田野研究基地，观察在这个以旅游接待为主导功能的空间里开展的皮影戏表演、皮影画研习制作、皮影文化传承，努力勾勒出非遗项目皮影戏如何在旅游运营的场域中被再生产，以及民俗主义之后的皮影戏是否还具有传承的生命力。另外，还选取了什刹海最为著名的冰场和冰上运动游艺作为个案，梳理从古代的"冰嬉"到具有强烈民间属性的什刹海的"踢冰核儿"，再到新的非遗项目"冰蹴球"的诞生和推广、传承，尤其是2022年北京冬奥会前后，什刹海冰场上展演的中国传统冰上运动文化。非物质文化遗产本身具有强烈的地域属性，什刹海传承发展的非遗文化，除了作为本区域或西城区、北京市的传统文化，还因为位于首都，常常作为国家传统文化的展示、表演、传播窗口，受到政治、社会、国际交往的影响，体现了北京传统文化民俗主义的独特性。

7.1 什刹海皮影酒店:皮影戏的
展示、表演、传承、创新基地

什刹海大松树街 24 号,有一家皮影主题酒店,隐藏在胡同里,远看很不显眼。门口用整块竖条铜板镂空雕刻着大松树和皮影人物,大门的另一侧是老物件展览橱窗。从外观上看,就具有了鲜明的皮影艺术和民俗文化的味道。

图 7-1 什刹海皮影酒店大门

按开门铃,经过一个小的过厅,需要下一层,到达酒店前台。整个酒店是一个四面围合的二层建筑,一共有 25 间房,按中国传统皮影戏中的角色"生、旦、净、丑",设置了四种类型的房间,中央挑高的大厅,既是餐厅,又是公共活动区,也是皮影戏的表演和观看区,以及皮影研学活动的体验区,大厅的四周是皮影制作的用具展示,以及皮影的文化价值、皮影戏的源流、皮影文化传承情况介绍,正面是一个皮影表演舞台。

　　什刹海皮影主题酒店的建设经营单位，与"后海八爷"所在的柳韵风情三轮车胡同游公司，属于同一个大的企业系统，在经营上有一定的互动，整个公司的市场经营部做营销和接待方案时，会进行线路、服务、接待的统筹。京外游客，尤其是海外游客，有的会选择坐三轮车游胡同，然后来到皮影酒店体验中国传统的非物质文化遗产皮影艺术，在皮影酒店吃京味小吃，夜宿皮影酒店，这作为胡同游的一个驻留点和体验项目，丰富了游览内容，给游客深度体验胡同生活提供机会。所以，皮影酒店在文化爱好者、来京或驻京的外国人中影响较大。

　　什刹海皮影酒店是一座皮影文化主题酒店，根据酒店的建设经营需要，对皮影文化进行了深度挖掘、系统展示和活态传播，虽然已经脱离了非遗文化的日常生活属性，但作为一种精致的艺术形式成为酒店装潢装饰的文化资源，同时作为中国传统文化的代表，对游客进行展示表演，对少年儿童及其家庭进行研学传承，在皮影文化的挖掘、保护、传承上起着非常重要的基地、窗口和堡垒的作用。在这座酒店，皮影文化借助旅游、演艺、研学教育等形式得到有机传承和活态化传播。

7.1.1　国家级非物质文化遗产"北京皮影戏"源流

　　皮影戏是将光影原理与雕绘、演唱艺术相结合的一种传统艺术，表演时，用灯光把兽皮（驴皮、牛皮、马皮、羊皮等）做成皮影人物映射在影幕上，艺人在影幕后面，一边操作影人，一边伴随音乐用唱腔进行故事表演，有浓厚的乡土气息。皮影戏始于西汉，兴于唐朝，盛于清代，元代时期传至西亚和欧洲，流行范围极为广泛。2011年，中国皮影戏入选人类非物质文化遗产代表作名录。

　　各地的皮影戏由于品种不同、造型不一、音乐唱腔各异、常演剧目和操作技法有别等，形成了不同的流派，北京皮影戏以其独特的雕刻手法、独有的人物造型以及完整而独具风格的唱腔体系，在其中脱颖而出。①北京皮影戏的起源有两种说法,一是两宋时期随着军事战争带来的文化交流,河南皮影戏传入北京,逐渐形成北京皮影戏;二是明代甘肃兰州、华亭的皮影戏流传到河北涿州,然后到北京,形成北京皮影戏。②北京皮影戏到清初进入最兴盛的时期,上到王公贵族,下到街头百姓,都十分喜爱这种皮影艺术。从形成到清初,北京皮影戏一直都有东、西派之分,西派皮影班社较多。西派皮影戏又称"涿州影",主要活跃于北从新街口、南到宣武门外菜市口的西城,人物多用牛皮制作,以线刻见长,艺术特色鲜明,善演神话、武打和寓言剧,唱腔委婉、表演细腻。清代,西派皮影发生了一系列改革创新,大量吸收了京剧、昆曲等艺术的营养,达到艺术上的高峰,也更加符合北京人的欣赏习惯。③新中国成立后,以西派皮影的"德顺影戏社"为基础,成立了剧团,先后命名改组为"首都德顺皮影剧社""北京宣武皮影木偶剧团""北京宣武皮影剧团",1984年更名为"北京皮影剧团",在做好国内演出的同时,还积极参与了多项国际文化交流活动,在许多国家和地区进行公开表演和文化交流。④

北京皮影戏的传承方式主要有三种:一是家传为主,辅以外部教授;二是随团学员,连学带熏陶;三是组织学员班集体教学。随着国家和社会的发展,北京皮影戏也一直在创新,不断创作儿童剧,与电视台合作制作宣传、教育片,与影视剧合作提供皮影人物设计和影戏表演。

2008年,北京皮影戏被列入"第一批国家级非物质文化遗产扩展项目名录"。2011年11月27日,联合国教科文组织决定,中国皮影戏被列

① 路宝钢口述;王延娜整理.北京非物质文化遗产传承人口述史:北京皮影戏·路宝钢[J].北京:首都师范大学出版社,2017.P1.
② 北京市文学艺术界联合会组织编写《北京皮影戏》[J],北京:北京美术摄影出版社,2021.6.
③ 王粤,主编.北京的文化名片什刹海(下)[K].北京:中华书局,2010.767—769.
④ 北京市文学艺术界联合会.北京皮影戏[J].北京:北京美术摄影出版社,2021.6.

入人类非物质文化遗产代表作名录。2012 年，在文化遗产日期间，北京皮影剧团在政府文化部门的支持下，建立了"北京皮影传习所"，集展览、演出、体验、讲座等功能于一体。2018 年，路家德顺皮影第五代传人路宝钢被评为国家级非物质文化遗产项目代表性传承人。同年，北京皮影剧团申请到了北京文化艺术基金，并排练了融合其他艺术表现形式的皮影戏舞台剧《皮影传奇》，于 2019 年 7 月公演。[①] 北京皮影戏在变化中传承，在传承中不断变化。

7.1.2　皮影酒店请来华县皮影戏的传承人驻店演出

什刹海皮影酒店专门邀请了专业团队驻店，进行皮影文化讲解、皮影制作和演出、教习。皮影酒店所在的西城区什刹海是北京西派皮影戏的重要表演传承区域，但是酒店的皮影演艺总监毛忠博先生，却是陕西华县皮影戏国家级传承人汪天稳的弟子，酒店中悬挂的也是"天下第一刀 中国工艺美术大师 中国皮影艺术雕刻鉴定专家 汪天稳大师 北京工作室"牌匾。

图 7-2　皮影酒店大厅舞台一侧悬挂的"汪天稳大师"招牌

① 北京市文学艺术界联合会.北京皮影戏[J].北京：北京美术摄影出版社，2021.174-185.

　　汪天稳老师是华县皮影戏的国家级代表性传承人，陕西省皮影协会主席、中国西安皮影博物馆副馆长，汪天稳对华县皮影制作技艺最大的贡献，就是广收门徒，使华县皮影制作后继有人。除了有弟子门生百余人外，他还带动自己的家属学习皮影制作，形成了一个庞大的汪氏皮影雕刻传承体系，不仅有自己的工作室，还成立了"汪天稳皮影艺术研究院"，现在陕西80%的皮影产品都挂有汪氏品牌，在市场中影响极大。

　　皮影酒店的老板喜欢皮影戏，经常逛潘家园，经人介绍，认识了汪天稳老师的嫡传弟子毛忠博，并请到毛老师到酒店里驻店传习技艺、表演皮影戏。毛忠博从技校毕业后，报名参加了皮影戏基地的学员招募，被老师介绍到北京皮影剧团学习，师从北京皮影戏路家班第六代传人路海老师。路海（1948—2015）雕刻功力颇深，作品用刀大胆，刀法大开大合、酣畅淋漓，其作品被日本大阪国立民族学博物馆收藏，并多次参加全国、国际文化演出和交流。毛忠博跟着路老师和剧团边学习边工作，持续了7年，后来出于生计压力，离开了剧团几年，后又拜华县皮影戏代表性传承人汪天稳老师为师进行了深度学习。后来，接到什刹海皮影酒店的电话，就来酒店试着沟通了一下，并做了表演，自此，双方形成稳定的合作，毛忠博每周在酒店表演三次，常演的剧目有《龟与鹤》《斗鸡》和《三打白骨精》等，并根据需要进行团队接待、研学活动接待，同时，在皮影酒店挂起了"汪天稳大师北京工作室"的招牌。这是个很有趣的事情，在北京皮影戏的核心传承地，进行皮影戏文化传播，请的师傅和挂的招牌却是陕西皮影戏——但这在游客，尤其是外国游客的眼中，并不会有什么违和或者不妥。在访谈中得知，除了近两三年中小学生研学和家庭亲子体验之外，对皮影制作和皮影戏表演相对更感兴趣的是外国客人，在他们眼里，"中国皮影"是神奇奥妙的，并不详细区分各个流派。而且表演者或者酒店的服务人员一般也会向客人介绍，或者专门强调，汪天稳大师是皮影戏的国家级代表性传承人，皮影酒店是他的北京工作室，毛忠博老师是他的嫡传弟子，以增强权威性。至于华县皮影戏和北京皮影戏之间的源流、关联、区别，并不多说，客人好像也从不过问。

7.1.3 皮影戏在青少年研学活动中的创新设计

皮影酒店近几年联合多家研学机构，组织了不少小规模的研学活动，中小学生以及"非遗"爱好者，由研学机构组织报名，到皮影酒店，按照规定的时间和流程，完成计划好的主题活动。一般包括皮影酒店参观、皮影人物观察、给素色皮影上色、看皮影表演、到后台进行表演研习、尝试进行小段表演，一般活动时间在 2 个小时左右。基本流程为：皮影戏观赏（30 分钟）——亲身体验操作皮影（3—5 分钟左右）——皮影文化知识讲解（15 分钟）——皮影上色，亲手在皮影头茬上上色（2 个）——拥有一张独一无二的明信片（一个家庭 1 张）。

某机构皮影亲子课堂招募的宣传广告（节选）[①]：

活动内容

1. 精彩皮影戏观赏

有丰富表演经验的师傅为大家表演精彩的皮影戏，其中有经典传统剧目，也有传统与现代表演手法结合的创新剧目。

2. 亲身体验皮影戏的魅力

在表演结束之后，小朋友可以走到后台看个究竟，还会得到皮影表演师傅的亲自教授，深刻体味皮影戏的乐趣和魅力。

3. 制作专属自己的小皮影

制作一个皮影人是非常复杂的过程，皮影师傅将制作过程总结成

---

① 来自网络报道《1 月 27 日 探秘传统手工艺，什刹海文化主题酒店里皮影戏艺术体验》，https://www.sohu.com/a/216199523_825650。

简单的六道工序，为了让小朋友更容易地了解皮影的制作，师傅还自创了朗朗上口的口诀，小朋友可以按照师傅的指导一步一步完成自己的皮影作品，收获快乐的亲子时光。

5. 皮影上色

皮影上色的颜料可是特制的哦，参加活动时小朋友不妨偷偷问问皮影师傅。

6. 专属明信片

写一张皮影风格明信片，到烟袋斜街里面的百年字号大清邮政加盖大龙章，然后把它寄给小伙伴吧。

活动亮点

1. 一般制作皮影的材料我们都用牛皮、驴皮、马皮、羊皮，最好的是牛皮和驴皮，我们需要经过特别复杂的程序才能把带毛的皮处理成能雕刻皮影的材料。小朋友可以在使用原生皮制作皮影上上色，近距离感受皮影艺术。

2. 制作一个皮影人是非常复杂的过程，皮影师傅将制作过程总结成简单的六道工序，为了让小朋友更容易地了解皮影的制作，师傅还自创了朗朗上口的口诀，小朋友可以按照师傅的指导一步一步完成自己的皮影作品。

3. 皮影上色的颜料是特制的，参加活动时小朋友不妨偷偷问问皮影师傅。

4. 想自己表演皮影戏吗？制作完皮影到后台演一演吧。

按照目前运作的课程实践，一般来说参与者都是3—8岁孩子的家庭，有时也会有12岁的大孩子，一大一小价格在198元左右。这样的研学活动，在什刹海皮影酒店一年会举办四五十场，一部分是少年儿童、亲子家庭体验，一部分是外国人来京旅游体验，或者驻京外国人的文化体验。

对客人进行文化讲解、体验式教学和皮影戏表演的是以毛忠博为首的团队，除了毛师傅之外，其他都是受过毛老师培训的酒店员工，他们根据受众的特点，反复打磨、精心设计了一整套的讲解、表演、体验活动。其中，讲解会从皮影戏的发源、主要特点、表演方式、文化价值等多方面进行阐释，突出其奇特性，不太涉及皮影戏的各个流派，因为一时半会儿说不清，客人也不太关心。针对研学流程中的皮影人物上色、皮影戏表演，也与传统正式的皮影戏艺术有很大的差异，主要是结合客人的时间要求和能够方便提供的条件来进行针对性设计。

比如，在皮影人物制作的体验上，运营方选择了"着色"这一相对易操作、趣味性强、风险小的环节。老艺人们常说，皮影人物是"三分雕刻、七分着色"，传统的皮影多以红、黄、蓝、黑为主色调，使用的颜料为矿物质颜料，到了近现代，化学颜料产生，可选择的色彩越来越多，但基本也是在红黄蓝主色的基础上调配浓淡深浅，也结合皮料本色进行针对性着色。着色之前要先确定主色调，然后观察皮料的含油度、整体考虑皮影人物各部位的色彩，先后从浅到深着色。皮影的着色有叠色、套色、润色等多种方法，艺人们在长期的艺术实践中不断摸索，形成个人特色。在皮影酒店的研学活动中，采用的多是标准化生产出来的素色皮影人物，每个学员发一个，然后配一套简易的水粉颜料，老师会做基本原则的指导，但是具体怎么上色，则由学员自己根据兴趣决定，"简单""随性发挥""成果显著"，这也是传统工艺和非遗研学中普遍的设计原则。研学学员的短时性、即兴性和体验性，造成了皮影着色这一环节在课程设计上的简易化、变形化，看起来一定程度上消解了非遗传承的严肃性，但另一方面，也促进了非遗文化走向大众。

皮影戏的表演体验，时间更是要短得多，一般一个活动团体有6—

12 名研学学员, 一共体验 5 分钟左右, 最多不超过 10 分钟, 每个学员只是走到后台去触摸一下真正的皮影, 尝试着拿操作杆进行挥舞和表演。这个环节中, 学员的猎奇性、娱乐性更占主导地位, 严肃的学习、练习几乎没有, 一方面时间不允许; 另一方面, 研习难度也会削弱学员参与的乐趣。

因此, 皮影戏研学的运营者在活动设计时, 会选择操作简单、猎奇感强、较有视觉效果的环节让学员参与体验, 简化步骤, 尽量使用半成品以降低难度、缩短操作时间, 并反复强调其独特的文化价值, 强化学员与皮影作品之间的知识和情感关联性, 在这个过程中, 皮影戏及其相关艺术已经脱离了其作为大众娱乐生活的传统属性, 成为一种面向学员体验的精心重构的文化展演, 而且, 酒店和研学组织机构在媒体传播时, 更倾向于将其作为国粹、经典艺术进行推广, 脱离了皮影艺术的民间性。

7.1.4 洋弟子朱莉对皮影艺术的传习与创新

毛忠博师傅长期在酒店进行皮影展演, 并教授徒弟。酒店里除了保洁保安人员, 其他员工, 包括前台、销售等, 都必须研习皮影文化, 了解掌握皮影制作、皮影剧表演的基本技能。据介绍, 这些年下来, 在皮影酒店学习过的已达到 100 多人, 大部分都已经离开了皮影酒店, 从事与皮影艺术无关的工作。皮影酒店作为扎根北京西城区什刹海地区的一座微型主题博物馆, 一处只要开张一天、皮影就表演 天的活态传承基地, 在这些年的发展中, 吸引了大批的外国人来此观看、体验、交流, 他们中有人对皮影文化兴趣浓厚, 坚持进行皮影文化学习和国际交流, 也促进了皮影文化在这个传承基地中实现变革、创新。

2015 年中央电视台中文国际频道《外国人在中国》栏目曾经报道过一个故事, 一位名叫朱莉的法国女艺术家, 自从在什刹海皮影酒店看过毛忠博师傅的表演后，就坚持要做毛师傅的弟子，学习皮影戏。朱莉出生在摩洛哥，在法国求学，拥有美术硕士和纺织刺绣学士学位。她沿着丝绸之路游历了东南亚，最后，在贵州爱上了有 3000 年历史的蜡染艺术，并为此留在中国，而且很快发现，皮影戏可以让蜡染人活起来。她来到北京后，在清华附中国际部教授艺术课程，还直接把家搬到什刹海，租住在胡同的大杂院里，离皮影酒店很近。这里既是她生活的地方，也是进行皮影艺术研习、创作的地方，还会时常邀请朋友前来交流。皮影已经融入她的日常生活中，她的居所到处悬挂摆放着从各地搜集来的皮影，也有很多她自己练习、创作的成果。

在学习过程中，朱莉认为，传统皮影技法熟练，但传播故事的功能削弱了，而故事的创意和传递出的思想更为重要，她一直在探索将皮影戏与贵州蜡染艺术相融合的思维和方法。她将蜡染的图案引入皮影画，刻成皮影，进行表演，同时也活化了蜡染艺术。此外，朱莉还借鉴西方艺术，在皮影人物的造型、皮影画的素材来源、皮影表演技法等多方面都进行了大胆的创新。这种离经叛道的做法，曾经引起师傅毛忠博的抵触和反感，师徒关系一度非常紧张。

2014 年，作为"2014 中法文化之春"活动之一，由朱莉导演、艺术家晓丹和毛毛共同创作的皮影戏《黔行》在京上演，这部综合了多种投影艺术和苗族蜡染手艺的皮影戏全长 30 分钟，一经演出就引起艺术界不小的轰动。随后又在乌镇戏剧节上进行表演，获得很大成功，观众对他们的表演非常喜爱。毛忠博师傅也开始对自己一直坚守的皮影文化传承传统、惯例和规矩，有了一定的反思，意识到传统艺术发生变革的大趋势。这既是皮影文化走到今天，与多元文化交流融合相协同的必然，也是受众审美和接受习惯变化使然。如果一味坚守传统的题材风格、表现形式、表演模式，受众面会逐渐收缩，失去了在大众当中的表演土壤，也就失去了传承的生命力。

凤凰网对现代皮影戏《黔行（Guizhou en Marche）》的介绍 [①]：

艺术家: Marie Julie PETERS DESTERACT/ Milena DE MOURA BARBA / Ahmet ALTINEL/ 毛忠博 / Ambra CORINTI

节目时长: 45 分钟（晚上）

表演场次: 3 场

节目简介: 一位法国造型艺术家坐飞机飞向中国西南部的少数民族，与此同时，在相反的方向，一名布依族的舞者，从贵州的大山坐火车去往城市……他们随之而来的旅行和发现引起了一些思考：明日的中国会是什么样？城市里的中国和乡村里的中国又是什么样？多面的中国和沿袭祖先传统的中国，同时面对着过去和未来。火车在全速前进，每个人都带着自己认为好的东西。受到各自生活经历和相遇的启发，AMBARA 团队创作了《黔行》这部现代皮影戏。

从那以后，毛师傅就和朱莉合作开展一些皮影文化的创新和传播活动。朱莉还把她的皮影学习研究成果带到她的课堂上去，让中国的中学生了解这门艺术。一开始学生家长并不认同这种做法，他们觉得之所以选择一所国际学校，是让孩子尽量多地了解国外的文化，尽量地适应国外的思维方式和生活方式，而皮影这种中国传统的乡土里生长的文化，家长们并不放在眼里，也觉得有些浪费孩子们的时间。但朱莉坚持这种课堂上的文化传播，她认为皮影作为中国源远流长的传统文化，需要被中国的孩子看见、听见、记住，需要被本土的人们尊重，这样才有利于更好地国际化。朱莉在清华附中的学生很快投入到了皮影艺术的学习和创新中去，自编自导自演了多部皮影戏，并带动其他地方和学校的皮影

---

① 来自网络报道《安芭拉剧团〈黔行 Guizhou en Marche〉现代皮影戏》，https://fashion.ifeng. com/travel/china/detail_2014_10/28/39226472_0.shtml。

文化传承教育。朱莉想把皮影和蜡染两项伟大的中国传统艺术进行融合和传承的梦想逐渐走向现实。

朱莉对皮影戏所做的关注、学习、创新和传播，是外国人、中国的部分年轻人正在从事的传统文化再生产的一部分，是非物质文化遗产走出固态保护、原生境传承，走向开放、融合、创新和再结构的一个代表。皮影从生活民俗走向精品艺术，从系统的皮影制作、皮影戏表演、唱腔、光影相融合的文化整体，走向皮影刻画技艺单独传承、皮影戏开放融合表演、多种光影艺术糅合等可拆分、可互鉴、可杂糅的时尚艺术，与中国本土的其他非遗项目、艺术形态相融合，与其他国家的相关艺术形态相融合，表现出了较强的文化再造的生命力。

实际上，在皮影戏 2000 年的发展中，一直都在不断地与社会发展相适应，与其他艺术相融合，在长期的传承中形成了相对稳定的文化体系。如今以皮影酒店为基地和纽带而发生的快速变革，也是皮影文化生态的一个调适，是一个面向旅游经营和文化交流的民俗主义的过程。

7.1.5 作为装饰艺术和文创商品的皮影画

皮影酒店的建筑与装饰设计以"依皮成形、借光树影"为理念，新中式院落布局，四周围合两层建筑，中间为下沉挑空大厅。大厅采光玻璃顶，将北京四季各异的天空色彩带入室内，阳光的照射变化营造出皮影戏光与影的意象。大厅中间的皮影戏台是特别定做的，本身是个牌坊的结构，不仅加强了皮影戏的演出效果，还增加了整个酒店的戏剧感。大厅也是综合活动场所，皮影文化体验、皮影表演、餐厅、活动室兼而有之，在大门、大厅、廊道、客房的装修装饰中，最大化地使用皮影人物、符号，皮影本身成了一种装饰艺术。

图 7-3　皮影酒店大厅（正面为皮影表演舞台）

　　酒店的客房廊道上挂着皮影人物画，甚至每间客房的房号上面也镂空雕刻着皮影符号，设计感很强。酒店的负责人说，走廊里这些皮影人物挂画都来自汪天稳工作室，都是可以销售的，客人看中哪件可以直接买走，悬挂销售的皮影人物都未上色，以显示真实的制作技艺，避免因为颜料的使用而遮盖一些瑕疵。皮影人物是皮影戏艺术的基础，制作皮影人物的民间传统工艺方法，要经过制皮、描样、雕镂、着色、熨平、上油、订缀等许多细致复杂的工序，其中雕镂是最重要的环节，刻成以后，在皮影人的四肢关节等处用线订缀起来，连上铁杆，再用一皮条包围在上身的脖领处作为安装皮影人头的插口，在脖领前钉上一根铁丝作为支撑皮影人的主杆，在两手端处用线各拴一根铁丝为耍杆，插上皮影人头后，一件完整的皮影人即告完成。北京皮影的雕刻，讲究"一把直刀走到底"，无论多么复杂的皮影人物，雕刻者都自始至终只凭借着一把直刀，将其体现在兽皮上，哪怕是一根发丝、一缕胡须都栩栩如生。但皮影酒店里悬挂的皮影作品，几乎没有出自北京皮影戏流派的作品。

　　酒店前台摆放着色泽鲜艳、具有中国典型符号地位的龙的皮影画，在大厅的皮影博物馆展示区域，也展示着精美的皮影刻画作品，还有用于制作皮影的羊皮、驴皮等原材料。作为装饰的彩色皮影大多出自华县皮影戏，也有一部分是皮影酒店的毛师傅的新创作品。

图 7-4　酒店前台摆放的艺术皮影画

图 7-5　什刹海皮影酒店在主题设计、文化传承领域获得的荣誉

皮影人物从皮影戏的道具、皮影戏的一部分，变成了精美的特色装饰艺术，成为环境装饰和场景营造的重要符号，获得了酒店设计领域的高度评价，同时也让皮影戏文化体验更加深入，是一个非遗文化价值转换、主体认同和创新传承的大胆尝试，显然是富有实践意义的。

7.2 从冰嬉、冰蹴球到冬奥会，什刹海冰场的文化变迁

什刹海的水面分为前海、后海、西海三部分，每到冬季水面结冰达到一定厚度之后，就进入了冰上运动与娱乐蓬勃开展的时节。什刹海的冰上活动有着悠久的传统，上千年来一直是附近居民冬季休闲、运动、娱乐、社交的重要活动。

7.2.1 老北京"冰嬉"文化传统

滑冰作为我国北方人民的一项传统体育运动，起源于千年之前，《宋史》中已有关于"冰嬉"的记载，元朝以后冰嬉更为盛行，明代《帝京岁时纪胜》中有"冰床、冰擦"的记载，都是指在冰冻的江河湖泊上做滑冰游戏。清代，由于皇家倡导，冰嬉运动更是发展到了鼎盛。故宫博物院藏有一幅乾隆年间宫廷画家张为邦、姚文瀚合绘的《冰嬉图》，绘制了寒冬时节，驻京的八旗将士和内务府上三旗官兵中的"善走冰"者在西苑太液池（即今北京南海、中海和北海，统称三海）的中海冰面上表演转龙射球、速度滑冰、花样滑冰和滑射等竞技活动的场景，使我们对清代宫中冰嬉有了一个形象而直观的了解，这幅图也成为后来人研究清代冰嬉的主要素材。在2022年前后北京冬奥会筹备及举办的几年间，这

图 7-6　内务部京师河道管理处发给李恒林的
在什刹前海拉冰床的执照（民国）[①]

幅图更是通过信息科技、虚拟现实技术、文创设计等方式广为传播，成为人们热议的话题。

清代的冰嬉活动不仅在皇宫内苑受欢迎，在民间也较为普及。康熙年间李声振在《百戏竹枝词》中写道："捷足行看健步纷，寒流趁冻雪花春。铁鞋踏破奔驰甚，悔作银河冰上人"。《帝京岁时纪胜》中亦称"寒冬之时，都人于各城外护城河上，群聚滑擦（即滑冰）"。《帝京岁时纪胜补笺》中说，"什刹海、护城河冰上蹴鞠，则皆民人练习者"。北海冰嬉是皇家的，什刹海冰嬉从来都属于民间的，开放、热闹、自由，活在老百姓的记忆中。

笔者 2020 年 11 月 5 日在中国国家博物馆举办的《舟楫千里：大运河文化展》中看到一张民国早期内务部京师河道管理处发给李恒林的在什刹海拉冰床的执照，可见在当时什刹海的冰床等冰上运动项目就是有组织、有监管的活动。

---

① 2020 年中国国家博物馆举办的《舟楫千里：大运河文化展》上展出的图片。

图 7-7 1895 年的一幅图描绘了当时北京冬天护城河上的冰嬉情景①

图 7-7 于 1895 年刊印在《伦敦新闻画报》上，作者为弗兰克·戴德（Frank Dade），生动地描绘了当时京师冬日里护城河上的情景。冰嬉在清代、民国年间广泛流行，皇家组织的冰嬉规模大，组织性、表演性、竞技性强，多在中海、北海等皇家苑囿举办，而护城河、什刹海，则成了北京民间趋之若鹜的冰嬉之地。

7.2.2 什刹海冰场：从老北京人的时尚潮流到主客共享的冬季热点

故宫、北海的冰面是围合、封闭的，而什刹海是开敞的，老百姓可以自由共享，什刹海冰场是冬季北京人民最为火热的运动、休闲、社交场所，很多文艺作品都曾经浓墨重彩地描写过什刹海滑冰以及与其相关的少年记忆、爱情故事、风采不减当年的英雄。

"冬天的护城河、什刹海，岸旁常放着许多冰床招揽乘客，在新年正

---

① 2020 年中国国家博物馆举办的《舟楫千里：大运河文化展》上展出的图片，笔者拍摄。

月，坐着冰床，驰骋冰上，由银锭桥到德胜门，坐一个来回冰床，然后地安桥喝上二两白干，也是闲适有趣的。"作家王蒙在自传《半生多事》中这样写道。和王蒙一样，许多老北京人冬季里的故事也都与滑冰相关。电视剧《梦开始的地方》《血色浪漫》，电影《老炮儿》等，都有什刹海冰场里发生的故事。

那时的北京特别冷，冰冻一尺多厚，冰期有三个月，每天下班后，人们纷纷三五成群地拎着装备奔赴冰场。据老人回忆，那时什刹海周围都是居民区，灯光很暗，而且很安静，唯独冰场这里，灯火通明，俨然一个大舞台，来玩儿的人非常多。有水平很高的，达到运动员级别的，也有不少来玩耍、游乐的人，什刹海溜冰最有人情味的一景就是老百姓的瞎溜，自攒的冰车，自造的冰鞋，什么都没有，穿着塑料底的棉鞋也上去玩耍。1953 年，新中国首届华北区冰上运动会在什刹海冰场举行，那一年，什刹海冰场接待的冰上健儿达 7.8 万人次。2010 年，"老北京冰嬉"被原崇文区（现东城区）申报成为区级非物质文化遗产。

伴随着 20 世纪 90 年代徐勇发起的三轮车胡同游，外界的目光再次被吸引到什刹海这片北京传统历史文化保护区域，不少外国人对老北京文化趋之若鹜，而什刹海冰场因为深受本地人的喜爱而深具号召力。三轮车胡同游的冬季线路中，冰上游乐项目也作为可选项被推荐给游客。每年入冬，当冰层最薄处达到 15 厘米，什刹海冰场就会开放，冰面上最多时可同时容纳 1.2 万人。一般都是 12 月底开放，次年立春结束，40 天左右的时间会接待 10 万—12 万人次的客流。2015 年北京成功申办冬奥会以来，什刹海冰场越来越火热，可以体验参与的项目种类也越来越多，有单人冰车、双人冰车、冰上自行车、冰上摩托车、速滑等，还有比较壮观的冰滑梯。除了日场外，又开了夜场，周末价与平日价也有所不同。2022 年冬季，由于气温较暖和疫情防控的需要，什刹海冰场 1 月 11 日开放，至 2 月 4 日立春、北京冬奥会开幕日关闭，在限流承载量 75% 的情况下，共接待了 15 万人次的游客，创下了历史新高，这片传承几百年的冰上游艺乐园，被越来越多的人共享，也通过媒体传播到全国各地。

什刹海冰场的各种活动，从周边居民的时髦运动，到更大范围北京人喜爱的冬季运动，再到京内外人民共享的旅游体验项目，在 2022 年北京冬奥会筹备期间，又成为北京城区内重要的冰雪运动活动基地、展示窗口、交流平台。什刹海冰场从过去的运动时尚，走向现在更多人趋之若鹜的活动场所，从周边人的日常走向京内外共享再到走向国际视野，始终伴随着北京这座城市的发展、变迁，可以说从一块冰面上可以映照到北京这座城市的冬季生活史。

7.2.3 冰蹴球：从什刹海"踢冰核儿"构建而成的"非遗项目"

2022 年北京冬奥会之前，为了迎接盛会，各级政府和社会各界对冰雪运动的推动力度不断加大，"冰蹴球"作为一种冰上运动也进入人们的视野。"冰蹴球"是来源于什刹海民间习俗、由专家学者倡导推动、政府支持多方力量协作而构建起来的一种体育项目，以政府名义提交推荐作为冬奥会比赛项目，但遗憾的是最终未被成功采纳。

"踏鞠"（"踢球"）"踢冰核儿""踢火盖儿"等活动都是老百姓在什刹海冰上休闲、运动、游乐中自发形成的，就地取材，简单又充满乐趣。什刹海冰上"踏鞠"游戏，又名"踢球"，在北京有悠久历史，深受百姓的喜爱。1896 年，来自意大利的卫太尔对北京的民俗进行了调查，曾收集到一首在胡同中传唱的儿歌："小孩儿，小孩儿，跟我玩，踢球打尜（gá）逛二闸儿。"① 据民俗专家赵书先生考证：在《红楼梦》第 28 回和《北京民间风俗百图》第 64 图中均有对踢球（踏鞠）的描述。这些都充分说明，踢球（踏鞠）是旧时北京城中普遍的体育游戏活动，且一年四

---

① 王程.冰蹴球：从什刹海走向冬奥会 [J].资讯 .2022.11 月 .P156−157.

季全都有开展。① 规则一般是：两个人各准备一个"球"，轮流踢自己的球，让自己的球撞到对方的球，就能得分。后来，什刹海冰面上兴起儿童"踢冰核儿"的游戏。"冰核儿"就是开冰时遗留在冰面上的碎冰块儿，孩子们用脚踢"冰核儿"，让冰块互相撞击，与在土地上"踢球（踏鞠）"的游戏规则几乎一模一样。有时候，也会用别的物体替代"冰核儿"，比如家中火炉封火用的"火盖儿"就曾流行一时。

2015 年 1 月，为了助力申报冬奥，北京什刹海民俗协会在赵书先生的带领下，把冰上踏鞠正式定名为"冰蹴球"。该概念一提出，即受到北京什刹海地区群众的热烈响应，许多年逾古稀的老人纷纷登场献艺，演示当年踢冰核儿的技法，使此技艺得到了发扬和传承。

在西城区委、区政府的支持下，西城区体育局将冰蹴球运动重新挖掘整理，并结合现代体育项目进行规则设计：冰蹴球场地为长方形冰面，两边是发球区，中间有一圆圈，设为得分区，代表了"天圆地方"的理念。比赛时分成两队，每队两人，双方轮流击球，用脚把球推向中间的圆圈，还可以通过踢自己的球去撞击对方的球，使其出界，来让己方的球占领圆心得分。每队发出五个球后，距离圆心近的一方得分，另一方不得分。每场比赛共十局，最后累计得分高的队伍获胜。2015 年 1 月 20 日，"北京什刹海冰雪体育文化节"上进行了首次"冰蹴球"公开比赛。

2015 年 7 月 31 日，北京获得了 2022 年冬季奥林匹克运动会主办权，中国冰雪运动快速发展。"冰蹴球"被西城区列为冰雪运动发展规划重点项目，并从 2015 年起在每年冬季的全民健身冰雪季中举办正式比赛，规模逐年扩大。2017 年 5 月，冰蹴球项目被正式列为西城区级非物质文化遗产。后来，西城区体育局先后组织了多届京津冀冰蹴球邀请赛、青少年冰蹴球比赛，同时，还利用阳光体育大会、冬博会、奥博会等机会广

---

① 王程 . 冰蹴球：从什刹海走向冬奥会 [J]. 资讯 .2022.11 月 . pp.156-157.

泛宣传冰蹴球，多次受到国内外媒体的宣传报道，大力推广了冰蹴球这项来源于民间运动传统，又经过体育比赛科学规范的运动项目。

在"冰蹴球"运动从什刹海的传统运动游艺习俗，转变为官方认定和有固定规则的体育运动项目的过程中，政府官员、民俗专家赵书先生是关键推动者。1997 年，在他担任北京市民委副主任时，就曾领导和倡议北京市民族传统体育协会挖掘整理出来中华民族传统体育项目"蹴球"，1999 年成为全国少数民族传统体育运动会的正式比赛项目。在北京市申报 2022 年冬奥会主办权的关键时期，赵书作为有影响力的民俗专家再次组织挖掘北京冰上运动传统文化，以什刹海"踢冰核儿"运动为基础，促进"冰蹴球"从传统游艺到现代体育的转变。

什刹海作为 2022 年北京西城区冰雪季系列活动的主场地，溜冰、冰蹴球、冰捶丸、冰车、冰出溜、冰滑梯、冰木射、冰上龙舟、冰陀螺、冰嬉、堆雪人、滚雪球、雪地拔河等并称"什刹冰雪十三绝"，一经推出，就迅速唤起了老北京脑海里的童年回忆和参与热情。

这种专家发起、多方协作的非遗传承创新的过程，是非遗文化在现在语境下得以保护、挖掘、再生产和传播的一个共性过程，特别的是，"冰蹴球"这种冰上运动从民间游艺到竞技运动项目的转变，在北京从申办到筹备 2022 年冬季奥运会的历史大潮中，以超出一般项目的速度和效果得以实现。就像赵书先生所说的：依据国际奥委会规定，冬奥会举办国有权推出一项本国的体育项目。我们挖掘整理推出这项冰蹴球运动，就是一个难得的把中国体育文化推向世界的历史机遇！[1] 专家、政府、媒体在北京举办冬奥会这个历史性的时期，以中国传统体育文化国际化、提高民族文化自信为共同动力，共同推动非遗文化的创造性再生产，民

---

[1] 刘增林.把蹴球推向冬奥会——中国民间文艺家协会主席团顾问、北京市文史研究馆馆员赵书访谈 [J].社会 .2015.

众积极参与其中，乐此不疲，毕竟，从小就一直在玩儿的游戏，变成全世界人民关注和共同参与的运动项目，对国人来说大大提高了文化自信心和自豪感。

7.2.4　经典画作《冰嬉图》的冬奥热和新表达

在筹备 2022 年北京冬奥会的重要时期，为了响应中央"三亿人上冰雪"的号召，北京、张家口以及整个北方都围绕冰雪文化和冰雪运动积极地开展工作，政府各部门，尤其是体育、文化、旅游、民政等部门开展各项活动，不断激发民众关心、关注、参与冰雪运动的热情，而博物馆系统则以自身的资源优势推动冰雪文化的传播和创新。2019 年年初，故宫博物院展出了馆藏的张为邦、姚文瀚合绘的《冰嬉图》，掀起了经久不衰的冰嬉图文化热，冰嬉主题的美术作品、景观设计、文娱表演、数字动画、文创产品等层出不穷。故宫博物院"宫里过大年"数字沉浸体验展中的"冰嬉乐园"项目、"数字故宫"小程序中的"冰嬉图竞技场"游戏、冬奥期间北京北海公园举办的"百年冰嬉盛典"展览，都以大量的数字动画、投影交互、3D 打印等新手段让《冰嬉图》"活起来"。中国人民大学数字人文研究中心团队参考大量文字史料和历史图像，将《冰嬉图》中人物执旗、滑冰、翻转、射箭等多个关键动作分解，然后在三维软件中进行动作剪辑合成，让消失已久的"转龙射球"依托现代数字技术得以复活。中国民族博物馆与四维时代公司采用 3D 数字技术"复活"了《冰嬉图》。数字化技术的进步为冰嬉文化的全方位传播和沉浸式体验提供了可能，也进一步促进冰嬉文化热传遍全国和各个领域。

为宣传推广冰雪运动，为北京冬奥会加油助力，2021 年年底《国潮故宫冰嬉图》系列 NFT，以故宫藏画《冰嬉图》为基础，用中国书法的笔触和泼墨晕染的效果，巧妙地将奥运五色元素融入其中，以盲盒形式发售，总发售数量 35 000 份。通过这种艺术，将"故宫里的冬奥会"搬到大众面前，引领大众共同探索神秘而未知的数字艺术世界。

在"生命之光·2022第九届中国北京国际美术双年展"上，青年画家任慧慧的版画《高歌冬奥·冰雪情》，既借鉴了清代《冰嬉图》的卷轴式构图，又创新了内容和形式。作品上半部分以传统冰嬉活动为主要内容，下半部分则选取北京冬奥会主要场馆和体育项目，展示现代冰雪运动场景。作为北京2022年冬奥会开闭幕式视觉艺术总设计的蔡国强，也曾从《冰嬉图》中获得灵感，创作了《银河嬉冰》。艺术家通过多次烟花爆破的方法，在玻璃镜面上形成绚丽色彩。源于《冰嬉图》的环形结构，仿佛浩瀚的宇宙银河，展现了艺术家在银河嬉冰的美好想象。在北京冬奥村，中心花园的景观设计同样借鉴《冰嬉图》中的环形结构，极富流动感的造型象征着运动与变化，与四周静态的建筑空间形成对比。有无相生的中国古典美学在园林空间气化流行，成为现代设计"形式即内容"观念的外化呈现。

还有一些滑冰爱好者，因对《冰嬉图》的热爱而聚在一起，共同"复原"传统冰嬉的技术动作，并以民间文娱表演的形式向大众展示，使更多人认识了这项传统冰上运动。不少文创设计师选取《冰嬉图》中正在射箭、滑冰等妙趣十足的人物形态，在原画的基础上进行艺术提炼，设计制作成兼具实用性与观赏性的书签、丝巾、便签夹等产品。这些以《冰嬉图》为灵感的多元创作，既进一步开掘了中华优秀传统文化的富矿，又使其与当代文化相适应、与现代社会相协调，以人们喜闻乐见的形式彰显、传播了冰雪文化魅力。

2022年2月4日《新京报》北京冬奥会开幕特刊的图片，就是以《冰嬉图》为底图，将冬奥会的迎宾、运动、观礼等场景植入相应的画面中，将中国传统冰雪文化与国际现代体育盛事有机融合，既充满了中华文化韵味，又传达了国际友好和开放合作的精神。

《冰嬉图》以其表现了清代宫廷的冰嬉运动，而被视为传统的国家级冰上运动的经典文化代表，通过故宫博物院的展览和一系列数字化、文创商品化的推广，加速传播，形成了对全社会多行业的广泛影响，从高校科研机构到企业，从文化学者到社会大众，从报社官媒到个人自媒体，用多样化的方式不断地对这幅图进行创新展现或创意借鉴，两年多来，其热度一直居高不下，彰显着中国作为传统的冰雪运动国家的历史，表达着中国人对 2022 年北京冬奥会这一世界级盛事的期盼和欢迎。

小　结

　　本章选择皮影酒店的皮影戏、什刹海冰场的"冰蹴球"两项非物质文化遗产进行了田野研究，分别梳理了其流变、展演、传承、传播历程，从中窥见在作为首都传统文化核心区之一的什刹海，非遗文化如何在国家、社会、旅游发展甚至国际交往中被重新编码、构建、传承。这个民俗主义的过程复杂而又充满活力，非遗文化在裂变中被激发出新的生长能力，再融入到民众生活或者有组织的国家文化生产，持续传承。

　　皮影酒店是什刹海一个著名的主题酒店，主要接待国外或外地来京人员的住宿，同时提供皮影文化展览、皮影戏表演，酒店的装修装饰也充满了皮影画的雕刻、光影美学。另外，酒店里的皮影表演、文化研学也会独立对外经营，北京市的中小学生是其主要的参与者。在面向学生进行的研学活动设计中，皮影文化被拆解为若干个模块，挑选其中具有视觉冲击力、参与性较强、操作难度不大的环节供学生和游客体验，而皮影艺人也会在与学生或游客的互动中不断优化教习流程和方式。虽然在什刹海皮影酒店中展陈、表演、传播的是陕西华县皮影戏，但不影响它作为中国传统文化的代表，引起外国人的普遍兴趣，甚至有些国外的艺术家会深度参与进来，反过来促进皮影艺术与其他艺术形式的融合和大胆创新。因此，首都北京传统文化核心区的独特地位，也在一定程度上增强了什刹海皮影文化传承的开放性和包容性。

而什刹海冰场则在数百年间不间断地传承着老北京人的冬日游乐和社交浪漫。在皇权至上的年代，什刹海冰场就是开放共享的，与国家大规模"冰嬉"同时存在的，是民间热闹的冰上运动和嬉戏，它看起来普通而快乐，甚至有穿着棉鞋直接上去玩耍的。新中国成立后，这种国民性更加释放，连国家主席都曾公开回忆少年时到什刹海溜冰的经历，更是将这种国民情结推向高潮。随着2022年北京冬奥会的申报、筹备以及成功举办，什刹海作为城区最大的开放性冰场，运动与娱乐兼备的群众项目越来越受欢迎，参与的人越来越多，同时，也作为西城区乃至北京市展演中国传统冰雪运动文化的最佳窗口。"冰蹴球"更是在学者主导、政府支持、大众参与的共同协作下，快速构建成为正式的体育比赛项目，也被认定为区级非物质文化遗产，以政策权为这项以冬奥会为契机而构建起来的专业体育运动项目赋予了传统文化的能量与魅力，在民族自豪感和文化自信心的鼓舞下，各方主体的意识在这个过程中达到高度一致，深度协同，推动了什刹海冰上运动的传承、创新和再发展。

结 语

本研究通过对什刹海三轮车胡同游缘起、发展、变化的历时性田野研究，呈现了胡同游发展中的民俗主义过程，分析了在时代的政治、社会、文化语境下，各个权力主体交互进行的凝视行为。他们以文字、图像、口头、行为等多种方式进行复合、多声部的传统文化再生产，共同再造了什刹海流动的、表演性与生活性共融的新时态时空。

从 20 世纪 90 年代后期开始，民俗学研究经历了一个逐渐转变的过程：从单纯对民俗事象、叙事文本的关注转向重视对文本背后语境的整体性考察。"语境"的含义，一方面是指话语、文本的上下文关系，另一方面则指话语、文本所产生的外部世界。时间、空间、社会结构、文化传统、传承人、具体的表演情境可以视为民俗文化传承的语境①，它们在不同层面、不同角度约束、规定着民俗文化的展演和传承。本研究对于什刹海胡同游的研究就是将其发生发展置于一个具体的、系统的、即时构建的语境中考察的。

什刹海三轮车胡同游从无到有、从乱到治、从粗到精的整个发展过程，都与当时的政治、社会、文化语境紧密相关，可以说，"国家在场"决定了在胡同中开始旅游、并通过旅游对胡同传统进行再生产的可能性

---

① 刘晓春. 从"民俗"到"语境中的民俗"——中国民俗学研究的范式转换 [J]. 民俗研究, 2009 (2):5–35.

及其总体生境。

胡同游是伴随着中国改革开放的快速发展而诞生的。北京作为国家首都，无论从哪个层面上都是开放得更快，同时在某些领域又最谨慎的城市，由精英知识分子发起的"到胡同去"的旅游创意无异于一场观念革命，让政府、居民甚至犹疑不决的媒体一时无法接受。发起者反复从全球化趋势、北京作为崛起的东方大国的窗口、北京旅游产品结构的不合理、胡同文化的价值等多个角度阐述胡同游的重要价值，最终获得认可。显然，发起者的各种诉求建立在对"国家在场"准确把握的基础之上，具有战略前瞻性，最终与同样具有战略眼光的高层领导达成一致，真正开启了胡同游的运行。

人力三轮车是传统交通工具，在北京出现于19世纪末，在20世纪30年代才开始逐渐用于营业性的客货运输。20世纪80年代，从事人力三轮车运输的人，开始被称为"板爷"。1994年，徐勇设计了用于载运游客的什刹海人力客运三轮车，主要是在外观上对普通三轮车进行了特色性包装，并于1999年得到国家专利局的外观专利批准。徐勇和他的团队将三轮车胡同游逐渐聚焦于什刹海地区，设计主游线，编写导游词，招聘并培训车工，做媒体推广等，构建出颇成体系的三轮车胡同游叙事体系。

胡同游最初的蓬勃发展，很大程度上源于当时中国尚未成为国际上主流的大众旅游目的地，来到胡同的外国游客综合素质比较高，少数国内游客来源也较为简单。对于这些数量不大、素质较高的游客的服务，经营者和从业者来得及从容地进行文化产品的生产和服务。

到了2000年前后，由于国家经济体制改革，出现大量的城市下岗工人，对于居住在什刹海周边的居民来说，蹬三轮拉客这种劳动密集型行业门槛低、收益直接，于是大批量的人涌入胡同游。同时，国内外的大众旅游潮正式形成，游客数量激增、快餐式消费行为逐渐成为主导，也加剧了这种低成本恶性竞争的形成。另一方面，政府对于社区旅游的科学管理体制尚未成型，监督管理框架过于粗糙，默认了这种无序竞争的状况。

在全北京、全中国为奥运会做准备的特殊时期，什刹海在政府的统一规划和扶持下，进行了基础设施、公共景观的系统整治提升。同时，为了维护城市形象，在对胡同文化的充分信心的基础上，对胡同游和居民接待进行了政治化的"叠写"（以政治性的力量对民间传统或活动、事项进行认定，从而加强政府对民间和传统文化的控制）。在管理机制上，赶在奥运会前夕，实施酝酿已久的特许经营，系统、完善地将胡同游纳入政府管控之下。从此，在特许经营这种管理、经营框架下，各生产主体及其内部的个体及时调整叙事策略、叙事行为，以求在新的语境下继续进行再生产行使权力行为。

从 2008 年到 2021 年，开展了 5 期特许经营招标工作，第一期就将合法特许经营车辆控制在 300 辆，到 2021 年 5 月，压缩至 180 辆，特许经营的目标也逐渐从治乱、捋顺、提质，再到可持续发展。"三轮车胡同游"作为被发明出来的"怀旧的"旅游形式，逐渐被作为什刹海文化体验的重要内容，不断强化和传承，"国家在场"是胡同游形成、发展的基本语境，并规训着胡同游的生产方式、生产主体和生态趋向。

发展三轮车胡同游，面向游客、媒体和社会大众，按照表演的逻辑，对什刹海民俗文化进行解构、融合、变形、重构，形成舞台化的什刹海民俗文化叙事，是一个民俗主义的过程，游客体验到的什刹海文化是一个被塑造的"嵌合体"。

胡同游对民俗文化再生产的第一步，首先从精英知识分子对民俗文化传统的发现开始。胡同游的发起人是上过大学的专业摄影师、广告人徐勇，他源于摄影爱好和机缘巧合的拍摄任务重返胡同，并借助专业的摄影机进一步发现、思考胡同的传统、文化与景观。在随后的胡同文化传播中，从大量的外国人对胡同的向往、追捧中发现商机，并进一步分析当时的政治、社会、文化状况，即时代语境，大胆地提出"到胡同去"（To the Hu Tong）的旅游商业创意——让游客进入北京旧城的胡同中去感受老北京、发现新北京。对时代语境的判断，对胡同民俗文化的长期浸淫，加上个人的艺术修养、商业敏感，让他开始了胡同游的策划、设计与运作。

第二步，是生产者对民俗文化事象、元素、符号的抽绎。符号是重要的载体。经营者从什刹海文化传统中挑选出典型的、内涵丰富、象征意义鲜明、识别度高、易于传播的符号元素进行再生产。后来，在越来越多的生产者参与进来之后，不同主体根据语境的限制、对游客的想象以及个人的特性，进行了纷繁复杂的符号抽绎，更加多元化、更加个性化。整体来说，生产者对符号元素的抽绎存在三个明显的特征：元素来源以本地文化传统为主但又不局限于此，还会选择外地的甚至是国外的被认为能符合人们怀旧心理的元素，甚至有的来源于新近发明的或者新近才被赋予"中国化"意义的貌似传统的元素；被抽绎出来的符号既要具有典型代表性，又要具有视觉、情感维冲击力，对游客能产生吸引，还要具有易改造变异性；生产者对符号抽绎的过程并不按照符号拥有者自己的理解方式，在同一个传统内进行同层面、均质化的选择，不是传统本位的抽绎，而是消费导向、生产本位的抽绎。

第三步，是生产者对民俗文化的重新编码，形成新的表演剧本。生产者在抽绎出可以利用的民俗文化符号之后，又进行了再演绎、与其他符号的再整合，并根据一定的结构和逻辑进行叙事文本的编写，直至能够对外表演的文本形成，民俗文化的"这一次"重新编码完成。民俗文化再演绎的手法，有引借、重复、移位、夸张、解构、挪用等，并与其他外来的、符合消费需求的符号聚合，并按照表演逻辑、游客期待、政策要求等重新编辑，生产出面向游客、媒体、外来大众的什刹海新的民俗文化。

第四步，是多元的生产主体对叙事文本的阐释、展演与体验。生产者在基本形成了旅游叙事文本之后，还要进行表演阐释（宣传文案）、内部排练（培训），并按照主导者（一般是胡同游经营企业）认为的最佳方式训练给具体的表演者，一般是三轮车车工，以保证按照设计好的效果打动游客。至此，车工、导游等一线从业者也进入了民俗文化生产的场域之内，标准化的训练，加上他们每个人不同的个性，和每一次旅游表演时观看主体（游客）的差异性，致使他们每一次的民俗文化表演都是具象、个性化的。旅游导向的民俗主义每天都在什刹海发生。

第五步，随着时代政治、经济、文化语境的变化，以及游客期待的变化，被再生产出来的什刹海民俗文化，旅游表演剧本不断地调整、修订。在近 30 年的发展历程中，什刹海胡同游的游客结构和体验需求发生了很大的变化，游客对地域文化的预期也在演变，以企业、车工为主体的生产者在线路安排、体验设计、讲解重点、服务礼仪等方面都对表演剧本进行了改编。

在旅游对胡同民俗文化不断进行的再生产中，胡同就像个小姑娘，任人装扮，什么模样，由打扮者决定。民俗文化在生产主体的意志下地被不断地重构，呈现出来的已经不是居民生活文化本身，而是被客体化、解构、抽绎、重新编码进行表演的剧场，是"嵌合体"化的什刹海民俗文化。

但我们必须认识到，民俗文化并不是完全被动、僵化、毫无招架之力的，而是能够有其自身的规定性和能动性，约束着再生产的基本范畴，生产者在表演叙事过程中，也被民俗文化不断地熏陶和形塑。[1] 另一方面，那些被旅游重构和再生产的民俗文化，对于什刹海这样一个生活着

---

[1] 民俗文化的能动性论述，参见岳永逸《乡村庙会的政治学：对华北范庄龙牌会的研究及对"民俗"认知的反思》，收入黄宗智主编《中国乡村研究（第五辑）》，福州：福建教育出版社，2007 年，第 203—241 页。

的社区来讲，只是硬币的一面。大多数当地居民，尤其是没有直接参与到胡同游的经营与生产中的居民来讲，旅游只是"门外""前台"的风景，被嵌合体化、表演的传统存在于"路上"和"舞台上"，与他们的生活关联不算太大，干扰也在可控范围内。他们的院内、门内，私人的、"后台"空间，是无旅游、自在发生传承的，他们的日常生活虽然在游客看来也是一种充满吸引力的文化生态，但他们自己从不主动参与，并尽力保护其日常性和私密性，努力划清旅游表演"前台"与"后台"的界限。

在旅游发展对什刹海进行"民俗主义"的再生产过程中，"骆驼祥子"这个形象是非常有趣的。众所周知，"骆驼祥子"是作家小说中的主角，是一位命运悲惨、靠出卖体力拉车讨生活的底层劳动者。在什刹海胡同游产生最初，由媒体首发，本着"劳动光荣"的社会思想，将三轮车工与旧社会的骆驼祥子相联系，提出"骆驼祥子再现"，"到胡同去找骆驼祥子"，也引起了一部分中外游客的文化共鸣，认同其作为老北京传统民俗文化的重要象征。胡同游的第一批车工来自山西，他们进京工作的地域跨越掩盖了体力工作者的职业定位，由于不是北京人，对"骆驼祥子"这一文化符号所携带的艰辛、底层等内涵不甚了解，所以并不在意被称为新时代的"骆驼祥子"，而且会主动自我标签。到现在，到胡同游的三轮车停靠点，还会不断听到"打活儿"的车工自称"骆驼祥子"。但相对来讲，土生土长的什刹海人、北京人则对这一标签感觉到明显的不适，他们从皇城根下的居民转变为人力三轮车车工，职业带来的身份转变都曾或多或少带来心理压力。2010 年，"后海八爷"这一胡同游车工品牌诞生后，一部分以北京人为代表的车工彻底撕掉"骆驼祥子"的文化标签，公开宣称"我们不是骆驼祥子，我们是什刹海文化的传播者"！①

---

① 在古韵风情公司提供的资料中，和在跟李三爷李三爷等人的访谈中，多次听到这种说法，而且还曾作为醒目的宣言标语出现在一个什刹海文化展览中。

　　国家、政府机构、企业、车工、居民、游客、媒体、专家等主体在什刹海胡同游中交互凝视，进行各自的主体叙事，又交织共融，并且由于叙事者的"身体性"，也让新生的民俗文化具有鲜活的生命力。

　　旅游凝视的研究是从"游客凝视"开始的，主要关注将游客作为主体的建构行为和建构影响。旅游的目的是离开自己的惯常生活地，去寻找差异、愉悦、解脱、怀旧或者刺激，而"凝视"也是一种权力，游客通过这种权力途径和权力行为参与到旅游地的社会性建构当中。当然，"凝视"是个隐喻的概念，它不仅包括游客通过目光施加的行为力量，还包括表情、动作、口头表达等多元化的方式[1]，将旅游动机、旅游诉求、旅游体验融合并表达出来，向旅游地、当地居民施加影响。游客通过凝视旅游地也会反观自我和自我社会，促进自我反思和自我认同。在很长一段时间内，凝视理论在旅游学界的应用研究都集中在游客对旅游地的这种单向度的权力影响研究上，尽管有很多学者也开始关注游客凝视中的性别视角。后来有学者提出"反向凝视""当地人凝视"等概念，强调旅游地居民在旅游的社会性建构中的能动性。程与米勒将旅游目的地的利益主体分为游客、居民和掮客（包括政府部门工作人员、学者、媒体人员、旅行社及其他旅游经营者、从业者等）三类[2]，把旅游研究的关注对象从游客与旅游地居民的二元对立中解放出来。后来，有学者尝试以"旅游凝视"建构包含更多元化的利益主体的凝视研究[3]，主张考虑游客间凝视、旅游掮客的作用、隐形凝视（主要指反思性的自我凝视）的作用，并提出诸凝视主客体之间是双向互动、互为主客体的，凝视的路径、重点及其发生的作用还会随着旅游业的发展、当时的政治社会文

---

① 学术论文联合对比库 . 基于空间实践与传播的侗族乡村旅游社区地方性建构研究 [D].2019.

② Cheong S-M, Miller M L, Power and tourism: A Foucauldian Observation [J]. Annals of Tourism Research, 2000, 27(2):371-390.

③ 吴茂英 . 旅游凝视：评述与展望 [J]. 旅游学刊 , 2002, 27(3):107-112.

化语境而变化。

在对什刹海胡同游的田野研究中，笔者发现在特定的时代语境下，政府、媒体、企业、从业者（主要是车工）、游客、居民、专家等各主体是在交互凝视中表达自己的态度、开展自己的主体叙事的，并在交互中进行权力反观、自我凝视，进而调整权力策略，形成交互、流动、个性化的多重叙事。没有哪一个主体不凝视，也没有哪一个主体不被凝视，这些交互的凝视之间不单向、不对等、不均质，主体间的交互凝视关系将他们变成紧密联系的场域共同体。时代语境对胡同游的发展有着根本性的限定，而经营者，往往是知识精英或商业精英，是胡同游的发起性力量，也是不断推动其发展的主要力量。政府的态度及其决策随时可以干预进来，形成助力或者干扰，而且政府这一主体内部存在明显个体性、复杂性，很多时候，个体的诉求与作为"政府"这一整体的主体诉求不完全一致。学者和媒体很大程度上受时代、政治影响，并有独立的思考和声音，间接地参与胡同游的发展。车工等从业者则必须在政府、经营者严格限定的范畴内进行规定好的旅游表演，其个人的权力主张往往被试图掩盖，但从业者也会通过具体的表演行为进行技巧性的表达。胡同是当地居民赖以依存的生活空间，旅游业的发展将居民卷入其中，使得他们不仅成为旅游凝视的对象，也成为胡同游的叙事主体。他们的态度由参与胡同游的程度和方式决定，一旦他们参与具体经营，就具有了明显的经营者的特征，而没有参与经营的居民，则根据生活状况、性格等对胡同游采取不同的态度，漠视、反感或者抵触，大多数时候，他们的主体叙事只能在自家院落内展开。但从 2019 年北京市实施的政府服务热线"接诉即办"机制，使电话投诉成为居民表达自己主张的直接有效的途径，居民成为胡同游中迅速上升的叙事主体。游客是以上主体进行叙事表演的主要受众，带着各自的期待凝视什刹海，体验着企业预先设计好的文化表演，在游览过程对各个主体进行窥视、猜测、理解，并在游览结束后对什刹海胡同游进行体验叙事，以游记、照片等方式进行反向叙事，并作用于后面的文化再生产，从而构成不断循环、交流与交互的旅游凝视。

每个主体都以自己掌握的资源、在大语境约束下、以自己的方式开展权力叙事，反过来讲，他们所能施加影响的范围也对应自身所掌握的资源，使文化再生产的过程能够成为主体权力的反射镜。也正是在这些主体进行叙事的过程中，民俗文化自身的能动性和约束性得以施展，也成为生产权力之一。通过对胡同游中各个主体的态度、行为及其相互作用，尝试着建立民俗文化再生产中的"交互凝视"这一学术概念，其要义包含以下几个方面：一、多元性，旅游中的凝视是旅游地在特定的语境下进行社会性建构的权利，政府、经营者、学者、媒体、从业者、居民、游客，甚至包括每一个曾经向这里投下目光的人，都是旅游生产中的权利主体，多元化的主体都拥有自我本位的态度、多途径的权力叙事、可预期的叙事结果。二、个体性，各权力主体的权利态度和行为具有一般意义上的群体同质性，但同时也根据群体中个人的特性、利益诉求、行动空间等具有很强的个体性，有时候这种个性化的权利态度和权利行为与群体的态度和行为并非同一向度，这时候群体的权利行为是显性的，个体的权利行为则是隐性的，文化生产的秩序和过程因此更复杂。三、互动性，多主体的权利态度、权利行为和权利阐释在特定语境下的文化展演中存在必然的互动性和交流性，他们在相互的观察、想象、试探中进行协商、合作或斗争。四、即时性，多主体之间的互动和交流不平等、不均质、不同步、不稳定，具有鲜明的"这一次""这一刻"的即时性。五、循环性，只要文化再生产在发生，主体的凝视权力都在进行，形成一个主体凝视、反向凝视、自我凝视的永不闭合、从未停歇的循环。

通过"交互凝视"将旅游生产所涉及的主体全部纳入考察范畴，认识到他们的生产者地位，突破"凝视"研究领域一直以来的主客二元对立结构或者半遮半掩、欲说还休的对隐性主体的关注。美国民俗学家凯瑟琳·杨于 1989 年提出了身体民俗（bodylore）的概念，强调对民俗文化的主体"民"的关注，张青仁提出"身体"不仅是民俗规训的对象，更是民俗传承的重要途径。[①] 本研究以车工这一群体为重点，进行了充分的主体性田野研究，呈现了其在权力规训之下的个性化，也就是身体的鲜活性，正是这一特征，让被生产出来的什刹海胡同游民俗文化具有被传承发展的可能性。

　　什刹海三轮车胡同游作为一种旅游表演和参与体验，"前台"与"后台"的界限一直在变化，从前台到后台的方向，大致经历了侵入—扩张—混乱—对抗—后退—再协商的过程，"前台"被旅游业生产出来的民俗文化相对于居民生活着的民俗文化表现出了明显的敏感性和脆弱性。借鉴旅游人类学以及旅游学研究中将旅游活动视为"表演"的理论视角，什刹海胡同游作为一种权力主体交互凝视下的叙事表演，在旅游空间与居民生活（还有少量机关办公空间等非开放空间）之间一直都有一面看得到或者看不到的帷幕，显性的可能是胡同或者大院的围墙、被隔离的胡同口，隐性的可能是居民贴着"私宅勿闯"警示标语的大门、居民拒绝交流的对旅游活动的对抗，在帷幕内外，是胡同游表演的"前台"和"后台"。"前台"是被以企业、政府主管部门精心设计和布置过的空间，也是车工表演叙事的舞台，也是游客可以进入并参与体验的场域；而"后台"则是居民日常生活的民俗世界，是在胡同游快速发展的消费经济大潮中，居民能够保留的私密空间，不希望也不允许被干扰。在胡同游开发的 20 多年中，"前台"与"后台"的界限一直在变化。在 1994 年三轮车胡同游诞生的时期，"前台"作为新生空间，以文化经营和企业为主导，相对比较自由地附加、串联于什刹海，除了国家政策不允许的，"前

---

① 张青仁.身体性：民俗的基本特性[K].民俗研究,2009(2).

台"可以延伸到几乎任何市场需要的空间，而"后台"则在好奇、文化
震惊中被动接受并后退，反应滞后。伴随着胡同游快速而无序地扩张，
大量的车工和企业参与其中，很大一部分车工就是什刹海本地居民，因
此，"后台"被混乱而"粗暴"地四处打开，未从事旅游经营活动、未同
意让渡私人空间的居民生活也被裹挟着被迫开放，在这个时期，出现了
大量的内部纷争，基本上都是由于这种后台空间被动前台化，私人生活
被严重干扰而爆发的。由此，本地居民与外来企业与车工之间，本地居
民内部从业与未从业人员之间，企业、从业者与政府交通、城管等主管
部门之间，由于前后台失序而发生复杂的矛盾甚至对抗。到 2008 年北京
奥运会举办前夕，市政府颁布政府令，开始实施人力客运三轮车胡同游
特许经营制度，政府的主体叙事强势上演，胡同游的失序状态得到根本
性转变。

政府通过特许经营管理办公室（也称"特许经营管理科"）实施管控，
从三轮车数量、线路、经营时间、收费、停车场所、交通规则、车工素
养、服务规范等多个方面规训了三轮车胡同游的经营行为，迅速圈定了
"前台"空间，并由此对居民的"后台"空间形成明确的保护，前后台
之间的界限基本明确。从 2008 年到 2021 年实施的 5 期特许经营招标中，
将特许经营三轮车数量从 300 辆（特许经营实施之前一度达到近 2000 辆）
减少至 240 辆，再到 180 辆，三轮车经营线路也从 5 条主线路变成 2 条
主线 +3 条支线的组合，大多数情况下，只走沿海、较宽、商业业态聚焦
的主路，极少再深入居民生活的胡同内部。特许经营启动至今，是"前
台"不断后退，"后台"不断回弹、扩张的过程，胡同里曾经因为大量三
轮车涌入而造成交通拥堵不堪，而现在又回归为居民可以自由散步、闲
谈、社交的弹性空间，不少胡同还可以盆栽花果蔬菜，既增加了绿色，
又增添了家常生活气息。当旅游的干扰后退，居民的生活变得更加生动
有趣。在"前台"与"后台"发生矛盾时，或者为了避免冲突的发生，

特许经营管理部门会主动、不定期、频繁地举办各种面对面座谈交流活动，由企业出面与沿线居民解释、沟通和交流，甚至出资给居民发放福利，利用节假日邀请居民乘坐三轮车免费进行胡同游，缓解主体间矛盾，有效地对"前台"与"后台"的对抗冲突起到缓冲，达成暂时性的稳定，并促成进一步协商。

以皮影戏和冰蹴球为代表的非遗文化，在什刹海的文化再生产中，经历着国家语境规训、专家或经营者主导、大众以及消费者积极参与的互动协作，由于什刹海位于首都传统文化核心区的独特地位，非遗往往被作为国家传统文化的代表，增强开放性和交流性，一定程度上会消减其原有的地域性，而具有国际交流的鲜明特征。

2011年，中国皮影戏入选人类非物质文化遗产，成为具有国际影响力的非遗文化，在什刹海的旅游发展中，被企业选择成为展示、展览、表演、传承的文化项目，在不断的再生产中，经历了一个民俗主义的过程。什刹海是传统北京皮影戏重要的诞生、表演、传承地，但是在如今的什刹海皮影酒店，展示、表演的却是陕西华县皮影戏，高举华县皮影戏代表性传承人汪天稳大师的招牌，这个看似荒诞的错位，却没有引起观众的注意和反感。皮影酒店从最初就立足于传播中国皮影文化，而不是北京皮影文化，在定位上就跳出了北京的地域性，作为中国传统文化传承传播的窗口，所以，若非有心区分，不会介意是北京皮影戏还是华县皮影戏。而且酒店的规模较小，皮影传播的受众也有限，以国内文化素养较高的人群和在华外国人为主，他们对非遗文化的尊重、包容性相对较强，给了华县皮影戏在北京核心区传播的土壤。皮影戏是历史悠久的导向于表演的综合艺术，皮影人物是其基本要件，在皮影酒店，皮影人物被作为精致的装饰艺术，在外观、前台、大厅、走廊、房间内广泛使用，把刻画、色彩、光影效果运用的淋漓尽致，营造了沉浸式皮影文化体验的氛围。同时，酒店把素色皮影人物作为文创商品售卖，也导致皮影画脱离皮影戏，作为独立载体和艺术进行传播和流通。自从诞生之日起，皮影戏的传承就在家族间、师徒间进行，戏班子有自己的规矩，外人不可轻易进入内部，打听、操作皮影，但在皮影酒店，情况完全改变了。酒店与亲子旅游机构、研学旅行机构、旅行社、文化组织机构合作，针对游客，尤其是中小学生家庭，设计了时间可控的研学课程，一般包括听讲解、看表演、做皮影画、体验表演等。根据时间和流程，酒店经营者提前准备好体验空间、体验环节和体验工具，游客在皮影艺人的引导下进行以猎奇性、参与性、娱乐性的限时体验，并在精心设计的一个个仪式中达到体验的愉悦。这种传习打破了非遗文化传统的传承方式，让更多人有机会灵活地参与进来，更好地了解皮影文化。研学，也是目前中国大部分非遗项目进行经营性价值转换的主要途径，也会有越来越多的项目被解构、重新设计，为体验者量身定制。如果说对少年儿童的研学式传承是一种市场化、标准化、批量化解构和再生产的话，皮影酒店对一些具有浓郁爱好的人进行的文化传习更为深入，也更有互动、反哺的效果。以法国人朱莉为代表的艺术家，热爱中国皮影，在皮影酒店常年学习，并将其他贵州蜡染、法国木偶等文化项目的美学元素、设计思维、展示方式引入皮影，大胆地促进了皮影文化的拆解和与其他艺术的杂糅、与新技术的融合，形成了更大程度的变革和创新，改变了皮影的受众对象，成为一门时尚的国际艺术。

与古代皇家将"冰嬉"作为国之盛事、军事演习、帝王休闲不同，什刹海的冰上活动一直是开放给老百姓共享的，成为一座城市的冬季游玩记忆，传承数百年。不管是2010年"老北京冰嬉"被原崇文区（现属东城区）列为非物质文化遗产，还是2017年被专家倡导、政府支持、社会助推而重构的"冰蹴球"运动被列入西城区非物质文化遗产，都是以官方政策权力强化传统冰上运动的文化价值和代表性。这种对传统冰上运动的文化认同和城市自信，随着2022年冬奥会的逐渐临近和举办，愈演愈烈，不管是《冰嬉图》的十八般变化引发国潮热，还是"冰蹴球"被谋划推荐作为冬奥会的比赛项目（虽然最终未成功），数量众多的专业运动员竞相现身什刹海展示冰上运动的风采，越来越多的京内外人士集中在什刹海响应"三亿人上冰雪"的号召，都推动着什刹海冰场从民间走向官方，从老北京走向全国、走向国际。什刹海的冰上运动从未变成"遗产"，一直是北京这座城市在寒冷的冬天里最火热的律动，是北京生活文化、政治文化不断交融的鲜活世界。

在未来，三轮车胡同游再生产出来的民俗文化能否内化为什刹海文化的一部分，进行内生传承，还是只能走进博物馆，成为什刹海的文化记忆，或者被彻底淘汰，前路并不清晰。但传承着的什刹海民俗文化，会一直生长在居民的日常之中。

参考文献

一、英文文献

1. Airey D, Tribe J, Hsu C H C, et al. *Developments in Tourism Research* [M]. 2007.

2. Arthur Kleinman, Yunxiang Yan, Jing Jun, Sing Lee, Everett Zhang. *Deep China : The Moral Life of the Person* [M]. University of California Press, 2011.

3. Belisle F J, Hoy D R. *The perceived impact of tourism by residents a case study in Santa Marta, Colombia* [J]. Annals of tourism research, 1980, 7 (1) : 83-101.

4. BUTLE R. *The concept of tourist area cycle of evolution: implications for management of resources* [J]. Canadian Geographer, 1980, (14) : 5-12.

5. Cheong S-M, Miller M L. *Power and tourism: A Foucauldian Observation* [J]. Annals of Tourism Research, 2000, 27 (2): 371-390.

6. Eriksen, Anne. *Our Lady of Perpetual Help: Invented Tradition and Devotional Success* [J]. Journal of Folklore Research, 2005, 42 (3): 295-321.

7. Gillespiel A. *Tourist Photography and the Reverse Gaze* [J]. Ethos, 2008, 1 (3): 343-431.

8. Hampton M P. *Heritage, local communities and economic development* [J]. Annals of Tourism Researeh, 2004, 32 (3): 735-759.

9. Hewison, R. *The heritage industry. Britain in a Climate of Decline* [M]. London: methuen, 1987.

10. Jarman N. *Displaying Faith: Orange, Green and Trade Union Banners in Northern Ireland* [M]. Inst of Irish Studies, 1999.

11. Jeong S, Santos CA. *Cultural politics and contested place identity* [J]. Annals of Tourism

Research, 2004, 31 (3): 640-656.

12. Jonathan Culler. *The Semiotics of Tourism* [A]. Jonathan Culler. *Framing The Sign: Criticism and Its Institutions. University of Oklahoma Press* [C]. 1990.

13. Lefebvre H. *The Producetion of Space* [M]. Oxford: Blackwell, 1991.

14. Light D. *Gazing on communism: Heritage tourism and post-communist identities in Germany, Hungary and Romania* [J]. Tourism Geographies, 2000, 2 (2): 157-176.

15. Mac Cannell D. *Tourist agency* [J].. Tourist Studies, 2001, 1 (1): 23-37.

16. Maoz D. *The Mutual Gaze* [J]. Annals of Tourism Research, 2006, 33 (1): 221-239.

17. McIntosh A. J. *Tourists' appreciation of Maori culture in New Zealand* [J]. Tourism Management, 2004, 25 (1): 1-15.

18. Morgan D. J. *A new pier for New Brighton Resurrecting a community symbol* [J]. Tourism Geographics, 2002, 4 (4): 426-439.

19. Moufakkir O. *The role of cultural distance in mediating the host gaze* [J]. Tourist Studies, 2011, 11 (1): 73-89.

20. Murphy PE. *Tourism: a mommunity approach* [M]. Methuen. New York and London, 1985.

21. Okazaki E. *A Community-based Tourism Modcl: its Conception and Use* [J]. Journal of Sustainable Tourism, 2008, 16 (5): 511-529.

22. Richard Handler, Jocelyn Linnekin. *Tradition, Genuine or Spurious* [J]. The Journal of American Folklore. 1984 (97): 273-290.

23. Shackel P. A. *Local Identity, national memory, and heritage tourism: Creating a sense of place with archaeology* [J]. Illinois Antiquity, 2005, 40 (3): 24-28.

24. TASCI A D A. *A triple lens measurement of host-guest perceptions for sustainable gaze in tourism* [J]. Journal of Sustainable Tourism, 2017, 25(6): 711.

25. Tosun C. *Limits to community participation in the tourism development process in developing countries* [J]. Tourism Management, 2000, 21(6): 613-633.

26. Urry J. *Constuming Places* [M]. London: Routledge, 1995.

27. Urry J. *The Tourist Gaze: Leisure and Travel in Contemporary Societies* [M]. London:

Sage, 1990, 129. 1987.

28. Yagi C. *How tourists see other tourists:Analysis of online travelogues* [J]. The Journal of Tourism Studies, 2004, 12(2):22-31.

29. Yale, P. *From Tourist Attractions to Heritage Tourism* [M]. Huntingdon: ELM Publications, 1991.

30. Yaniv Poria, Richard Butler, David Airey. *Clarifying Heritage Tourism* [J]. Annals of Tourism Research, 2001, 28(4): 1047-1049.

二、中文专著

1.〔美〕Dean MacCannell 著 . 旅游者：休闲阶层新论 [M]. 张晓萍等译 . 桂林：广西师范大学出版社 , 2008.

2.〔英〕E. 霍布斯鲍姆 , T. 兰格著 . 传统的发明 [M]. 顾航，庞冠群译 . 南京：江苏人民出版社 , 2004.

3.〔美〕戈夫曼著 . 日常生活的自我呈现 [M]. 冯钢译 . 北京：北京大学出版社 , 2008.

4.〔英〕John Urry 著 . 游客凝视 [M]. 杨慧，赵玉中，王庆玲译 . 桂林：广西师范大学出版社 , 2009.

5.〔加〕简·雅各布斯著 . 美国大城市的死与生 [M]. 金衡山译 . 北京：译林出版社 , 2006.

6.〔英〕史蒂文·蒂耶斯德尔著 . 城市历史街区的复兴 [M]. 张玫英，董卫译 . 北京：中国建筑工业出版社 , 2006.

7.〔英〕史蒂文·蒂耶斯德尔著 . 城市历史街区的复兴 [M]. 张玫英，董卫译 . 北京：中国建筑工业出版社 , 2006.

8.〔日〕西村幸夫著 . 再造魅力故乡：日本传统街区重生故事 [M]. 王慧君译 . 北京：清华大学出版社 , 2007.

9. 北京市规划委员会，北京市城市规划设计研究院，北京建筑工程学院 . 北京旧城胡同实录 [M]. 北京：中国建筑工业出版社 , 2008.

10. 北京市规划委员会，清华大学建筑学院城市规划系 . 北京旧城 25 片历史文化保护区保护规划（什刹海地区）[M]. 北京：北京燕山出版社，2002.

11. 北京市文学艺术界联合会组织编写北京皮影戏 [J]. 北京：北京美术摄影出版社，2021.

12. 段柄仁. 北京地方志·风物图志丛书·什刹海 [M]. 北京：北京出版社，2008.

13. 高丙中. 居住在文化空间里 [M]. 广州：中山大学出版社，1999.

14. 郭文. 旅游空间生产：理论探索与古镇实践 [M]. 北京：科学出版社，2015.

15. 侯柄仁. 北京胡同志 [M]. 北京：北京出版社，2007.

16. 侯仁之. 北京城市历史地理 [M]. 北京：北京燕山出版社，2000.

17. 侯仁之. 北京历史地图集 [M]. 北京：北京出版社，1988.

18. 姜德明编. 北京乎 [M]. 北京：生活·读书·新知三联书店，1997.

19. 李岚. 信仰的再创造——人类学视野中的傩 [M]. 昆明：云南人民出版社，2008.

20. 廖炳惠. 关键词 200——文学与批评研究的通用词汇编 [M]. 南京：江苏教育出版社，2006.

21. 刘丹萍. 旅游凝视——中国本土研究 [M]. 天津：南开大学出版社，2008.

22. 刘一达. 走进什刹海 [M]. 北京：中国社会出版社，2007.

23. 路宝钢口述，王延娜整理. 北京非物质文化遗产传承人口述史：北京皮影戏·路宝钢 [M]. 北京：首都师范大学出版社，2017.

24. 彭兆荣. 旅游人类学 [M]. 北京：民族出版社，2004.

25. 齐大芝. 北京商业史 [M]. 北京：人民出版社，2011.

26. 上海民间文艺家协会. 都市民俗学发凡（中国民间文化·第八集）[M]. 上海：学林出版社，1993.

27. 什刹海研究会，什刹海景区管理处. 什刹海志 [M]. 北京：北京出版社，2003.

28.（明）宋濂. 元史 [M]. 北京：中华书局，1976.

29. 孙九霞. 旅游人类学的社区旅游与社区参与 [M]. 北京：商务印书馆，2009.

30. 汤用彬. 旧都文物略 [M]. 北京：华文出版社，2004.

31. 陶思炎. 中国都市民俗学 [M]. 南京：东南大学出版社，2004.

32. 王兰顺. 改良北京所剩不多的胡同街区 [M]. 北京：知识产权出版社，2013.

33. 王宁，刘丹萍，马凌. 旅游社会学 [M]. 天津：南开大学出版社，2008.

34. 王秀梅.历史文化街区有机更新与传统文化内涵的失落——从非物质文化遗产保护角度解读北京南锣鼓巷建设的得失 [M].北京：知识产权出版社,2013.

35. 王粤.北京的文化名片·什刹海（上）[M].北京：中华书局,2010.

36. 王粤主编.北京的文化名片·什刹海（上、下）[M].北京：中华书局,2010.

37. 吴晓萍.民族旅游开发与民族文化的再构建——摩梭文化旅游解说的思考 [M].贵阳：贵州民族出版社,2003.

38. (元)熊梦祥.析津志辑失 [M].北京图书馆善本组辑.北京：北京古籍出版社,1983.

39. 徐勇.胡同一百零一像 [M].杭州：浙江摄影出版社,2000.

40. 阎云翔著.中国社会的个体化 [M].陆洋等译.上海：上海译文出版社,2012.

41. 张宝秀.历史文化街区保护与更新——2012年北京学国际学术研讨会论文集 [M].北京：知识产权出版社,2013.

42. 张朝枝.旅游与遗产保护：政府治理视角的理论与实证 [M].北京：中国旅游出版社,2006.

43. 张爵.京城五城坊巷衚衕集 [M].北京：北京古籍出版社,1981.

44. 张清常.北京街巷名称史话 [M].北京：北京语言文化大学出版社,1997.

45. 张祖群,王波.历史街区的生与死——南锣鼓巷、北锣鼓巷的对比研究 [M].北京：知识产权出版社,2013.

46. 赵书华,王德泉主编.我家住在什刹海 [M].北京：北京出版社,2020.

47. 震钧.天咫偶闻 [M].北京：北京古籍出版社,1982.

48. 周星,王霄冰主编.现代民俗学的视野与方向：民俗主义·本真性·公共民俗学·日常生活 [M].北京：商务印书馆,2018.

49.(清)朱一新.京师坊巷志稿 [M].北京：北京古籍出版社,1982.

50. 朱永杰.北京历史文化街区保护现状与对策研究 [M].北京：知识产权出版社,2013.

51. 宗智主编.中国乡村研究（第五辑）[M].福州：福建教育出版社,2007.

52. 宗晓莲.旅游开发与文化变迁——以云南省丽江县纳西族文化为例 [M].北京：中国旅游出版社,2006.

三、中文期刊

1. 艾菊红. 文化再生产与身份认同：以澜沧拉祜族的旅游业发展为例 [J]. 云南民族大学学报（哲学社会科学版），2016 (03)：42-47.

2. 把多勋，王俊，兰海. 旅游凝视与民族地区文化变迁 [J]. 江西财经大学学报，2009 (2)：112-116.

3. 白凯，孙天宇，谢雪梅. 旅游目的地形象的符号隐喻关联研究——以陕西省为例 [J]. 资源科学，2008, 30 (8)：1184-1190.

4. 边晓红，段小虎，王军等. "文化扶贫"与农村居民文化"自组织"能力建设 [J]. 图书馆论坛，2016, 36(2)：1-6.

5. 曹莉丽. 游客凝视视角下的乡村旅游研究 [J]. 绿色科技，2010 (9)：127-129.

6. 曹婷婷，梁保尔，潘植强，林琰. 基于游客凝视理论的上海历史街区展示研究 [J]. 旅游研究，2016, 8(1)：26-32.

7. 曹兴平. 民族村寨旅游社区参与内生动力实证研究 [J]. 贵州民族研究，2016, 37 (3)：166-170.

8. 陈连波，郭倩. 北京寺观园林之什刹海寺观的保护及利用 [J]. 山东林业科，2008, 38(3)：102-103.

9 陈胜容. 符号学视角下的旅游地竞争力解读——以清东陵为例 [J]. 旅游论坛，2014, 7(1)：79-83.

10. 陈穗，蔡丰年. 北京旧城胡同的类型学分析 [J]. 装饰，2008 (4)：82-84.

11. 陈伟霞，李舒新. 基于网络博客的田子坊旅游凝视研究 [J]. 乐山师范学院学报，2011, 26(12)：52-55.

12. 陈晓明. 国内社区参与旅游发展模式的研究现状 [J]. 社科论坛，2009 (3)：99-100

13. 陈勇. 遗产旅游与遗产原真性——概念分析与理论介入 [J]. 桂林旅游高等专科学校学报，2005, 16(4)：21-24.

14. 陈永昶. 社区旅游发展中的问题及对策 [J]. 桂林旅游高等专科学校学报，2006, 17(3)：344-346.

15. 陈永志，杨桂华，陈继军，李乐京. 少数民族村寨社区居民对社区旅游增权感知的空间分异研究——以贵州西江千户苗寨为例 [J]. 热带地理，2011, 31(02)：216-222.

16. 陈志永，李乐京，李天翼．郎德苗寨社区旅游：组织演进、制度建构及其增权意义 [J]. 旅游学刊，2013, 28(06):75-86.

17. 陈梓凡，史民峰．北京胡同的变迁与胡同文化保护探析——以摄影纪实的角度 [J]. 世纪桥，2013 (11): 68-69.

18. 程绍文，梁玥琳等．国内外旅游凝视研究进展综述 [J]. 旅游论坛，2017, 10(3):24-34.

19. 程小敏．北京胡同游发展研究报告——以什刹海地区为例．北京旅游发展研究报告 [J]. 北京：同心出版社，2005.

20. 成海．甜蜜的悲哀——旅游凝视理论新思考 [J]. 黑河学刊，2010 (12):13-14.

21. 成海．"旅游凝视"理论的多向度解读 [J]. 太原城市职业技术学院学报，2011(11):68-69.

22. 代改珍．游客对历史街区传统民俗文化符号的凝视研究——以北京什刹海的游客体验为例 [J]. 管理观察，2014 (3):113-118.

23. 代改珍．民族村寨旅游再生产中的主体凝视——以贵州铜仁寨沙侗寨十年旅游发展为例 [J]. 西南民族大学学报（人文社会科学版），2019 (3):34-40.

24. 戴俊骋，李露．非物质文化遗产旅游和地方建构 [J]. 旅游学刊，2019, 34(5): 3-5.

25. 邓明艳．世界遗产旅游与社区协调发展研究 [J]. 社会科学家，2004 (4):107-110.

26. 董洁芳．非物质文化遗产旅游开发价值评价模型与实证研究——以运城市为例 [J] 运城学院学报，2020 (38):67-73.

27. 董世斌，张怡斐．胡同作为公共文化的传播实践研究——以北京老胡同为例 [J]. 湖南大众传媒职业技术学院学报，2019, 19(3): 5-8.

28. 丁雨莲，赵媛．文化旅游吸引物表征符号理论体系的探讨 [J]. 云南地理环境研究，2011, 23(5): 13-17.

29. 杜书瑞，花明．居民态度、旅游影响和旅游地 Logistic 曲线——关于旅游地游客增长的研究 [J]. 旅游论坛，2011, 4(8): 30-34.

30. 樊友猛，谢彦君．记忆、展示与凝视：乡村文化遗产保护与旅游发展协同研究 [J]. 旅游科学，2015(01): 11-24.

31. 方晓喆．旅游规划中的地方性研究——以北京什刹海地区为例 [J]. 河北林业科技，2008 (3): 29-31.

32. 冯智明."凝视"他者与女性身体展演:以广西龙胜瑶族"六月六"晒衣节为中心 [J]. 民族艺术, 2018(1): 75-82.

33. 付宏志. 什刹海游憩行为研究 [J]. 现代园艺, 2016, (5): 22-23.

34. 高宏存,洪荣福. 论乡村文化再生产的价值与路径 [J]. 宁夏党校学报, 2019, 21(5): 12-19.

35. 关博,王智慧. 非物质文化的再生产:蒙古族渔猎文化的传承与反思——以查干湖冬捕渔猎祭祀文化为例 [J]. 体育与科学, 2019, 40(3): 61-73.

36. 光应炯,张晓萍. 基于旅游人类学视角的民族节日传承——以西双版纳傣族"泼水节"为例 [J]. 中南民族大学学报(人文社会科学版), 2010 (1): 45-49.

37. 郭华. 增权理论视角下的乡村旅游社区发展——以江西婺源李坑村为例 [J]. 农村经济, 2012 (03):47-51.

38. 郭凌,王志章. 乡村旅游开发与文化空间生产——基于对三圣乡红砂村的个案研究 [J]. 社会科学家, 2014 (04):83-86.

39. 郭文. 空间的生产与分析:旅游空间实践和研究的新视角 [J].2016, 31(8):29-39.

40. 郭文,王丽,黄震方. 旅游空间生产及社区居民体验研究——江南水乡周庄古镇案例 [J].2017, 27(4):28-38.

41. 郭文,朱竑. 旅游空间生产的叠写与认同 [J]. 旅游学刊, 2020, 35(11):1-3.

42. 郭文. 神圣空间的地方性生产、居民认同分异与日常抵抗——中国西南哈尼族箐口案例 [J]. 旅游学刊, 2019, 34(6): 96-108.

43. 郭文. 新时代旅游空间生产的日常生活转向 [J]. 四川师范大学学报(社会科学版), 2020, 47(4): 78-84.

44. 郭文. 社区型文化遗产地的旅游空间生产与形态转向——基于惠山古镇案例的分析 [J]. 四川师范大学学报(社会科学版), 2019, 46(2): 75-82.

45. 郭一辰,黄隽."胡同游"与什刹海旅游环境保护 [J]. 环境教育, 2010 (2): 56-59.

46. 龚露. 从文化再生产角度分析苗族芦笙场的地面纹饰 [J]. 民族论坛, 2020 (2): 28-32.

47. 〔美〕古提斯·史密什著. 民俗主义再检省 [J]. 宋颖译. 民间文化论坛, 2017(3):87-97.

48. 桂榕. 文化旅游背景下民族文化遗产的可持续保护利用 [J]. 今日民族, 2015(04):

38-41.

49. 桂榕，吕宛青．民族文化旅游空间生产刍论 [J]．人文地理，2013 (3):154-160.

50. 桂榕．重建"旅游—生活空间"：文化旅游背景下民族文化遗产可持续保护利用研究 [J]．思想战线，2015, 41（1）:106-111.

51. 哈恩忠．光绪年间两次开发北京什刹海的计划 [J]．北京档案，2013 (6):56-57.

52. 侯国林，黄震方．旅游地社区参与度熵权层次分析评价模型与应用 [J]．地理研究，2010, 29 (10): 1802-1813.

53. 胡凡，何梅青．民族村落社区旅游增权比较研究——以青海省典型土族村落为例 [J]．西南师范大学学报（自然科学版），2019, 44(2): 59-67.

54. 胡海霞．凝视还是对话？——对游客凝视的反思 [J]．旅游学刊，2010, 25(10):72-76.

55. 胡泽黎．基于旅游凝视理论的乡村文化保护研究 [J]．广西大学学报（哲学社会科学版），2009, 31(4): 241-242.

56. 黄柳婷．基于旅游凝视理论的休闲农业文化保护与传承研究 [J]．辽宁经济，2019 (11): 72-75.

57. 黄隽．"胡同游"的成长分析 [J]．旅游学刊，2005, 20(1):44-47.

58. 蒋弘．记 ISSN 中国国家中心创建负责人李镇铭先生 [J]．国家图书馆学刊，2005(4): 79-82.

59. 康丽．传统化与传统化实践——对中国当代民间文学研究的思考 [J]．民族文学研究，2010 (4):73-77.

60. 康丽．从传统到传统化实践——对北京现代化村落中民俗文化存续现状的思考 [J]．民俗研究，2009 (2): 162-172.

61. 柯球．基于民族文化旅游空间生产视域下的金秀大瑶山瑶族文化旅游资源开发探究 [J]．广西科技师范学院学报，2016 (02):14-16.

62. 孔翔，吴栋，张纪娴．社区参与模式下的传统村落旅游空间生产及影响初探——基于苏州东山陆巷古村的调研 [J]．世界地理研究，2019, 28(6):156-165.

63.〔美〕理查德·鲍曼著．民俗界定与研究中的"传统"观 [J]．杨利慧，安德明译．民族艺术，2006 (2):20-25.

64. 李琛．历史文化街区居民旅游影响的感知研究——以北京什刹海地区为例 [J].

北京联合大学学报 , 2015, 29(4):36-44.

65. 李锋 . 旅游传播学理论体系构建刍议 [J]. 河南大学学报（社会科学版），2006(01):137-139.

66. 李景汉 . 北京人力车夫现状的调查 [J]. 社会学杂志 , 1925，2(4).

67. 李靖 . 印象 "泼水节"：交织于国家、地方、民间仪式中的少数民族节庆旅游 [J]. 民俗研究 , 2014 (1): 45-57.

68. 李佳 . 乡土社会变局与乡村文化再生产 [J]. 中国农村观察 , 2012 (04): 70-75+91+95.

69. 李拉扬 . 旅游凝视：反思与重构 [J]. 旅游学刊 , 2015, 30(2): 118-126.

70. 李蕾蕾 . 海滨旅游空间的符号学与文化研究 [J]. 城市规划汇刊 , 2004 (2):60.

71. 李瑞美，贺玉龙，陈亦新 . 旧城历史文化保护区旅游交通行为特征研究——以北京什刹海为例 [J].2015, 15(3):18-22.

72. 李巍 . 象征符号视野中的民族旅游策划与旅游体验 [J]. 西北民族大学学报（哲学社会科学版），2008 (4):141-144.

73. 李玺，毛蕾 . 澳门世界文化遗产旅游的创新性开发策略研究——游客感知的视角 [J]. 旅游学刊 , 2009, 24(8):53-57.

74. 李艳 . 对北京胡同旅游产品深度开发的思考——以什刹海地区为例 [J]. 江苏商论 , 2012 (4):109-111.

75. 李艳，马晓雪，逢博 . 胡同游：如何留住 "老北京味道"——什刹海文化资源开发调查 [J]. 当代北京研究 , 2015 (1):24-28.

76. 李永增 . 我领老外逛胡同 [J]. 瞭望新闻周刊 , 2000 (13):48-50.

77. 李宇鹏 . 北京胡同的变迁及其对城市发展的影响 [J]. 内江师范学院学报 , 2007, 22(1):58-61.

78. 李琮 . 政治经济学视角下的旅游空间生产—消费模式 [J]. 湖北经济学院学报（人文社会科学版），2009, 6(1):39-40.

79. 梁学成 . 城市化进程中历史文化街区的旅游开发模式 [J]. 社会科学家 , 2020(5):14-20.

80. 廖明君，岳永逸 . 现代性的都市民俗学——岳永逸博士访谈录 [J]. 民族艺术，

2012(2):41-47.

81. 娄丽芝. 符号经济与旅游符号的开发 [J]. 求索 , 2008 (10):36-37, 233.

82. 刘爱华. 创意与"变脸"：创意产业中民俗主义现象阐释 [J]. 民俗研究 , 2012 (6): 88-96.

83. 刘斌，杨钊. 城市历史文化街区旅游化发展问题研究——基于北京南锣鼓巷的旅游者凝视视角 [J]. 干旱区资源与环境 , 2021, 35(3):190-195.

84. 刘丹萍. 旅游凝视：从福柯到厄里 [J]. 旅游学刊 , 2007, 22(6):91-95.

85. 刘铁梁. 民俗文化的内价值与外价值 [J]. 民俗研究 , 2011 (4):36-39.

86. 刘纬华. 关于社区参与旅游发展的若干理论思考 [J]. 旅游学刊 , 2000, 15(1):47-52.

87. 刘晓春. 从"民俗"到"语境中的民俗"——中国民俗学研究的范式转换 [J]. 民俗研究 , 2009 (2): 5-35.

88. 刘言，徐赣丽. 跨界·对话·创新：建构都市民俗学 [J]. 民间文化论坛 , 2020(2):124-128.

89. 刘洋. 对城市场所的描述与分析——以宽窄巷子历史街区空间体验为例 [J]. 地域建筑文化 , 2021 (5):238-239.

90. 刘云霞，尹寿兵. 基于东道主凝视的遗产地家庭旅馆空间建构研究 [J]. 黄山学院学报 , 2019, 21(6):26-31.

91. 刘祎绯，牟婷婷，郑红彬，孙平天，李翅. 基于视觉感知数据的历史地段城市意象研究——以北京老城什刹海滨水空间为例 [J]. 规划师 , 2019, 35(17):51-56.

92. 刘战慧. 乡村旅游地乡村文化再生产的内在机理与路径选择综述与评论 [J]. 江苏商论 , 2017(03):54-57.

93. 林敏霞. 符号动员与景观再造：旅游情境下的"抗倭历史名城"打造 [J]. 青海民族研究 , 2011, 22(2):30-34.

94. 卢晓，陆小聪. 旅游凝视下的现代节庆与城市形象的社会建构 [J]. 深圳大学学报（人文社会科学版）, 2016, 33(4):124-129.

95. 路芳. 非物质文化遗产在旅游中的再生产 [J]. 西南民族大学学报（人文社会科学版）, 2015, 36(01):18-23.

96. 罗融融. 论我国大众传媒对"游客凝视"的建构——以后现代主义旅游观为视

角 [J]. 走向社会科学，2013 (9):88-93.

97. 陆林，汪天颖. 近年来国内游客凝视理论的应用的回顾与展望 [J]. 安徽师范大学学报（自然科学版），2013, 36(5):497-501.

98. 罗镜秋，黄平芳. 民族旅游村寨空间生产的动力机制与影响效应——基于湘西L寨的个案研究 [J]. 民族社会学研究，2018 (3):81-92.

99. 马晓京. 旅游商品消费的文化人类学解读 [J]. 中南民族大学学报（人文社会科学版），2005, 25(4):58-61.

100. 孟华，焦春光. 世界遗产地社区居民参与旅游发展研究——以泰山为例 [J]. 泰山学院学报，2009, 31(5): 99-103.

101. 庞兆玲，孙九霞. 从脱嵌到再嵌：民族手工艺遗产的保护发展实践研究 [J]. 广西民族大学学报（哲学社会科学版），2020, 42(5):32-42.

102. 彭丹. "旅游人"的符号学分析 [J]. 旅游科学，2008, 22(4):23-27.

103. 桑森垚，王世梅. 中国志愿旅行者体验研究——基于旅游凝视理论的视角 [J]. 旅游研究，2018, 10(6):41-51.

104. 〔日〕森田真也著. 民俗学主义与观光——民俗学中的观光研究 [J]. 〔日〕西村真志叶译. 民间文化论坛，2007 (1):67-71.

105. 申梦君，乌恩. 旅游凝视视角下婺源旅游形象研究——基于官方文本与网络游记的对比分析 [J]. 中南林业科技大学学报（社会科学版），2019, 13(3):107-114.

106. 〔日〕西村真志叶译. 民间文化论坛，2007 (1):67-71.

107. 申梦君，乌恩. 旅游凝视视角下婺源旅游形象研究——基于官方文本与网络游记的对比分析 [J]. 中南林业科技大学学报（社会科学版），2019, 13(3):107-114.

108. 时少华. 社会资本、旅游参与意识对居民参与旅游的影响效应分析——以北京什刹海社区为例 [J]. 地域研究与开发，2015, 34(3):101-106.

109. 宋冰. 政府特许经营若干问题研究——关于"什刹海胡同游"政府特许经营的实例调查 [J]. 北京行政学院学报，2008 (6):83-87.

110. 苏杭. 旅游凝视理论下乡村文化的变迁及保护 [J]. 黑龙江生态工程职业学院学报，2018, 31(6):25-26, 43.

111. 苏静，孙九霞. 民族旅游社区空间想象建构及空间生产 [J]. 旅游科学，2018,

32(2): 54-65.

112. 孙洪铭. 北京旧城四合院的保护 [J]. 北京规划建设, 2013 (1):74-78.

113. 孙九霞, 苏静. 多重逻辑下民族旅游村寨的空间生产——以岜沙社区为例 [J]. 广西民族大学学报（哲学社会科学版）, 2013, 35(6):96-102.

114. 孙九霞, 张士琴. 民族旅游社区的社会空间生产研究——以海南三亚回族旅游社区为例 [J]. 民族研究, 2015 (2): 68-77, 125.

115. 孙九霞, 许永霞. 文化资本化视角下"非遗"的表述与重构——以丽江纳西刺绣为例 [J].2018, 44(3):21-27.

116. 孙九霞. 旅游循环凝视与乡村文化修复 [J]. 旅游学刊, 2019, 34(6): 1-4.

117. 孙九霞, 王学基. 旅游凝视视角下的旅游目的地形象建构——以大型演艺产品《印象·刘三姐》为例 [J]. 贵州大学学报（社会科学版）, 2016, 34(1): 47-57.

118. 孙九霞. 族群文化的移植："旅游者凝视"视角下的解读 [J]. 思想战线, 2009, 35(4): 37-42.

119. 唐晓云, 秦彬, 吴忠军. 基于居民视角的农业文化遗产地社区旅游开发影响评价——以桂林龙脊平安寨为例 [J]. 桂林理工大学学报, 2010, 30(3):461-466.

120. 陶慧, 张梦真. 乡村遗产旅游地"三生"空间的主体价值重塑——以广府古城为例 [J]. 旅游学刊, 2021, 36(5): 81-92.

121. 田紫娟, 刘博. 浅析北京传统胡同住宅区街道空间的场所精神——以沙井胡同为例 [J]. 遗产与保护研究, 2018, 3(5):67-71.

122. 万建中. 关于民俗生活魅力的随想 [J]. 山东社会科学, 2010 (7):27-31.

123. 万建中. 文化传统浓郁的北京生活 [J]. 北京观察, 2013 (6):24-25.

124. 万建中. 民俗的力量与政府权力 [J]. 北京行政学院学报, 2003 (5):76-79.

125. 万建中. 北京饮食文化的基本状态与语汇特点 [J]. 民间文化论坛, 2013 (6):73.

126. 王丹彤. 基于符号理论的旅游目的地品牌形象形成机理——以云南香格里拉为例 [J]. 林业建设, 2015 (6):30-34.

127. 王德刚, 于静静. 旅游开发与居民感知态度影响因素实证研究 [J]. 旅游科学, 2007 (21): 49-56.

128. 王广振. 文化空间再造与历史文化街区更新升级 [J]. 人文天下, 2021 (1):44-46.

129. 王华，徐仕彦.游客间的"道德式"凝视及其规训意义——基于网络博文的内容分析 [J].旅游学刊，2016, 31(5):45-54.

130. 132. 王华，梁舒婷.乡村旅游地空间生产与村民角色转型的过程与机制——以丹霞山瑶塘村为例 [J].人文地理，2020 (3):131-139.

131. 王杰文."民俗主义"及其差异化的实践 [J].民俗研究，2014 (2):15-28.

132. 王婧.作为艺术媒介的声音：寂静、感受力，与"怪物"奇美拉 [J].中国美术学院学报月刊，17-28.

133. 王克敏，付志伟，周鑫.中轴线遗产视角下的什刹海历史文脉传承研究 [J].资源开发与市场，2019, 35(10):1332-1336.

134. 王林.比族村寨旅游场域中的文化再生产与重构研究——以贵州省西江千户苗寨为例 [J].贵州师范大学学报（社会科学版），2013 (5):72-78.

135. 王蓬.北京传统商业空间的演变与现代利用改造 [J].室内设计，2002 (2):30-31.

136. 王萍，刘敏，刘慧娣.山西省非物质文化遗产资源旅游利用潜力评价 [J].地域研究与开发，2017, 36(3):92-98.

137. 王霄冰.中国民俗学：从民俗主义出发去往何方？ [J].民俗研究，2016 (3):15-26.

138. 王晓晓，张朝枝.遗产旅游真实性理解差异与遗产地管理 [J].旅游科学，2007, 21(1):13-16.

139. 王卫涛，杨滢.社区参与模式下的传统村落人居环境整治与旅游空间生产研 [J].农业经济，2020 (9):46-48.

140. 王学峰.关于"胡同游"升级换代的思考 [J].中国集体经济，2009 (12):135-136

141. 王英，孙业红，苏莹莹，焦雯君.基于社区参与的农业文化遗产旅游解说资源研究——以浙江青田稻鱼共生系统为例 [J].旅游学刊，2020, 35(5):75-86.

142. 干莹，叶云.基于旅游凝视的传统村落文化元素视觉表征研究——以宏村为例 [J].旅游研究，2021, 13(3): 88-98.

143. 王咏.从"玉龙雪山彝家火把节"思考民俗主义 [J].民族艺术研究，2009(4):89-92.

144. 王咏，陆林.基于社会交换理论的社区旅游支持度模型及应用——以黄山风景区门户社区为例 [J].地理学报，2014, 69(10): 1557-1574.

145. 王玉龙，安百杰.城市更新中的社会组织与空间权力平衡——基于美国核桃街历史街区改造的研究 [J]. 东岳论丛 , 2021, 42(5):88-96.

146. 吴卉 , 孙晓峰 . 城市更新中的广义设计倾向——以北京什刹海历史保护区为例 [J]. 文艺争鸣 , 2011 (4):140-142.

147. 吴良镛 . 关于北京市旧城区控制性详细规划的几点意见 [J]. 城市规划 , 1998(2):6-9.

148. 吴茂英 . 旅游凝视 : 评述与展望 [J]. 旅游学刊 , 2012, 27(3):107-112.

149. 吴忠军 . 文化人类学方法在旅游规划中的应用 [J]. 桂林旅游高等专科学校学报 , 2002, 13(1):39-45.

150. 武振宇 . 传承与衍变 : 民俗艺术的文化传承与再生产——以山西岚县面塑为例 [J]. 吕梁学院学报 , 2020, 10(3):45-50.

151.〔美〕威廉·斯迈斯著 . 华盛顿州的文化旅游和非物质文化遗产 [J]. 王均霞译 . 民俗研究 , 2014 (1): 20-26.

152. 韦俊峰 , 明庆忠 . 侗族百家宴非遗文化旅游空间生产中的角色实践 : 基于 "角色—空间" 理论分析框架 [J]. 人文地理 , 2020 (2):48-54.

153. 魏雷 , 钱俊希 , 朱竑 . 谁的真实性——泸沽湖的旅游凝视与本土认同 [J]. 旅游学刊 , 2015, 30(8):66-73 .

154. 魏美仙 . 他者凝视中的艺术生成——沐村旅游展演艺术建构的人类学考察 [J]. 广西民族大学学报 (哲学社会科学版), 2009, 31(1):43-47.

155.〔日〕西村真志叶 . 民俗学主义——日本民俗学的理论探索与实践 [J]. 民间文化论坛 , 2007 (1): 58-66.

156.〔日〕西村真志叶 , 岳永逸 . 民俗学主义的兴起、普及以及影响 [J]. 民间文化论坛 , 2004 (6): 70-75.

157. 肖洪根 . 对旅游社会学理论体系研究的认识——兼评国外旅游社会学研究动态 (上) [J]. 旅游学刊 , 2001, 16(6): 16-26.

158. 谢彦君 , 彭丹 . 旅游、旅游体验和符号——对相关研究的一个评述 [J]. 旅游科学 , 2005, 19(4): 1-6.

159. 邢启敏 . 基于旅游凝视理论的少数民族地区文化保护与传承 [J]. 学术交流 , 2013, (4): 142-145.

160. 徐帆，余军，王雅茜，何鑫.游客凝视视角下海岛旅游地形象研究——以蜈支洲岛为例 [J].潍坊工程职业学院学报，2019, 32(3): 94-99.

161. 徐赣丽.城市化背景下民俗学的"时空转向"：从民间文化到大众文化 [J].学术月刊，2016, (1): 117-126.

162. 徐赣丽.当代都市消费空间中的民俗主义——以上海田子坊为例 [J].民俗研究，2019 (1):122-159.

163. 徐赣丽.当代城市空间中的民俗变异：以传统节日为对象 [J].杭州师范大学学报（社会科学版），2020, (3):98-105.

164. 徐赣丽.当代民间艺术的奇美拉化——围绕农民画的讨论 [J].民族艺术，2016(3): 87-95.

165. 徐赣丽.当代城市空间的混杂性——以上海田子坊为例 [J].华东师范大学学报，2019 (2): 117-127, 187.

166. 徐虹，韩林娟.文学旅游中的艺术形象与游客感知形象对比研究——以北京胡同游为例 [J].旅游论坛，2018, 11(5): 46-55.

167. 徐嵩龄.遗产原真性·旅游者价值观偏好·遗产旅游原真性 [J].旅游学刊，2008, 23(4): 35-42.

168. 徐勇."胡同游览"的启示 [J].北京规划建设，1998, (2): 36-38.

169. 许春华，王曙，晋艺波.非物质文化遗产旅游产业化价值评价体系构建实证研究——以武威市为例 [J].通化师范学院学报（人文社会科学），2018, 39(2):31-40.

170.〔日〕岩本通弥著."都市民俗学"抑或"现代民俗学"——以日本民俗学的都市研究为例 [J].〔日〕西村真志叶译.王晓葵校.文化遗产，2012(2):111-121.

171. 颜亚玉，黄海玉.历史文化保护区旅游开发的社区参与模式研究 [J].人文地理，2008 (6): 94-98.

172. 闫月珍.跨语际沟通：遮蔽与发明——海外汉学界对中国文学传统的建构 [J].中国比较文学，2016.

173. 杨骏，席岳婷.符号感知下的旅游体验真实性研究 [J].北京第二外国语学院学报，2015 (7):34-39, 49.

174. 杨利慧.全球化、反全球化与中国民间传统的重构——以大型国产动画片《哪吒传奇》为例 [J]. 北京师范大学学报（社会科学版），2009 (1):80-86.

175. 杨利慧."民俗主义"概念的涵义、应用及其对当代中国民俗学建设的意义 [J]. 民间文化论坛, 2007 (1): 50-54.

176. 杨利慧. 遗产旅游：民俗学的视角与实践 [J]. 民俗研究, 2014 (1): 18-20.

177. 杨利慧."遗产旅游：民俗学的视角与实践"主持人按语 [J]. 民俗研究, 2014(1): 18-20.

178. 杨利慧. 遗产旅游语境中的神话主义——以导游词底本与导游的叙事表演为中心 [J]. 民俗研究, 2014 (1): 27-37.

179. 杨培玉, 王学峰. 什刹海景区旅游开发战略研究 [J]. 中国商贸, 2010 (14): 161-162.

180. 阳宁东, 杨振之. 第三空间：旅游凝视下文化表演的意义重解——以九寨沟藏羌歌舞表演《高原红》为例 [J]. 四川师范大学学报（社会科学版），2014, 41(1): 67-74.

181. 杨振之, 邹积之. 旅游的"符号化"与符号化旅游 [J]. 旅游学刊, 2006, 21(5): 75-79.

182. 姚小云. 旅游演艺场域中非物质文化遗产的文化再生产——以《张家界·魅力湘西》为例 [J]. 怀化学院学报, 2013 (12) :27-29.

183. 叶高娃. 浅析内蒙古旅游商品符号价值的外观体现 [J]. 内蒙古民族大学学报（社会科学版），2006 (3):51-53.

184. 余构雄, 戴光全. 期刊视角的中国旅游空间生产研究述评——从空间生产研究知识体系谈起 [J]. 热带地理, 2018, 38(1):13-24.

185. 于海峰, 章牧. 基于游客凝视理论的旅游扶贫研究 [J]. 旅游经济, 2013 (3):112-114

186. 喻琳. 民族节庆旅游空间生产研究——以"沧源佤族司岗里摸你黑"为例 [J]. 中国民族博览, 2017 (5): 51-52.

187. 元大都考古队. 北京后英房元代居住遗址 [J]. 考古, 1972 (6):2-17

188. 袁熹. 近代北京人口的职业结构 [J]. 北京文史, 2009 (2):18-22.

189. 岳坤. 旅游与传统文化的现代生存——以泸沽湖畔落水下村为例 [J]. 民俗研究, 2003 (4):114-128.

190. 岳永逸. 乡村庙会的政治学：对华北范庄龙牌会的研究及对"民俗"认知的反思 [J]. 中国乡村研究, 2007 (4):203-241.

191. 谌丽, 张文忠. 历史街区地方文化的变迁与重塑——以北京什刹海为例 [J]. 地理科学进展, 2010, 29(6):649-656.

192. 张安民. 特色小镇旅游空间生产公众参与现状——以浙江省为例 [J]. 湖州师范学院学报, 2017, 39(4):102-108.

193. 张安民. 特色小镇旅游空间生产公众参与的动力机制———基于推拉理论的整合性分析 [J]. 绥化学院学报, 2017, 37(11): 13-17.

194. 张安民. 特色小镇旅游空间生产公众参与的多维驱动——基于旅游利益、地方依附、政治认同的视角 [J]. 钦州学院学报, 2017, 32(11): 60-65.

195. 张安民. 特色小镇旅游空间生产中公众的地方依附与社会动员之关系 [J]. 怀化学院学报, 2017, 36(9): 17-20.

196. 张必忠. 什刹海的历史变迁 [J]. 北京社会科学, 1999 (1): 97-104.

197. 张朝枝, 保继刚. 国外遗产旅游与遗产管理研究——综述与启示 [J]. 旅游科学, 2004, 18(4): 7-16.

198. 张宏乔. 非物质文化遗产的旅游资源价值评价 [J]. 河南教育学院学报（哲学社会科学版）, 2015, 34(4): 19-23.

199. 张建世. 凉山彝族传统漆器手工艺的文化再生产 [J]. 西南民族大学学报（人文社科版）, 2015(07): 35-44.

200. 张巧运. 浴"难"重生：一个羌族村寨灾难旅游和遗产旅游的案例研究 [J]. 民俗研究, 2014 (1): 58-67.

201. 张青仁. 身体性：民俗的基本特性 [K]. 民俗研究, 2009(2).

202. 张潇伊, 韩宜轩. 旅游凝视下乡村旅游目的地形象研究 [J]. 山东林业科技, 2019 (1): 25-29.

203. 张晓萍, Nelson Graburn, 张鹂. 旅游与人类学及其在中国的实践 [J]. 旅游学刊, 2012, 27(1): 11-16.

204. 张瑛, 陈卓, 李建明等. 北京胡同社区参与研究——一个探访民族旅游现状与出路的个案研究 [J]. 技术经济与管理研究, 2007, 155(6): 59-61.

205. 张宇，孙成岳，史晨光. 北京旧城区"去往从来"？——对北京胡同更新策略的思辨 [J]. 探索发现，2019 (11): 155-156.

206. 张雨洋，杨昌鸣. 什刹海商业热点街巷区位特征及优化策略研究——基于道路中心性视角 [J]. 旅游学刊，2019, 34(7): 110-123.

207. 张雨洋，杨昌鸣，齐羚. 历史街区街巷活力评测与影响因素研究——以什刹海历史街区为例 [J]. 中国园林，2019, 35(3): 106-111.

208. 张志亮. 旅游开发背景下大寨的文化资本及其再生产 [J]. 旅游学刊，2009, 24(12): 36-41.

209. 郑杨. 论历史地段有序更新的市场机制——北京胡同旅游实证研究 [J]. 北京规划建设，1998 (2): 34-35.

210. 赵丛钰. "人文触媒"视角下的历史街区更新策略研究——以北京市什刹海地区为例 [J]. 美与时代（城市版），2018 (12): 43-47.

211. 赵丹羽，黄思瞳. 北京旧城四合院居住空间与社会要素互动机制研究——以什刹海金丝套片区为例 [J]. 城市住宅，2018 (9):52-56.

212. 赵寰熹. "真实性"理论语境下的历史街区研究——以北京什刹海和南锣鼓巷地区为例 [J]. 人文地理，2019, 34(2): 47-54.

213. 赵罗. 基于旅游凝视理论的民族地区景观叙事与民族文化保护研究 [J], 资源开发与保护，2018 (7): 81-84.

214. 赵玉燕. 旅游吸引物符号建构的人类学解析——以"神秘湘西"、"神秘文化"为例 [J]. 广西民族研究，2011(02): 184-189.

215. 周常春，唐雪琼. 符号学方法和内容分析法在旅游手册研究中的应用 [J]. 生态经济，2005 (6) : 24-27.

216. 周家望. 洋人、洋车、胡同游 [J]. 北京纪事，1994 (12): 48-50.

217. 周尚意. 发掘地方文献中的城市景观精神意向——以什刹海历史文化保护区为例 [J]. 北京社会科学，2016 (1): 4-12.

218. 周星. 民俗主义、学科反思与民俗学的实践性 [J]. 民俗研究，2016 (3): 5-14+158.

219. 周星. 乡村旅游与民俗主义 [J]. 旅游学刊，2019, 34(6): 4-6.

220. 周星. "农家乐"与民俗主义 [J]. 中原文化研究，2016 (4): 85-93.

221. 周宪. 现代性与视觉文化中的旅游凝视 [J]. 天津社会科学，2008 (1):111-118.

222. 周志强. 从"游客凝视"到"游客化"——评《游客凝视》意识形态批评的理论贡献 [J]. 文化与文学，2010 (1):138-142.

223. 中国建设信息编辑部. 北京奥运行动规划 [J]. 中国建设信息，2002 (7): 61-63.

224. 朱江勇. 旅游表演学：理论基础、内涵与内容及其实践 [A]. 2009 (4).

225. 朱璇，蔡元，梁云能. 从神圣到世俗的欠发达地区乡村社区空间异化——国内背包客凝视下的亚丁村 [J]. 人文地理，2017, 32(2): 53-58.

226. 左冰，保继刚. 制度增权：社区参与旅游发展之土地权利变革 [J]. 旅游学刊，2012, 27(2): 23-31.

227. 朱煜杰. 旅游中的多重凝视：从静止到游动 [J]. 旅游学刊，2012, 27(11): 20-21.

228. 朱运海. 基于空间生产理论的乡村旅游文化再生产研究——以襄阳五山茶坛和堰河茶文化旅游为例 [J]. 国土与自然资源研究，2018 (6): 61-65.

229. 曾慧娟，饶勇. 乡村旅游中游客及东道主的凝视行为研究——以福建培田村为例 [J]. 嘉应学院学报（自然科学），2018, 36(11): 58-66.

230. 曾诗晴，谢彦君，史艳荣. 时光轴里的旅游体验——历史文化街区日常生活的集体记忆表征及景观化凝视 [J]. 旅游学刊，2021, 36(2): 70- 79.

231. 宗晓莲. 布迪厄文化再生产理论对文化变迁研究的意义——以旅游开发背景下的民族文化变迁研究为例 [J]. 广西民族学院学报（哲学社会科学版），2002, 24(2): 22-25.

232. 邹统钎，王小方，刘溪宁等. 遗产旅游研究进展 [J]. 湖南商学院学报，2009, 16(1): 72-76.

233. 邹统钎，李飞. 社区主导的古村落遗产旅游发展模式研究——以北京市门头沟爨底下古村为例 [J]. 北京第二外国语学院学报，2007 (5):78-86.

四、学位论文

1. 毕妍娜. 非物质文化遗产虚拟旅游产品开发研究 [D]. 青岛：青岛大学，2012.

2. 曹吉星. 北京胡同旅游调查研究——以什刹海地区胡同游为例 [D]. 北京：中央民族大学，2009.

3. 陈爱. 城市社区旅游开发研究——以成都宽窄巷子社区为例 [D]. 成都：四川师范

大学, 2010.

4. 陈才. 意象凝视认同——对旅游博客中有关大连旅游体验的质性研究 [D]. 大连：东北财经大学, 2009.

5. 陈龙山. 旅游凝视研究——以古北水镇旅游凝视为例 [D]. 北京：北京林业大学, 2019.

6. 陈玲玲. 文化遗产旅游可持续评价和资源管理：以集安高句丽遗迹为例 [D]. 北京：中国地质大学, 2007.

7. 陈任浩. 基于社区旅游增权理论的历史文化街区自主更新动力机制研究 [D]. 苏州：苏州科技大学, 2019.

8. 陈烨. 广州历史文化街区活化的可沟通性研究 [D]. 广州：广东外语外贸大学, 2020.

9. 程圩. 文化遗产旅游价值认知的中西方差异研究——以旅西安游客为例 [D]. 西安：陕西师范大学, 2009.

10. 崔红红. 旅游图文凝视下的目的地形象研究 [D]. 上海：华东师范大学, 2010.

11. 崔敬昊. 北京胡同的社会文化变迁与旅游开发——以什刹海风景区为中心 [D]. 北京：中央民族大学, 2003.

12. 代改珍. 旅游与传统文化的再生产——以开封清明上河园为个案 [D]. 北京：北京师范大学, 2006.

13. 丁燕妮. 活态保护视角下的手工技艺类非物质文化遗产旅游利用研究 [D]. 福州：福建师范大学, 2016.

14. 董亮亮. 游客凝视视角下的莲文化景观再生产研究——以石城大畲村为例 [D]. 南昌：江西农业大学, 2018.

15. 范威. 基于旅游凝视理论的民俗文化变迁研究——以西江千户苗寨为例 [D]. 贵阳：贵州民族大学, 2016.

16. 高凡. 基于符号理论的河南省旅游形象感知研究 [D]. 重庆：重庆师范大学, 2015.

17. 高栓成. 非物质文化遗产旅游体验质量研究——以甘南藏戏为例 [D]. 兰州：西北师范大学, 2011.

18. 郭亮宏. 利益相关者视角下湘绣非物质文化遗产旅游开发中的冲突与协调 [D]. 湘潭：湘潭大学，2019.

19. 郭任聪. 文化遗产型乡村社区旅游开发影响研究——以于家石头村为例 [D]. 石家庄：河北师范大学，2012.

20. 郭砚涛. 基于利益相关者视角的都市社区旅游影响感知态度研究——以上海市老城厢历史文化风貌区为例 [D]. 上海：上海师范大学，2014.

21. 桂慕梅. 文化再生产与文化空间：天津古文化街及其民俗文化研究 [D]. 北京：北京师范大学，2012.

22. 李定可. 旅游凝视下惠安女形象的解构与重塑 [D]. 厦门：华侨大学，2019.

23. 李坤. 近现代北京胡同的历史变迁及其文化价值 [D]. 长春：吉林大学，2009.

24. 李琴. 符号互动论视野中贵州旅游形象的塑造与传播 [D]. 贵阳：贵州民族大学，2012.

25. 李秀. 论民俗旅游的展示模式及舞台分层的景观系统 [D]. 北京：北京师范大学，2005.

26. 龙南慧. 基于符号学视角的旅游地品牌形象构建研究——以凤凰古城、梁平县金带镇为例 [D]. 重庆：重庆大学，2016.

27. 刘千千. 凝视理论视角下南太行郭亮村传统文化旅游传播路径研究 [D]. 新乡：河南师范大学，2019.

28. 刘鑫. 基于居民旅游影响感知的胡同游发展对比研究——以南锣鼓巷、五道营胡同为例 [D]. 北京：北京林业大学，2012.

29. 刘涢. 论《云南映象》的"原生态"文化内涵与理论意蕴 [D]. 桂林：广西师范大学，2007.

30. 林静雅. 历史文化街区空间环境保护与利用研究：荆州市胜利街为例 [D]. 荆州：长江大学，2017.

31. 林国钦. 古镇社区旅游开发研究——以泉州永宁古镇为例 [D]. 泉州：华侨大学，2017.

32. 令江英. 基于符号感知的武山县旅游形象研究 [D]. 兰州：西北师范大学，2018.

33. 卢一青. 非物质文化遗产视角下北京胡同研究——以什刹海地区为例 [D]. 西安：

西安建筑科技大学, 2014.

34. 罗丹. 被选择的传统：旅游视角下的广州波罗诞庙会 [D]. 北京：北京师范大学,
2009.

35. 罗俊. 符号学视野下的舟山乡村特色旅游产品研发 [D]. 浙江：浙江海洋大学,
2016.

36. 吕文君. 反思什刹海的变迁 [D]. 北京：北京林业大学, 2008.

37. 吕悠. 北京胡同风貌区景观规划模式初探——以南锣鼓巷主街为例 [D]. 北京：
中国林业科学研究院, 2012.

38. 马海燕. 传统文化的利用与再造——以洛阳老字号"真不同"为个案 [D]. 北京：
北京师范大学, 2009.

39. 马晓杰. 文化遗产旅游的社区参与度评估——以新宾永陵镇满族民俗旅游开发
为例 [D]. 大连：大连海事大学, 2011.

40. 孟晓红. 人的景观化——一种旅游凝视的视角 [D]. 大连：东北财经大学, 2017.

41. 母枸菲. 城市文化视角下平武历史街区保护与更新研究 [D]. 绵阳：西南科技大
学, 2020.

42. 宁波. 建筑作为传播媒介的外部视觉景观：以北京三条街道建筑为例 [D]. 北京：
北京师范大学, 2009.

43. 潘艳玲. 基于符号认知的历史街区旅游体验研究——以上海田子坊为例 [D]. 上
海：上海师范大学, 2012.

44. 彭丹. 论旅游体验中的符号及其解读 [D]. 大连：东北财经大学, 2005.

45. 彭珍珍. 西安书院门仿古街区旅游吸引力研究 [D]. 西安：西北大学, 2009.

46. 任小宇. 社区旅游视域下东道主文化认同变迁研究——以贵州省西江千户苗寨
为个案 [D]. 贵阳：贵州财经大学, 2018.

47. 邵琰. 文化旅游小镇旅游空间生产演变及规划启示——以西安市玉山镇为例
[D]. 西安：西北大学, 2019.

48. 申东利. 北京传统胡同环境保护研究——以北京鲜鱼口地区为例 [D]. 西安：西
安科技大学, 2015.

49. 舒晓. 武汉市中心城区的旅游空间生产研究 [D]. 武汉：华中师范大学, 2015.

50. 苏涛. 遗产旅游可持续发展研究评价——以十三陵景区为例 [D]. 北京：首都师范大学, 2011.

51. 隋明秋. 工业遗产地旅游者凝视行为研究 [D]. 沈阳：沈阳师范大学, 2014.

52. 孙大萍. 京味文学中的胡同意象及胡同文化 [D]. 长春：吉林大学, 2011.

53. 孙健. "菊儿胡同住区模式"研究 [D]. 长沙：湖南大学, 2008.

54. 孙明璐. 舌尖上的象征：当代饮食书写与民俗主义 [D]. 济南：山东大学, 2016.

55. 孙重才. 城市更新中多元动力与更新模式比较研究：以济南历史街区更新项目为例 [D]. 济南. 山东大学, 2018.

56. 谭晓静. 文化失忆与记忆重构 [D]. 武汉：中南民族大学, 2011.

57. 田玲. 古城镇旅游地家庭旅馆中的主客交往研究 [D]. 长沙：湖南师范大学, 2012.

58. 汪晓风. "看"与"吃"：一座老挝古城里中国游客的消费 [D]. 上海：华东师范大学, 2017.

59. 汪天颖. 徽州古村落文化旅游凝视 [D]. 芜湖：安徽师范大学, 2013.

60. 王会战. 文化遗产地社区旅游增权研究 [D]. 西安：西北大学, 2015.

61. 王镜. 基于遗产生态和旅游体验的西安遗产旅游开发模式研究 [D]. 西安：陕西师范大学, 2008.

62. 王颖超. 传统再生产与品牌文化的打造——以一种白酒"道光廿五"为例 [D]. 北京：北京师范大学, 2008.

63. 王小璐. 都市历史文化街区感知形象研究：以北京什刹海街区为例 [D]. 北京：北京林业大学, 2010.

64. 魏立志. 北京居住型四合院及胡同微改造研究——以前门草厂地区改造为例 [D]. 北京：北京建筑大学, 2017.

65. 魏霞. 夕阳下的胡同——以北京市东城区某社区为例 [D]. 北京：中央民族大学, 2011.

66. 吴蓓. "层积"视角下的考古遗址保护与城市更新策略探研——以洛阳市洛北片区为例 [D]. 郑州：郑州大学, 2018.

67. 昕璐. 触媒理论视角下历史文化街区改造触媒元素量化研究 [D]. 济南：山东建

筑大学, 2020.

68. 夏青. 什刹海与周边寺庙研究 [D]. 北京：首都师范大学, 2012.

69. 徐赣丽. 民俗旅游村研究——对广西桂林龙脊地区瑶壮三村的调查研究 [D]. 北京：北京师范大学, 2006.

70. 徐琦. 消费社会中的旅游凝视行为研究——基于摄影图片的访谈内容和分析 [D]. 大连：东北财经大学, 2010.

71. 徐毂. 游客间凝视对旅游文明行为的影响研究 [D]. 厦门：厦门大学, 2017.

72. 杨大洋. 北京什刹海金丝套历史街区空间研究 [D]. 北京：北京建筑工程学院, 2012.

73. 杨冬梅. 旅游凝视视角下 798 艺术区旅游行为的深度阐释 [D]. 大连：东北财经大学, 2012.

74. 杨曼. 民俗主义视角下的绍兴大禹祭祀文化 [D]. 上海：华东师范大学, 2011.

75. 75. 杨斯沫. 北京胡同旅游形象传播研究 [D]. 北京：北京工商大学, 2015.

76. 杨玉秀. 民族村寨旅游开发中历史记忆的现代建构 [D]. 昆明：云南大学, 2016.

77. 姚佩雯. 社区博物馆与北京胡同文化的保护与宣传——以史家胡同博物馆为例 [D]. 南京：南京师范大学, 2019.

78. 尹艺霏. 古城街区视觉系统中符号语言运用的研究——以什刹海及周边地区为例 [D]. 北京：北京交通大学, 2016.

79. 张丹泓. 旅游者凝视下拉萨藏式客栈文化变迁研究 [D]. 大理：大理大学, 2019

80. 张龑. 城中村旅游发展过程中社区旅游增权研究——以厦门曾厝垵为例 [D]. 泉州：华侨大学, 2015.

81. 张丽君. 都市民俗旅游口头表演研究——以什刹海胡游的三轮车夫为考察对象 [D]. 北京：北京师范大学, 2009.

82. 张乔雪. 北京胡同文化游的品牌视觉识别系统设计——以什刹海胡游视觉识别系统设计为例 [D]. 北京：北京理工大学, 2016.

83. 张荣. 北京南锣鼓巷传统化实践的田野研究 [D]. 北京：北京师范大学, 2011.

84. 张秀娟. "旅游凝视"视角下的民族文化建构研究——以广南县"世外桃源"风景区为例 [D]. 昆明：云南大学, 2012.

85. 张彦.社区旅游增权研究 [D].济南：山东大学，2012.

86. 张文婷.旅游凝视下湘西德夯苗寨的意义生产 [D].吉首：吉首大学，2017.

87. 赵晨昱.空间生产视角下的乡村古镇旅游发展研究——以杭州龙门古镇为例 [D].杭州：浙江大学，2018.

88. 曾瑜皙.民族社区旅游参与行为系统的评价与优化研究——以肇兴侗寨为例 [D].重庆：西南大学，2015.

89. 邹晓瑛.世界遗产武夷山旅游社区参与发展模式研究 [D].南昌：南昌大学，2010.

五、其他参考文献

1. 安德明.整合在边关风情中的山水与人文——广西边境地区旅游文化的考察报告 [R].中国社会科学院党校第 33 期进修班中国社会科学院党校办公室赴广西壮族自治区边境地区国情调研文集（第 6 集），2009, 98-107.

2. Almee.北京老胡同变身商业街旅游地"混搭"风愈演愈烈 [EB/OL]. http://www.china.com.cn/info/2011-08/26/content_23287787.htm，2011-8-26.

3. 白四座.什刹海整治胡同游的调查 [N].中国旅游报，2006-7-17.

4. 北京市人大常委会.北京市旅游管理条例（2004 年修正本）[Z].北京：北京市人大常委会，2004.

5. 北京市人民政府.北京市人力客运三轮车胡同游特许经营若干规定 [Z].北京：北京市人民政府，2007.

6. 北京西城区什刹海风景区管理处.什刹海风景区工作报告 (2010).管理处工作人员提供.

7. 北京市西城区什刹海风景区管理处.什刹海地区人力客运三轮车胡同游实施特许经营的招标公告 [EB/OL], http://www.bjztb.gov.cn/zbgg/200712/t202966.htm, 2007-12-24.

8. 陈平."三海"涵碧润京城，一湾绿水惹事端——浅谈"三海"在北京城和什刹海诸文化孕育与发展中的地位及作用 [A].王粤.北京的文化名片——什刹海 [C].北京：中华书局，2010.

9. DB11/T 732-2010,"北京人家"服务标准及评定 [S].

10. DB11/Z 526-2008, 奥运人家标准与评定 [S].

11. 冯玮，黄楚梨 . 历史文化街区在适应现代文化需求下的规划设计更新研究——以北京什刹海金丝套片区为例 [A]. 中国风景园林学会 2019 年会论文集（上册）[C].2019:139-145.

12. GB/T18972-2003，旅游资源分类、调查与评价 [S].

13. 后海八爷手中的宣传页 [N] 北京晚报，2011-11-19.

14. 贾珺 . 北京什刹海地区寺庙园林与公共园林历史景象概说 [A]. 中国建筑学会建筑史学分会 . 全球视野下的中国建筑遗产——第四届中国建筑史学国际研讨会论文集（《营造》第四辑）[C]. 北京：中国建筑工业出版社，2007.

15. 马德秀 . 北京奥运行动规划 [Z]. 北京：北京市政府、北京奥组委，2002.

16. 马佳 . 每年消失 600 条胡同，北京地图俩月换一版 [N]. 北京晚报，2001-10-19.

17. 孟刚 . 北京将给"胡同游"立规矩 [N]. 中国消费者报，2018-8-9.

18. 陕西旅游资料网 . 合院鼻祖——陕西岐山凤雏村西周遗址 [EB/OL]. http://www.xtour.cn/2004-11/2004114232818.htm，2004-11-04.

19. 陶立璠 . 关于都市民俗文化的考察与研究 [R/OL]. http://www.chinesefolklore.org.cn/web/index.php?Page=1&NewsID=3266. 2008.10.07

20. 田浩 . 天平上的"胡同游"——中国首例文化旅游反不正当竞争案 [N]. 中国教育报，2003-01-31.

21. 王海燕 . 什刹海胡同游将实行特许经营 运营三轮车拟从 1000 余辆缩减至 300 辆 [N]. 北京日报，2006-12-15.

22. 文静 . "奥运人家"首迎老外，400 元住一晚 [N]. 京华时报，2008-7-31.

23. 惟我独尊 . "四合院"里炉火纯青的日子 [EB/OL]. http://blog.sina.com.cn/s/blog_4984fb4f0100d4a5.html.2009-05-11.

24. 翁乃群 . 被"原生态"文化的人类学思考 [A]. 走进原生态文化——人类学高级论坛 2010 卷 [C]. 2010, (3).

25. 王娟 .《北京四合院建筑要素图》正式对外公布 [EB/OL]. http://www.bj.xinhuanet.com/bjpd_bjzq/2006-06/25/content_7345599.htm, 2006-06-25.

26. 王一川 . 城市靠符号来记忆 [N]. 光明日报，2011-1-21.

27.〔日〕西村真志叶.那座庙宇是谁的？——作为观光资源的地方文化与民俗学主义 [A]."美学与文化生态建设"国际论文集 [C]. 2009: 181-198.

28. 西城区人民政府.什刹海历史文化保护区保护发展规划纲要（2011—2015）[Z].北京：西城区人民政府, 2010.

29. 夏青. 60 年来什刹海的变化 [A]. 北京史研究会.史苑撷萃：纪念北京史研究会成立三十周年文集 [C]. 北京：中国会议数据库, 2011.153-164.

30. 张曦，武凤文.基于空间句法的什刹海街区空间形态研究 [A].规划 60 年：成就与挑战 ——2016 中国城市规划年会论文集（06 城市设计与详细规划）[C]. 2016.

31. 周传家.什刹海及周边地区民间文化艺术圈初探 [A].北京市社会科学界联合会建设世界城市提高首都软实力——2010 北京文化论坛文集 [C]. 北京：中国重要会议论文全文数据库, 2010.106-110.

32. 周鑫，付志伟，王彬汕，杨明.共享发展下的历史文化街区活力复兴策略——以北京什刹海历史文化街区为例 [A].共享与品质 ——2018 中国城市规划年会论文集 (02 城市更新)[C]. 2018.

33. 朱永杰.动与静结合之美— —什刹海对北京城的影响分析 [A].中国古都研究（第二十八辑）[C]. 2015, (6): 108-116.

34. 中共北京市委党校.什刹海历史文化保护区文明社区发展规划（2011-2015）[Z].北京：什刹海街道办事处、西城区精神文明办公室、西城区社会建设办公室. 2010.

35. 张紫寒.北京第十届什刹海文化旅游节在京开幕 [EB/OL]. http://www.visitbeijing.com.cn/news/n214652217.shtml, 2012-06-17.

后　记

这本书是以作者的博士学位论文为基础，经过两次系统修订和更新形成的，毕业多年，至今才在老师的帮助下得以出版，实在难为情，也对成书过程中给我诸多指导、帮助和支持的师长，充满感激。

首先感谢我的两位导师：杨利慧教授和万建中教授。我的硕士和博士研究生学习都是在北京师范大学文学院民俗学与文化人类学研究所完成的，杨老师是我的硕士生导师，她以女性学者特有的"温柔的坚定"督促我们读书，带领我们进入学术世界，并在毕业后的十多年里，不断鞭策我不要荒芜人生。万老师是我的博士生导师，一直用宽和、博大的胸怀接纳我的缓慢成长，用鼓励和行动来帮我走过一个又一个山丘，除了学习外，万老师在工作上也一直不遗余力地给我支持。同时，也特别感谢研究所的刘铁梁老师、岳永逸老师、康丽老师和彭牧老师，还有亲切的萧放老师，强大、友善的学术共同体，一直给予我们这些学生最丰富的营养和最坚强的支撑，让我们把北师大当作成长的花园，温暖的家。

书稿的主体部分是在 2013—2014 年对北京什刹海地区三轮车胡同游田野研究的基础上形成的；2021 年 5—6 月，我又重返什刹海，在田野观察的基础上，回访了之前主要的访谈人和田野研究点，对后续情况和各叙事主体在历时性发展中的变迁，重点做了照应；2022 年 1—4 月，为了更深入地梳理遗产文化在什刹海胡同游以及北京社会发展中进行的再生产，我又选择了皮影酒店展演的皮影文化和什刹海冰场的冰嬉文化，进行了较为深度的呈现。总体来说，这是一项持续了八年的田野研究，努力深描民俗主义视角下的北京什刹海胡同游发展与变迁。

在田野中，什刹海的三轮车车工、胡同游接待户、胡同游经营企业、胡同文化精英、西城区什刹海风景管理处特许经营管理科以及许多的什刹海居民，还有不少游客，给予了我慷慨又热情的帮助。首先，我要特别感谢胡同游的发起者、摄影家徐勇老师，没有他对胡同文化旅游价值的独特发现和创意开发，就没有胡同游，更不会有我的这项研究。徐老师多次接受我的访谈，以"口述史"的形式全面讲述了胡同游从发起背景、创意诞生、运营策划、申请合法证照，到车工招募、培训，游线设计、讲解词撰写，与居民协商，落实民俗户接待点，再到宣传推广、招徕客人，系统且详细，并提供了大量的工作文件、历史资料，对于厘清胡同游前期十年的情况起到了至关重要的作用。

同时，也特别感谢第一批车工代表张跃荣先生，他 1994 年从山西来北京从事胡同游，到现在已近 30 年，从车工到部门经理到公司的总经理，从未离开什刹海，据他说还会一直坚守下去。从中学毕业的小伙子到现在作为两个孩子的父亲，他的生活也已经与职业、与什刹海紧密结合在一起，他是我这项田野研究的关键讲述人，除了详细讲述个人的从业史之外，还向我介绍了其他的重要人物：胡同游创始人徐勇老师，胡同里的旅游接待户，其他的同业企业，坦诚又热情。每次我看到他奔忙在胡同中，都能想起胡同游开发最初，游客们非常认同和喜欢的车工们典型的"中国脸"，他们是山西人，扎根什刹海，从事中国传统文化、北京城市文化的传播与展演，热爱、执着、积极向上。在本书即将付印时，我再次联系张先生，问是否需要用化名，他说不用，用本名就很好，我脑海中又浮现出他一贯以来的慷慨热情。

同样非常感谢"后海八爷"，尤其是三爷、四爷、五爷，他们出生在什刹海，成长在什刹海，半辈子的什刹海生活、几十年的既有工作，在三轮车胡同游忽然在家门口发生的时候，意外而又好奇，后来又出于各自的原因加入胡同游队伍，从个体经营者到进入特许经营企业，在基本的规训中，张扬地表达着作为什刹海人的文化传承。三爷给我讲了很多故事，也请我到家里聊过天，我看到他们光荣的家族史，看到了一个老什刹海人的文化底蕴和身份自觉，这也是他们不同于其他叙事主体的底气和特点。我也去四爷家做过客，他们都是我的朋友，田野中的家人。

2014 年，我曾经在南官房胡同租住过 5 个月，房东阿姨给我了许多照顾，也给我讲了胡同游对他们生活的影响，让我得以了解一个未直接参与胡同游经营、但多多少少受益于胡同游发展的居民对于胡同游的态度，同时，接待户胡阿姨等人每次也都以热情开放的态度迎接我的探访，大方真诚，这是他们被选中作为旅游接待户的重要原因，也是我田野研究重要的信息和营养来源。另外，也特别感谢古韵风情公司的策划负责人付先生，特许经营管理科的负责人，以及西城区文旅局的领导，先后多次接受我的访谈，给我提供了丰富、重要的信息和资料。以上所有人，还有一些尚未点名提及的人，共同帮我完成了一项深入系统而又有历时性的田野研究。

在博士论文写作过程中，同门张青仁博士给了我强有力的支持和热情悉心的指导，我写完每一章发给他，他都认真阅读，给出建议，甚至亲自动笔帮我修改。我硕士比他入北师大早几年，因此他称我"师姐"，但按照博士入学时间先后，我该称呼他"师兄"，这么多年，一直享受着"师兄"的指导和照拂，我始终铭感于心。同门祝鹏程博士也在许多关键问题上给予我重要指导。同时，也万分感谢同门大师兄漆凌云教授在成书过程中给予我的重要帮助。还有许多同学都给过我支持、帮助和陪伴，有同窗如此，我深感三生有幸。

在繁忙工作、抚育孩子的同时，坚持做田野研究，压力是比较大的，多亏家人的温暖陪伴和积极分担。这本书的最终完成，还要特别感谢师妹丁红美以及出版社诸位老师的辛勤工作和诸多帮助。心存感恩，温暖前行，我对什刹海胡同游的田野研究将会持续进行，对旅游参与的民俗主义也会保持关注，还请各位师友多多指教。

代改珍

2023 年 12 月

图书在版编目（CIP）数据

民俗主义视角下的北京胡同游：以什刹海地区的田野研究为个案 / 北京师范大学非物质文化遗产研究与发展中心主编；代改珍著. — 北京：商务印书馆，2024
（民间文化新探书系）
ISBN 978 - 7 - 100 - 23391 - 0

Ⅰ.①民…　Ⅱ.①北…②代…　Ⅲ.①胡同 — 旅游业发展 — 研究 — 北京　Ⅳ.①F592.71

中国国家版本馆 CIP 数据核字（2024）第041688号

民间文化新探书系

民 俗 主 义 视 角 下 的 北 京 胡 同 游
以什刹海地区的田野研究为个案

北京师范大学非物质文化遗产研究与发展中心　主编
代改珍　著

商 务 印 书 馆 出 版
（北京王府井大街36号　邮政编码 100710）
商 务 印 书 馆 发 行
山西人民印刷有限责任公司印刷
ISBN　978 - 7 - 100 - 23391 - 0

2024年4月第1版　　　　　开本 787×1092　1/16
2024年4月第1次印刷　　　印张 21½

定价：108.00元